THIRD EDITION

FACE-À-FACE

CONVERSATION SANS FRONTIÈRES

Françoise Ghillebaert

VISTA®
HIGHER LEARNING

Boston, Massachusetts

Creative Director: José A. Blanco

Publisher: Sharla Zwirek

Editorial Development: Judith Bach, Megan Moran

Project Management: Faith Ryan

Rights Management: Jorgensen Fernandez

Technology Production: Jamie Kostecki

Design: Paula Díaz, Daniela Hoyos, Radoslav Mateev, Gabriel Noreña, Andrés Vanegas

Production: Oscar Díez, Sebastián Díez, Andrés Escobar, Daniel Lopera

Student Text ISBN: 978-1-54330-892-1
Instructor's Annotated Edition ISBN: 978-1-54330-894-5

Library of Congress Control Number: 2019901016

1 2 3 4 5 6 7 8 9 WC 24 23 22 21 20 19

D1170804

Getting the Conversation Going with FACE

Bienvenue à FACE-À-FACE, Third Edition, the most exciting and engaging college French program available. With **FACE-À-FACE**, you will find it easier and more stimulating to participate in lively conversations in your French class, as you explore a broad range of topics corresponding to each lesson's engaging theme. Most importantly, with **FACE-À-FACE,** you will find yourself more comfortable than ever speaking French.

Speaking French is key to improving your language skills. **FACE-À-FACE** offers abundant opportunities for you and your classmates to engage in conversations on a number of captivating topics. Your French will improve as you put it to use to express ideas and opinions that are important to you. The themes, readings, films, and exercises of **FACE-À-FACE** along with its unique magazine-like presentation, were specifically chosen to spark exciting conversations and capture your interest and imagination. After all, people express themselves most genuinely when they feel strongly about something.

When you speak to your friends and family outside the French classroom, you probably don't think about whether your sentences are grammatically correct. Instead, you speak fluidly in order to get your message across. Why should expressing yourself in French be any different? We urge you to participate as much as possible, without worrying about whether your French is "perfect." Keep in mind that we all have opinions, so don't let the fear of making grammar mistakes keep you from voicing your ideas. Although you will be reviewing and learning grammar in the **Structures** section of every lesson, it should not be your primary concern when you speak. Enhance your conversations by applying the same strategies to French that you do to English to enjoy the conversation. In other words, ask follow-up questions, or ask someone to repeat what he or she has said.

To improve your French, you must continue to strengthen other language skills. These include listening, writing, reading, and socio-cultural awareness. With **FACE-À-FACE,** you will practice these skills often as you improve your conversational French. Every lesson opens with a **Court métrage,** an enthralling short film by a contemporary filmmaker from a French-speaking country. **FACE-À-FACE** also provides a wealth of readings of various genres and by renowned literary figures, and every lesson ends with a written **Rédaction** and a **Conversation** that tie up what you have learned and discussed throughout the lesson. **FACE-À-FACE** reinforces each film and reading with comprehension checks and communicative activities in a wide range of formats, all intended to encourage you to bring your experiences into the conversation and voice your opinions. Furthermore, **FACE-À-FACE** will expose you to the cultural diversity of French-speaking countries.

Communicating in a foreign language is a risk that takes courage, and sometimes even the most outspoken students feel vulnerable. Try to overcome your fears of speaking French, and remember that only through active participation will your communication improve. Most importantly, remember to relax and enjoy the experience of communicating in French.

We hope that **FACE-À-FACE** will help you get the conversation going!

	COURT MÉTRAGE	STRUCTURES	LECTURES
Leçon 1 **Les relations personnelles**	*Manon sur le bitume* d'Élizabeth Marre et Olivier Pont **4**	1.1 Le passé composé et l'imparfait ....**10** 1.2 Le plus-que-parfait et la concordance des temps.........................**14**	Essai: *Qu'un ami véritable est une douce chose!* de Michel de Montaigne......**18** Littérature: *Le Petit Prince* d'Antoine de Saint-Exupéry **22**
Leçon 2 **Les médias et la technologie**	*Reality+* de Coralie Fargeat **38**	2.1 Le conditionnel présent et le conditionnel passé............**44** 2.2 Les propositions introduites par **si**..............**48**	Essai: *Virtuel, mon amour* de Serge Tisseron.............**52** Littérature: *Les Petits Caractères* d'André Berthiaume **56**
Leçon 3 **Les générations**	*Il neige à Marrakech* de Hicham Alhayat **72**	3.1 Les pronoms ....**78** 3.2 Le subjonctif dans les propositions substantives.....................**82**	Article: *Les autres, la haine... et l'amour* de David Foenkinos...........**86** Littérature: *Souffles* de Birago Diop..................**90**

Third Edition Features

FACE-À-FACE's hallmark is compelling, authentic films and readings that stimulate meaningful communication. The Third Edition retains the trademark features that set it apart from other advanced French conversation texts, while refreshing and updating key content. Here is a list of some features you will find in **FACE-À-FACE, Third Edition.**

L'Autostoppeur   *Bang Bang!*

- Two new short films refresh the **Court métrage** section.

    Lesson 4: *L'Autostoppeur*, un film noir de Julien Paolini

    Lesson 5: *Bang Bang!*, une animation de Julien Bisaro

- Five new readings enhance **FACE-À-FACE's** robust and diverse **Lectures** section.

    Lesson 2 Essai: "Virtuel, mon amour" de Serge Tisseron

    Lesson 4 Récit: "Le voyage est un révélateur d'âmes" de Claudia et Clément Le Pape

    Lesson 4 Littérature: "Les Loyautés" de Delphine de Vigan

    Lesson 5 Essai: "Devant la beauté de la nature" d'Alexandre Lacroix

    Lesson 6 Littérature: "La petite fille de la cité sans nom" de Maïssa Bey

- The newly revised **Bande dessinée** section activates background knowledge before diving into a discussion of the comic strip using all three modes of communication.

- New **Video Virtual Chat** activities evoke simulated conversations prompted by video recordings of native speakers. Unlike standard chat activities, Video Virtual Chats provide non-verbal and articulatory cues essential for production and pronunciation.

- The new **Fiches de grammaire** online reference provides eighteen additional grammar topics with explanations and practice activities.

- New online **News and Cultural Updates** provide real-world connections to language and culture via authentic articles and videos with scaffolded pre-, during, and post-reading and viewing activities.

- The **Vocabulary Tools** feature is now more powerful than ever. In addition to the customizable word lists and flashcards with audio, Vocabulary Tools now offers a French definition for every vocabulary word.

Each section of your textbook comes with activities on the **FACE-À-FACE** Supersite, many of which are auto-graded with immediate feedback. Visit **vhlcentral.com** to explore the wealth of exciting resources.

COURT MÉTRAGE	• Streaming video of the short film • Pre- and post-viewing auto-graded and instructor-graded textbook activities • Additional pre- and post-viewing activities for extra practice • Chat activities for conversational skill-building and oral practice
STRUCTURES	• Grammar explanation from the textbook • Auto-graded textbook activities, including one virtual or partner chat for each grammar point
LECTURES	• All readings from the textbook • Audio-synced reading for all **Lectures** • Pre- and post-reading textbook activities that are auto-graded and instructor-graded • Additional pre- and post-reading activities for extra practice • Chat activities for conversational skill-building and oral practice
BANDE DESSINÉE	• Comic strips from the textbook • Instructor-graded textbook activities • Additional extra practice activities
RÉDACTION	• **Plan de rédaction** composition activity written and submitted online
CONVERSATION	• Online virtual or partner chat activity
VOCABULAIRE	• Vocabulary list for entire lesson with audio

Plus! Also found on the Supersite:

• Vocabulary Tools feature with customizable study lists, audio flashcards, and French definitions
• Authentic News and Cultural Updates with scaffolded activities
• Additional **Fiches de grammaire** grammar explanations with practice activities
• Live Chat tool for video chat, audio chat, and instant messaging
• vText online interactive Student Edition with access to Supersite activities, audio, and video

Textbook Icons

Familiarize yourself with these icons that appear throughout **FACE-À-FACE**.

	Content available on Supersite		Pair activity
	Activity available on Supersite		Group activity
	Chat activity		

The FACE-À-FACE, Third Edition vText

The **FACE-À-FACE** Supersite includes a vText—the interactive, online Student Edition that links directly with Supersite practice activities and other online resources.

- Browser-based electronic text for online viewing

- Links to all mouse-icon textbook activities, audio, and video

- Note-taking tool

- Easy navigation with searchable table of contents and page number browsing

- Single- and double-page view and zooming

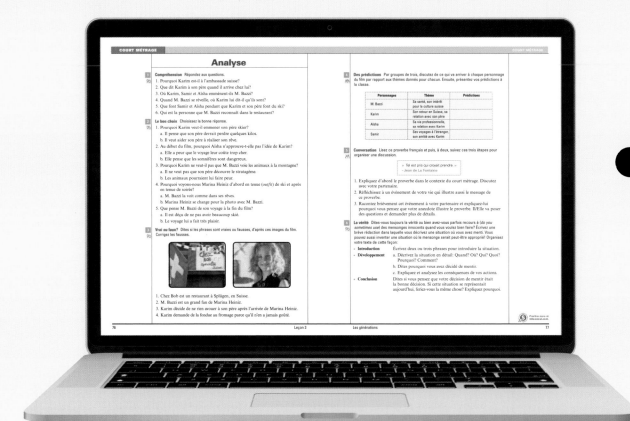

LESSON OPENER

outlines the content and features of each lesson.

Lesson opener The first two pages introduce students to the lesson theme. Dynamic photos and brief descriptions of the theme's film, readings, and topics serve as a springboard for class discussion.

Lesson overview A lesson outline prepares students for the linguistic and cultural topics they will study in the lesson.

Ⓢupersite

Supersite resources are available for every section of the lesson at **vhlcentral.com.** Icons show you which textbook activities are also available online, and where additional practice activities are available. The description next to the Ⓢ icon indicates what additional resources are available for each section: videos, audio recordings, readings and presentations, and more!

COURT MÉTRAGE

features award-winning and engaging short films by contemporary Francophone filmmakers.

Courts métrages See and hear French in its authentic context. Films are thematically linked to the lessons.

Préparation Pre-viewing exercises set the stage for the short film and provide key background information.

Vocabulaire This feature introduces words and expressions that will help you talk about the **court métrage**, along with exercises in which you will use them actively.

Scènes Captioned film photos give an overview of the film and introduce some of the expressions you will encounter.

Note culturelle This note provides cultural and historical information that will help you understand the context of the film.

Analyse Post-viewing activities check comprehension and allow you to discover broader themes and connections.

Ⓢupersite

Court métrage is supported with a wealth of resources online, including streaming video of all short films, textbook activities, including partner and video virtual chats, additional online-only practice activities, audio recordings of all vocabulary items, and other vocabulary tools.

STRUCTURES

succinctly reviews and practices grammar points.

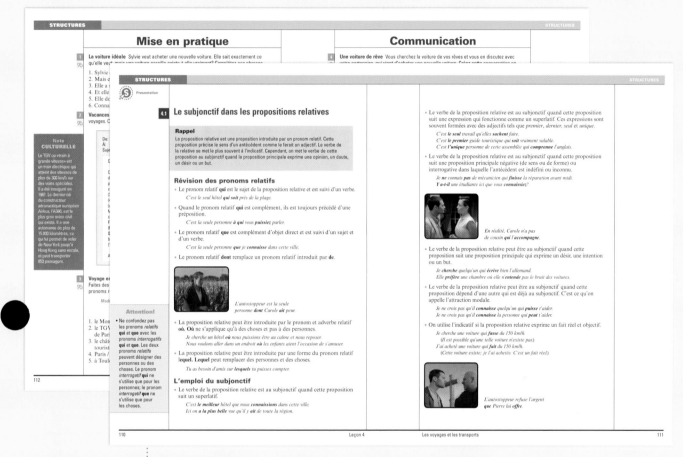

Rappel A reminder gives you a brief overview of the grammar topic.

Visual support Video stills from the lesson's short film are incorporated into the grammar explanation so you can see the grammar point in meaningful and relevant contexts.

Mise en pratique, Communication Directed exercises and open-ended communicative activities help you internalize the grammar point in a range of contexts related to the lesson theme and in a variety of configurations (individual, pair, and group).

Tables de conjugaison An appendix at the end of the book provides additional support for verb forms and conjugations.

Supersite

- Grammar explanations from the textbook
- Auto-graded and instructor-graded textbook activities, including partner and video virtual chats
- Additional online-only **Fiches de grammaire** grammar topics and practice
- Additional online-only practice activities

LECTURES

provide a wealth of selections in varied genres and serve as a springboard for conversation.

Préparation Learn vocabulary from the reading, as well as words that might prove useful in discussion.

À propos de l'auteur A brief biography presents key facts about the author, as well as a historical and cultural context for the reading.

Analyse Post-reading exercises check your understanding and motivate you to discuss the topic and explore how it relates to your own opinions and experiences.

Supersite

- All readings with audio-sync technology for every reading
- Auto-graded and instructor-graded textbook activities
- Additional online-only practice activities
- Partner and video virtual chat activities for conversational skill-building and oral practice

BANDE DESSINÉE

features comic strips that offer clever,
thought-provoking insights into the lesson themes.

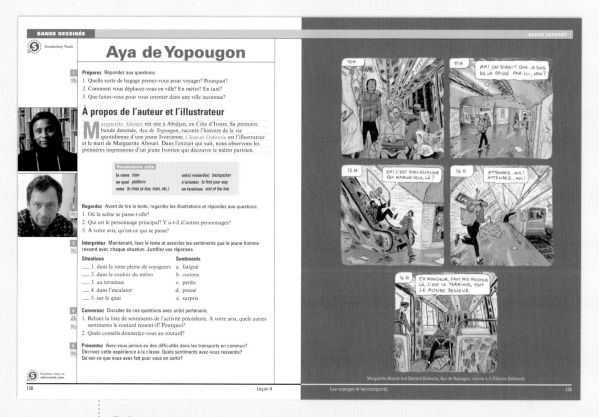

Préparez Preliminary prompts give you the opportunity to reflect on your own life in the context of the comic strip before you dive in to the text itself.

Vocabulaire utile Defines key vocabulary from the comic strip, as well as words and expressions useful for discussing it.

À propos de l'auteur This short biography presents key facts about the author(s), as well as a historical and cultural context for the comic.

Interpretez, Conversez et Présentez After examining the illustrations and reading the text, you will work in pairs and groups to react to the comic strip and share your thoughts and insights with the class.

Supersite

- **Bande dessinée** readings available online
- Auto-graded and instructor-graded textbook activities, including chats

RÉDACTION

gives you the opportunity to express yourself in writing about the lesson's topic.

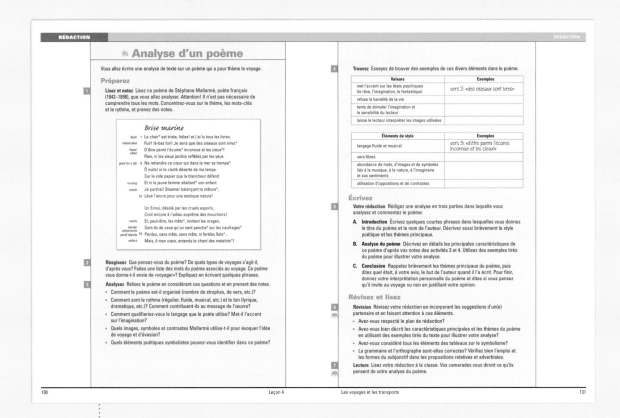

Rédaction A structured writing task allows you to synthesize the vocabulary and grammar of the lesson while using your critical thinking skills.

Process approach The writing task is divided into logical, sequential steps that are organized into pre-writing, writing, and post-writing activities. This structure guides your efforts and ensures a better outcome.

Write, submit, and have your instructor grade your **Rédaction** assignment online.

CONVERSATION

pulls the whole lesson together with a lively discussion.

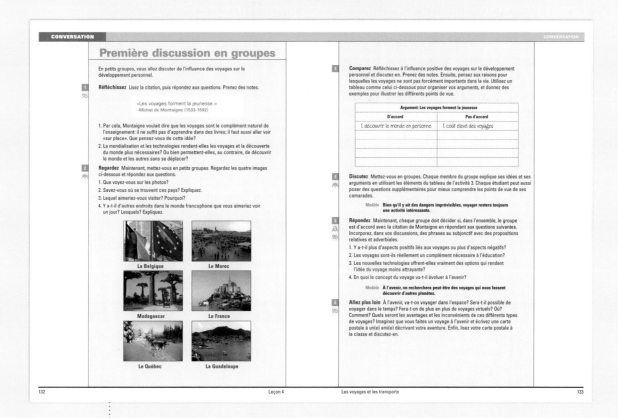

Première discussion en groupes

En petits groupes, vous allez discuter de l'influence des voyages sur le développement personnel.

1 **Réfléchissez** Lisez la citation, puis répondez aux questions. Prenez des notes.

«Les voyages forment la jeunesse.»
–Michel de Montaigne (1533-1592)

1. Par cela, Montaigne voulait dire que les voyages sont le complément naturel de l'enseignement: il ne suffit pas d'apprendre dans des livres; il faut aussi aller voir «sur place». Que pensez-vous de cette idée?
2. La mondialisation et les technologies rendent-elles les voyages et la découverte du monde plus nécessaires? Ou bien permettent-elles, au contraire, de découvrir le monde et les autres sans se déplacer?

2 **Regardez** Maintenant, mettez-vous en petits groupes. Regardez les quatre images ci-dessous et répondez aux questions.

1. Que voyez-vous sur les photos?
2. Savez-vous où se trouvent ces pays? Expliquez.
3. Lequel aimeriez-vous visiter? Pourquoi?
4. Y a-t-il d'autres endroits dans le monde francophone que vous aimeriez voir un jour? Lesquels? Expliquez.

La Belgique — Le Maroc

Madagascar — La France

Le Québec — La Guadeloupe

3 **Comparez** Réfléchissez à l'influence positive des voyages sur le développement personnel et discutez-en. Prenez des notes. Ensuite, pensez aux raisons pour lesquelles les voyages ne sont pas forcément importants dans la vie. Utilisez un tableau comme celui ci-dessous pour organiser vos arguments, et donnez des exemples pour illustrer les différents points de vue.

Argument: Les voyages forment la jeunesse	
D'accord	Pas d'accord
1. découvrir le monde en personne	1. coût élevé des voyages

4 **Discutez** Mettez-vous en groupes. Chaque membre du groupe explique ses idées et ses arguments en utilisant les éléments du tableau de l'activité 3. Chaque étudiant peut aussi poser des questions supplémentaires pour mieux comprendre les points de vue de ses camarades.

Modèle **Bien qu'il y ait des dangers imprévisibles, voyager restera toujours une activité intéressante.**

5 **Répondez** Maintenant, chaque groupe doit décider si, dans l'ensemble, le groupe est d'accord avec la citation de Montaigne en répondant aux questions suivantes. Incorporez, dans vos discussions, des phrases au subjonctif avec des propositions relatives et adverbiales.

1. Y a-t-il plus d'aspects positifs liés aux voyages ou plus d'aspects négatifs?
2. Les voyages sont-ils réellement un complément nécessaire à l'éducation?
3. Les nouvelles technologies offrent-elles vraiment des options qui rendent l'idée du voyage moins attrayante?
4. En quoi le concept du voyage va-t-il évoluer à l'avenir?

Modèle **À l'avenir, on recherchera peut-être des voyages qui nous fassent découvrir d'autres planètes.**

6 **Allez plus loin** À l'avenir, va-t-on voyager dans l'espace? Sera-t-il possible de voyager dans le temps? Fera-t-on de plus en plus de voyages virtuels? Où? Comment? Quels seront les avantages et les inconvénients de ces différents types de voyages? Imaginez que vous faites un voyage à l'avenir et écrivez une carte postale à un(e) ami(e) décrivant votre aventure. Enfin, lisez votre carte postale à la classe et discutez-en.

Genres Each **Conversation** uses one of three discussion configurations. The structured activity sequences prepare you for each kind of discussion.

Conversation This final activity brings you and your classmates together for debate and discussion.

Supersite

Chat activities featuring discussion questions for each **Conversation** are available online.

FACE-À-FACE, Third Edition, Film Collection

L'Autostoppeur   *Bang Bang!*

The **FACE-À-FACE, Third Edition,** Film Collection showcases the work of contemporary filmmakers from the French-speaking world. You can find their short films in the **Court métrage** section of each lesson. The films offer entertaining and thought-provoking opportunities to build your listening comprehension skills and your cultural knowledge of the French-speaking world.

Film Synopses
Leçon 1: ***Manon sur le bitume*** d'Élizabeth Marre et Olivier Pont (France; 15 minutes)
Nominated for an Oscar and winner of three other international awards, this short film depicts a series of random thoughts that come to a young woman as she lies on the pavement after an accident. Will these be her final moments?

Leçon 2: ***Reality+*** de Coralie Fargeat (France; 22 minutes)
Coralie Fargeat's film depicts a future world in which an implanted chip allows users to customize their own physical appearance. But the chip can only be activated for 12 hours at a time...

Leçon 3: ***Il neige à Marrakech*** de Hicham Alhayat (Suisse; 15 minutes)
In this short film, Hicham Alhayat deals with the sometimes comic and always complex dynamics of one Moroccan family. Karim's father wants to ski in Switzerland but was denied a visa to travel there. To avoid breaking the old man's heart, Karim comes up with a plan. But will it work?

Leçon 4: ***L'Autostoppeur*** de Julien Paolini (France; 19 minutes)
Pierre and Carole are cruising down a deserted road in their classic convertible when suddenly they hit something. Pierre has barely closed his trunk on the body of a fallen cyclist when a hitchhiker appears out of the mist and hops in. This short film from Julien Paolini tells the story of a tense road trip with an unexpected conclusion.

Leçon 5: ***Bang Bang!*** de Julien Bisaro (France; 12 minutes)
After receiving a grim birthday gift from her father, Éda broods over his heartless attitude while he enjoys the first day of hunting season. When a strange animal suddenly appears in Éda's headlights, she skids off the road and into the woods, where "survival of the fittest" takes on a new meaning.

Leçon 6: ***L'Accordeur*** d'Olivier Treiner (France; 13 minutes)
Winner of a César for best short film, *L'Accordeur* tells the story of a former piano prodigy who takes up work as a piano-tuner after losing an important music competition. To make a break with his previous life, and to win the confidence of new clients, he feigns blindness. But this deception will lead him to witness things that weren't meant for his eyes.

Communicating with FACE-À-FACE

People talk! Indeed, human beings can find almost any reason at all to talk. We talk when we're happy and when we're upset. We talk to express agreement and disagreement, or to share our opinions and experiences. Regardless of the circumstances, one thing is always true: we talk about things we are interested in, whether they are aspects of everyday life or fascinating topics that we wish to share.

The classroom setting is no different. **FACE-À-FACE** is designed to help conversation flow by providing high-interest topics to talk about. By focusing on communication, **FACE-À-FACE** aims to motivate you to discuss, in French, your experiences, opinions, plans, and dreams.

FACE-À-FACE offers appealing content and a vibrant page layout. It is our goal that the films, readings, and discussions in **FACE-À-FACE** pique your interest, capture your imagination, and inspire a genuine desire to communicate.

In the Classroom

FACE-À-FACE offers plenty of opportunities to develop speaking and comprehension skills based on authentic material.

Pair and Group Activities

These activities provide you with the opportunity to work with a partner, in a small group, or as a class to answer questions and share ideas.

---

3 **Mieux vaut prévenir que guérir** En groupes de trois, discutez de ce que vous feriez si vous aviez ces problèmes pendant un voyage à l'étranger. Dites ce que vous pourriez faire pour éviter le problème ou ce que vous feriez pour le résoudre. Partagez vos réponses avec un autre groupe, puis avec le reste de la classe.

- se faire voler son argent
- oublier sa carte de crédit
- tomber malade
- perdre ses bagages
- se perdre dans une ville
- se faire attaquer

4 **Voyages extraordinaires** Avec un(e) partenaire, préparez un voyage extraordinaire qui a pour but de collecter de l'argent pour une cause humanitaire. Choisissez une destination vers un endroit éloigné ou peu connu, un moyen de transport économique (à pied, à vélo, etc.) et faites la liste des affaires que vous allez prendre. Précisez la cause que vous avez choisie et comment vous allez encourager le public à faire des dons d'argent.

The **Conversation** sections that finish every **FACE-À-FACE** lesson are designed to synthesize everything the class has learned in a meaningful group discussion.

Première discussion en groupes

En petits groupes, vous allez discuter de l'influence des voyages sur le développement personnel.

1 **Réfléchissez** Lisez la citation, puis répondez aux questions. Prenez des notes.

«Les voyages forment la jeunesse.»
–Michel de Montaigne (1533-1592)

Outside the Classroom

Video Partner Chats

These activities allow you to find a partner online and conduct a conversation on a given topic.

Video Virtual Chats

Create simulated conversations by responding to questions delivered by video recordings of native French speakers. Video Virtual Chats allow you to answer questions in real time—just as you do when you engage in conversations with fluent speakers of the target language.

We hope that you will enjoy the experience of communicating in French and that **FACE-À-FACE** will support and enhance the experience.

FACE-À-FACE, Third Edition, is the direct result of reviews and input from students and instructors using the Second Edition. Accordingly, we gratefully acknowledge those who shared their suggestions, recommendations, and ideas as we prepared this Third Edition. Their ideas played a critical role in helping us to fine-tune all sections of every lesson.

Connie Abner
Oakwood High School, OH

Cynthia Arnett
Kennesaw Mountain
High School, GA

Saima Ashraf-Hassan
George Mason University, VA

Jody L. Ballah
University of Cincinnati -
Blue Ash College, OH

Dr. Patricia E. Black
California State University -
Chico, CA

Evelyne M. Bornier
Auburn University, AL

Kari Bridenbaugh
Rocky Mountain
High School, CO

Ines Du Cos de La Hitte
Sierra Canyon School, CA

Bernadette Donohue, PhD
Oakland University, MI

Nancy Durbin
Lindenwood University, MO

Dr. Christine Gaudry
Millersville University, PA

Dr. Kwaku A. Gyasi
University of Alabama -
Huntsville, AL

Leslie Harlin
Stone Ridge School of
the Sacred Heart, MD

Pamela Marie Hoffer
Babson College, MA

Andrew Irving
University of Wisconsin -
Madison, WI

**Dr. Irene Ivantcheva-
Merjanska**
University of Cincinnati, OH

Arthur Edward Kölzow
East Tennessee State
University, TN

Frederic Leveziel
University of South Florida
St. Petersburg, FL

Amy L. Miller
Harpeth Hall School, TN

Melissa Miller
Bellarmine University, KY

Mihai Miroiu, PhD
Elmira College, NY

Dr. Aparna Nayak
California State University -
Long Beach, CA

Kory Olson
Stockton University, NJ

Mirta Pagnucci, PhD
College of DuPage, IL

Jill Prado
Essex High School, VT

Sudarsan Rangarajan
University of Alaska
Anchorage, AK

Michael J. Rulon, PhD
Northern Arizona
University, AZ

Dr. Steven D. Spalding
United States Naval
Academy, MD

Monica Stampfl
Presentation High School, CA

Margaret Sullivan
Spartanburg Day School, SC

Heather J. Way
Greenwich Academy, CT

Trésor Simon Yoassi
University of Arizona, AZ

THIRD EDITION

FACE-À-FACE

CONVERSATION SANS FRONTIÈRES

Les relations personnelles

L'être humain est un animal social et, pour lui, les relations personnelles sont essentielles. D'abord, il y a les copains, ceux avec qui on aime s'amuser et faire la fête. Et puis il y a les véritables amis, ceux à qui on peut tout dire et qui sont encore là quand tout va mal. Ceux-là sont plus rares mais leur amitié dure toute la vie.

Quelles sont les principales qualités d'un(e) ami(e)?

Quel genre d'ami(e) êtes-vous?

Quelle relation avez-vous avec vos amis d'enfance?

34

 Vocabulary Tools

Préparation

Vocabulaire du court métrage

le bitume *asphalt*
crado (inv.) *gross, nasty*
une culotte *panties*
flou(e) *blurry, out of focus*
gonflable *inflatable*
le maître-nageur *swimming instructor*
le mec *guy, dude*
un olivier *olive tree*

poireauter *to wait*
pourri(e) *outdated (lit. rotten)*
prévoir *to foresee, to predict*
recoudre *to sew up*
les secours (m.) *help, emergency personnel*
le témoin *witness*
tripoter *to play with, to touch*
le truc *thing*

Vocabulaire utile

la circulation *traffic*
blessé(e) *injured*
cher/chère *dear*
entre la vie et la mort *between life and death*
des pensées vagabondes (f.) *wandering thoughts*
porter secours *to aid*
les proches (m.) *loved ones*
la victime *victim*
voir sa vie défiler devant ses yeux *to see one's life flash before one's eyes*

EXPRESSIONS

avoir la main verte *to have a green thumb*
à la bourre *in a hurry*
On était bien parti. *We were off to a good start.*

---

1 **À compléter** Complétez ces phrases à l'aide des mots de la liste.

blessées	maître-nageur
crado	prévoir
floues	tripoter
gonflable	victime

1. Mehdi adore la natation alors il est _____ dans une piscine.
2. Malheureusement, on ne peut jamais _____ un accident!
3. Ces photos ont été mal prises: elles sont complètement _____!
4. Cette jeune femme a été _____ d'un accident de voiture.
5. Quand je vais à la plage, je prends toujours mon ballon _____.
6. C'est un accident grave: trois personnes ont été _____.
7. Arrête de _____ ce portable! Tu vas finir par le casser!
8. Ma colocataire ne nettoie jamais sa chambre, alors elle est vraiment _____.

2 **Inventez** Avec un(e) camarade, choisissez six à huit mots ou expressions des listes de vocabulaire et écrivez un dialogue logique dans lequel vous utilisez les mots choisis.

3 **Devinez** Par groupes de trois, relisez les listes de vocabulaire, puis essayez de deviner de quoi va parler le court métrage *Manon sur le bitume*. Notez quelques idées, puis partagez-les avec la classe.

 Practice more at vhlcentral.com.

4 **Un drame** *Manon sur le bitume* est considéré comme un drame psychologique. Quels sont les éléments que vous associez avec ce genre de films? Les aimez-vous? Quel est votre drame préféré? Faites un petit résumé de l'intrigue (*plot*) et expliquez pourquoi vous avez aimé ce film.

5 **Questions personnelles** Répondez à ces questions.

1. Vous êtes-vous déjà trouvé(e) dans une situation où vous n'avez pas fait quelque chose que vous auriez aimé avoir fait? Expliquez.

2. Pouvez-vous citer une chose que vous voulez absolument faire dans la vie? Expliquez pourquoi cette chose est importante pour vous.

3. Y a-t-il une chose que vous espérez ne jamais devoir faire? Qu'est-ce que c'est? Pourquoi ne désirez-vous pas faire cette chose?

4. À votre avis, peut-on souvent contrôler ce qui nous arrive dans la vie? Pourquoi?

6 **Anticipation** À deux, observez ces images et répondez aux questions.

Image A
- Qui voyez-vous sur l'image? À votre avis, qui tient le bébé dans ses bras?
- Qu'est-ce que cette image représente pour Manon, d'après vous?

Image B
- Que font les personnages? Qui est l'homme avec Manon?
- Est-ce un événement important pour Manon, d'après vous?

manon sur le bitume

un film de **Elizabeth MARRE** & **Olivier PONT**

UN FILM ÉCRIT ET RÉALISÉ PAR **ÉLIZABETH MARRE** ET **OLIVIER PONT** SCÉNARIO **OLIVIER PONT** PRODUIT PAR **SÉBASTIEN HUSSENOT** MUSIQUE ORIGINALE **CHRISTOPHE JULIEN** ACTEURS **AUDE LÉGER, XAVIER BOIFFIER, BASTIEN EHOUZAN, ÉDOUARD RAIX, ÉLIZABETH MARRE, YASMEEN EL MASRI, SAMUEL LAHU**

FICHE **Personnages** Manon, Matthieu, Francesco, Antoine, Jeanne, Mehdi, Yasmeen, Benjamin
Durée 15 minutes **Pays** France **Année** 2007

SCÈNES  Video

1

Manon Ça doit être grave. Ça doit être grave vu comment ils me regardent... Mais ça va... J'ai dû tomber...
L'homme Bonjour, je vous appelle parce que je viens d'être témoin d'un accident de la circulation.

4

Manon Mehdi ne va trop rien dire. Je le connais, il ne va rien dire.

6

Manon À un moment, on a parlé de la mort, comme ça, sans y penser vraiment... À un moment où, si on avait su, on aurait fait autrement. On aurait fait attention.

2

Manon Mais, là, regarde, voilà, sur mon bureau... mon petit carnet[1] mauve. Tu le connais. Tu peux appeler tout le monde... Tu vas les appeler, hein, Benjamin? Tu vas leur dire quoi?

5

Manon Je me souviens une fois ensemble où j'ai failli te dire mille choses gentilles. Et puis, c'est resté là. Je n'ai pas osé[2]. Mais j'étais bien avec toi.

Manon Allô?... Oui, maman... Écoute, je t'ai dit que je le ferai, mais là, je suis hyper pressée, je suis à la bourre. Bon, il faut... il faut que... il faut que j'y aille, maman. Voilà, je suis pressée, je te dis, voilà. Allez... bisous, ciao, à plus!

[1] address book [2] I did not dare

Note CULTURELLE

Julien Clerc est un célèbre chanteur français qui est né à Paris en 1947. Il est le fils d'un haut fonctionnaire (*government official*) à l'Unesco et d'une Antillaise. Depuis 2003, il est ambassadeur de bonne volonté au profit du Haut Commissariat des Nations Unies pour les réfugiés. Il s'est marié en 2012 avec la romancière (*novelist*) Hélène Grémillon, qui est la mère de son cinquième enfant, Léonard. En 2014, il sort l'album *Partout la musique vient*.

À L'ÉCRAN

Dans le bon ordre Numérotez ces événements dans l'ordre chronologique, d'après l'histoire.

___ a. Manon sort de chez elle et part à vélo.

___ b. Un passant utilise son portable pour appeler les secours.

___ c. Manon rencontre Matthieu pour la première fois.

___ d. Benjamin apprend la mauvaise nouvelle aux proches de Manon.

___ e. Manon a un accident de vélo.

___ f. Les amis de Manon évoquent les souvenirs qu'ils ont d'elle.

___ g. Manon et ses amis parlent de la mort dans un bar.

Analyse

1 **Association** Associez les éléments de la colonne B à ceux de la colonne A.

A	B
1. ___ Jeanne	a. le voisin de Manon
2. ___ Manon	b. le petit ami de Manon
3. ___ Matthieu	c. une librairie
4. ___ Mehdi	d. une piscine
5. ___ Benjamin	e. la victime d'un accident
6. ___ Francesco	f. travailler avec des enfants
7. ___ Antoine	g. un accent étranger
8. ___ Yasmeen	h. le squash

2 **Sélection** Choisissez la meilleure réponse pour compléter chaque phrase.

1. Manon part de chez elle...
   a. à pied.   b. à vélo.   c. ni a ni b

2. Dans la rue, Manon...
   a. retrouve Matthieu.   b. a un accident.   c. ni a ni b

3. Matthieu et Manon sortaient ensemble depuis...
   a. un mois.   b. un an.   c. un peu plus d'un an.

4. Manon a des regrets en ce qui concerne...
   a. sa dernière conversation avec sa mère.   b. sa carrière.   c. a et b

5. Manon pense aux... qu'elle n'a pas eu(e)s avec Matthieu.
   a. enfants   b. vacances   c. a et b

3 **Réponses brèves** Servez-vous des mots et des expressions de la liste pour compléter ces phrases.

a peur	l'accent
Antoine	sa mère
est en retard	son appartement

1. Immédiatement après l'accident, Manon _____ que les gens dans la rue voient sa culotte.

2. Manon a aussi honte parce que _____ est en désordre.

3. Quand elle était au téléphone avec _____, Manon a été désagréable.

4. D'habitude, les amis de Manon se moquent de _____ de Francesco, mais aujourd'hui personne ne fait de commentaire à son sujet.

5. _____ veut faire quelque chose de spécial pour rendre hommage à Manon.

6. Matthieu pense que Manon _____ à leur rendez-vous.

4 **Actions et réactions** Complétez ces descriptions avec des mots et expressions appropriés.

A. Quand la police vient voir Benjamin, le voisin de Manon, il est en train de s'occuper de (1) _____. C'est pour cela que Manon veut lui laisser son (2) _____.

B. Au moment de l'accident, la mère de Manon prépare tranquillement (3) _____ sans se douter de ce qui vient de se passer.

C. Antoine ne répond pas au téléphone parce qu'il est en train de (4) _____ et ne se doute pas de l'importance de l'appel.

D. Quand les amis sont réunis après «la mort» de Manon, Mehdi reste (5) _____, ce qui n'étonne pas Manon. Elle voudrait qu'il s'occupe de (6) _____ Oswald parce qu'il aime l'eau.

5 **Mes regrets** Avez-vous des regrets dans la vie? Que feriez-vous différemment si vous aviez la possibilité de refaire les choses? Pourquoi? Y a-t-il des choses que vous n'avez pas encore faites mais que vous voudriez faire? Partagez-vous certains des regrets de Manon? Discutez avec votre partenaire.

6 **Conversation** Si Manon ne meurt pas à la suite de son accident, va-t-elle vraiment faire les choses auxquelles elle a pensé? Discutez-en avec la classe.

- D'abord faites une liste de toutes les choses auxquelles Manon a pensé. Décidez quelles préoccupations sont importantes, d'après vous, et lesquelles sont peut-être futiles.

- Ensuite, divisez-vous en deux groupes: un groupe qui pense que Manon va faire toutes ces choses et l'autre groupe qui pense qu'elle va faire les choses différemment.

- Les deux groupes expliquent leurs points de vue et débattent de chaque chose.

- Finalement, les deux groupes assemblent leurs idées et en font un résumé pour décrire la vie de Manon après l'accident.

7 **Rédaction** Écrivez un paragraphe dans lequel vous expliquez ce que vous faites pour rester en contact avec vos proches et pour leur montrer votre affection. Votre paragraphe doit comporter ces éléments:

Qui Pour commencer, faites une liste de vos proches et donnez quelques détails sur vos relations avec eux.

Quand Indiquez la fréquence de vos contacts avec chaque personne.

Comment Décrivez comment vous restez en contact avec chaque personne et dites pourquoi vous choisissez cette méthode plutôt qu'une autre.

Pourquoi Expliquez pourquoi il vous est important de rester en contact avec chaque personne et ce que vous faites d'autre pour lui montrer votre affection.

Quoi Décrivez ce que vous voudriez dire à chaque personne si vous étiez dans une situation où vous risquiez de ne jamais la revoir.

Practice more at vhlcentral.com.

1.1 Le passé composé et l'imparfait

Rappel

On utilise soit le passé composé soit l'imparfait pour parler de faits passés. Leur usage respectif est déterminé par le contexte ou par le point de vue du narrateur.

Emplois du passé composé

- On utilise le passé composé pour parler d'un fait passé, spécifique et achevé (*completed*) au moment où l'on parle.

  *Martin **a rencontré** Julie chez des amis communs.*

- On l'utilise aussi pour parler d'un fait qui s'est passé à un moment précis du passé.

  *Ils se **sont mariés** il y a deux mois.*

- On utilise le passé composé pour parler d'une action passée en précisant le début ou la fin de cette action.

  *Ils **sont rentrés** chez eux à onze heures.*

—*Voilà, c'est Manon...*
*elle **a eu** un accident.*

- On utilise le passé composé pour parler d'une action passée qui a eu lieu un certain nombre de fois sans être une action habituelle.

  *Alain et Murielle se **sont téléphoné** trois fois hier.*

- On l'utilise pour parler d'une suite d'événements passés.

  *Karim et Sonia se **sont parlé**, se **sont plu** et **ont décidé** de se revoir.*

Emplois de l'imparfait

- On utilise l'imparfait pour parler d'une action passée sans en préciser le début ni la fin.

—*Je croyais que j'aurais le temps de te le dire, mais j'étais bien avec toi, tu sais?*

Attention!

- Les verbes qui utilisent en général l'auxiliaire **être**, peuvent utiliser l'auxiliaire **avoir** s'ils sont suivis d'un complément d'objet direct.

*Elle **est sortie**. mais Elle **a sorti** le chien.*

*Élodie **est passée** devant la maison. **mais** Élodie a **passé** un an en France.*

Coup de main

Le verbe **être** est irrégulier à l'imparfait:

j'étais, tu étais, il/elle/on était, nous étions, vous étiez, ils/elles étaient.

- On utilise l'imparfait pour parler d'un fait habituel dans le passé.

  *Ils se **voyaient** tous les jours.*
  *Chaque année, ils **passaient** leurs vacances ensemble.*

- On l'utilise aussi pour décrire quelqu'un (son âge, son état d'esprit) ou quelque chose dans le passé.

  *C'**était** quelqu'un de calme et de réfléchi.*
  *Les arbres **étaient** en fleurs.*

Les différences entre le passé composé et l'imparfait

- Le passé composé et l'imparfait sont souvent utilisés ensemble quand on raconte une histoire.

Utilisez le passé composé pour raconter:	Utilisez l'imparfait pour décrire:
• les faits principaux de l'histoire • les différentes actions qui constituent la trame de l'histoire	• le contexte, le cadre de l'histoire, l'arrière-plan de l'action • ce que les gens étaient en train de faire • les gens (leur âge, leur personnalité, leur état d'esprit) et les choses

*Dimanche dernier, il **faisait** beau et je **me promenais** tranquillement dans le parc. Tout à coup, une jeune fille **est tombée** de son vélo devant moi. J'**ai voulu** l'aider mais heureusement, ce n'**était** pas grave. Elle **était** jolie et très sympa. Nous **avons passé** tout l'après-midi ensemble et… je **suis tombé** amoureux d'elle!*

- Quand on utilise le passé composé et l'imparfait dans la même phrase, on emploie l'imparfait pour l'action qui est en train de se passer (la situation, la scène de l'histoire) et le passé composé pour l'action qui interrompt le déroulement des faits.

La situation/la scène (imparfait)	L'action qui interrompt la scène (passé composé)
*Ils se **promenaient**…*	*quand il **a commencé** à pleuvoir.*
*Éric **était** triste…*	*quand Sandrine **est arrivée**.*
*Justine **dormait**…*	*quand Alex **a téléphoné**.*

- Dans certains cas, l'emploi de l'imparfait et du passé composé indique une relation de cause à effet, une conséquence.

  *Elle **s'est disputée** avec son petit copain parce qu'elle **était** de mauvaise humeur. (Elle était de mauvaise humeur et c'est pour cela qu'elle s'est disputée avec son petit copain.)*

Coup de main

Certains adverbes et expressions sont souvent utilisés avec le passé composé: **tout à coup, soudain, un jour, une fois, hier matin, la semaine dernière**, etc. D'autres sont normalement utilisés avec l'imparfait: **en général, souvent, d'habitude**.

Attention!

- Le sens des verbes **connaître, devoir, pouvoir, savoir** et **vouloir** peut changer au passé composé.

*J'**ai connu** (met) ma fiancée à Montréal.*

*Elles **ont dû** arriver (must have arrived) trop tard.*

*Tu **as pu** finir (managed to finish) le travail à temps.*

*Personne n'**a su** (found out) qui avait apporté le cadeau.*

*Vous n'**avez** pas **voulu** aider (refused to help) la victime.*

Mise en pratique

1 **Le bal masqué** Complétez le texte en mettant les verbes entre parenthèses à l'imparfait ou au passé composé.

Quand elle (1) _____ (être) jeune, Virginie (2) _____ (être) très timide et (3) _____ (aimer) la solitude. Un jour cependant, ses amies (4) _____ (inviter) Virginie à un bal masqué. Et pour une fois, Virginie (5) _____ (accepter) l'invitation. Pendant la soirée, Virginie (6) _____ (remarquer) un garçon déguisé en Zorro qui la (7) _____ (regarder) tout le temps. Finalement, il (8) _____ (venir) lui parler et ils (9) _____ (passer) le reste de la soirée ensemble. À la fin de la soirée, le garçon (10) _____ (disparaître) et elle (11) _____ (ne jamais savoir) qui il (12) _____ (être).

2 **Pauvre Malik!**

A. Lisez l'histoire de Malik.

À midi, Malik a faim et va au restaurant. Il regarde distraitement les gens qui passent dans la rue. Soudain, il voit sa petite amie Mina avec un autre garçon! Et ils ont l'air de bien s'amuser! Malik est furieux. Il sort du restaurant en courant et cherche le couple partout dans la rue. Finalement, il voit Mina et le mystérieux jeune homme. Les deux jeunes gens sont à l'arrêt de bus. Malik se précipite vers eux et demande une explication à sa petite amie. Mina éclate de rire et explique que le garçon qui est avec elle n'est autre que son… cousin, Reza. Malik se sent vraiment gêné.

B. Maintenant, mettez l'histoire au passé.

Hier midi, … _____

_____

_____

_____

_____

3 **Les vacances d'Aline** Faites des phrases avec les éléments donnés.

Modèle quand / elle / être / petite / Aline / aller à la mer / avec ses parents
Quand elle était petite, Aline allait à la mer avec ses parents.

1. cette année / elle / aller à la mer / avec ses copines
2. elles / se promener sur la plage / quand / elles / voir / un garçon / qui / jouer de la guitare
3. Aline / demander / au garçon / comment il / s'appeler
4. il / répondre / qu'il / s'appeler / Lucas
5. Aline et Lucas / devenir copains et / s'entendre très bien en général
6. mais un jour / Lucas / vouloir faire de la planche à voile / et Aline, / qui / avoir peur, / ne pas vouloir
7. alors, ils / se disputer / et / rompre
8. heureusement ses amies / être là / et elles / la consoler

Note CULTURELLE

En France, les jeunes sortent généralement en groupe. Ils se retrouvent en ville et vont au café, au cinéma ou à des concerts tous ensemble. Parfois, ils organisent des soirées chez eux. Le concept américain de *dating* n'existe pas.

Communication

4

Histoire d'amitié Posez ces questions à votre partenaire.

1. Qui était ton/ta meilleur(e) ami(e) quand tu étais plus jeune?
2. Comment vous êtes-vous rencontré(e)s?
3. Combien de temps avez-vous mis pour devenir bons/bonnes ami(e)s?
4. Comment êtes-vous devenu(e)s de grand(e)s ami(e)s?
5. Que faisiez-vous ensemble?
6. Est-ce que vous vous disputiez de temps en temps?
7. Est-ce que vous vous réconciliiez facilement?
8. Comment votre amitié s'est-elle terminée?
9. Est-ce que tu as revu cette personne récemment?
10. Est-ce que tu as gardé un bon souvenir d'elle?

5

Histoire d'amour À deux, faites un jeu de rôle. L'un(e) de vous est l'hôte(sse) d'une émission de radio qui donne des conseils d'amour. L'autre est un auditeur / une auditrice qui a récemment eu des difficultés dans sa vie de couple, et qui appelle l'émission pour demander des conseils.

Modèle —**Est-ce que vous aviez rendez-vous avec votre petit ami hier?**
—**Oui, nous avions rendez-vous mais il est arrivé en retard parce qu'il…**

arriver en retard	être jaloux/ jalouse	se réconcilier
attendre	se fâcher	se téléphoner
se disputer	(ne pas) se parler	se voir

6

Relations personnelles Avec un(e) partenaire, choisissez deux personnes de la liste: une avec qui vous avez eu une bonne relation et une autre avec qui vous avez eu une mauvaise relation. Racontez ce qui s'est passé. Votre partenaire vous posera des questions pour avoir plus de détails.

- ta/ton meilleur(e) ami(e)
- ta/ton petit(e) ami(e)
- ta sœur / ton frère
- ta/ton voisin(e)

Modèle —**Quand elle était petite, ma sœur était vraiment…**
—**Qu'est-ce qu'elle faisait?**
—**Un jour, elle…**

Practice more at
vhlcentral.com.

1.2 Le plus-que-parfait et la concordance des temps

Rappel

On emploie soit l'imparfait soit le passé composé pour parler d'un fait passé. Mais pour parler d'un fait passé qui a eu lieu chronologiquement avant un autre, on utilise le plus-que-parfait.

—Si j'**avais su**, je vous aurais laissé des trucs.

Le plus-que-parfait

- Le plus-que-parfait est un temps composé comme le passé composé. Pour former le plus-que-parfait, on prend l'imparfait de l'auxiliaire **être** ou **avoir** et on ajoute le participe passé du verbe conjugué.

	dire	aller	se disputer
je/j'	avais dit	étais allé(e)	m'étais disputé(e)
tu	avais dit	étais allé(e)	t'étais disputé(e)
il/elle/on	avait dit	était allé(e)	s'était disputé(e)
nous	avions dit	étions allé(e)s	nous étions disputé(e)s
vous	aviez dit	étiez allé(e)(s)	vous étiez disputé(e)(s)
ils/elles	avaient dit	étaient allé(e)s	s'étaient disputé(e)s

Il est arrivé à midi. Nous **avions** pourtant bien **dit** 10 heures!
Après tant d'années de séparation, ces deux amies se sont retrouvées comme si elles **ne s'étaient** jamais **quittées**.

- Les règles d'accord du participe passé sont les mêmes au plus-que-parfait qu'au passé composé.

    Il n'a pas **vu** Farida cette semaine et la semaine dernière, il ne l'avait pas **vue** non plus! Je crois que c'est fini entre eux!

- On peut aussi utiliser le plus-que-parfait pour exprimer un souhait ou un regret à propos d'une situation passée. Dans ce cas, il est introduit par **si** ou **si seulement.**

    Si seulement il lui **avait dit** toute la vérité!
    Si seulement elle **n'était pas partie!**

La concordance des temps

- La concordance des temps établit le rapport entre le temps de la proposition subordonnée et le temps de la proposition principale dont elle dépend. La concordance des temps s'applique notamment quand on rapporte ce que quelqu'un a dit; c'est-à-dire, dans le discours indirect.

  *Tu **veux** m'expliquer pourquoi tu **attendais** dehors?*
  *Ils ne se **sont** pas **rendu** compte que nous **étions parties** tôt.*

- Quand le verbe de la proposition principale est au présent ou au futur, le verbe de la proposition subordonnée est au temps qu'on utiliserait logiquement selon le sens dans une phrase indépendante.

Proposition principale	Proposition subordonnée
Julien **dit**	qu'il **sort** avec Maya. (au moment présent)
	qu'il **sortira** avec Maya. (dans le futur)
	qu'il **sortait** avec Maya. / qu'il **est sorti** avec Maya. (dans le passé: soit habituellement, donc imparfait; soit occasionnellement, donc passé composé)

Proposition principale	Proposition subordonnée
Thomas **demandera**	**si** Paola **est** là.
	avec qui Paola **arrivera.**
	pourquoi Paola **est arrivée** en retard.

- Quand le verbe de la proposition principale est au passé, le verbe de la proposition subordonnée se met:

  > **à l'imparfait** s'il y a simultanéité entre les deux actions.
  > **au conditionnel** s'il y a postériorité.
  > **au plus-que-parfait** s'il y a antériorité.

Proposition principale	Proposition subordonnée
Julien **a dit**	qu'il **sortait** avec Maya. (au moment présent)
	qu'il **sortirait** avec Maya. (dans le futur)
	qu'il **était sorti** avec Maya. (dans un passé antérieur au moment où il parle)

Proposition principale	Proposition subordonnée
Thomas **demandait**	**si** Paola **était** là.
	avec qui Paola **arriverait.**
	pourquoi Paola **était arrivée** en retard.

Coup de main

Quand on rapporte ce que quelqu'un a dit, on utilise souvent des verbes tels que **dire, annoncer, expliquer** ou **répondre** dans des phrases affirmatives et **demander, se demander** dans des phrases interrogatives. La proposition subordonnée est introduite par **que** dans les phrases affirmatives et par **si** ou par un mot interrogatif (**pourquoi, quand, comment,** etc.) dans les phrases interrogatives.

*Je lui ai expliqué **que** tu lui avais pardonné.*

*Il se demandait **si** tu étais enore fâchée.*

Attention!

- **Si** devient **s'** devant **il** ou **ils** mais reste **si** devant **elle, elles** ou **on**.

*Paul pensait à ses copains et se demandait **s'ils** étaient déjà rentrés.*

Mise en pratique

1 **Quelle malchance!** Le week-end dernier, Amélie n'a vraiment pas eu de chance. Complétez correctement les phrases.

1. Samedi soir, Amélie a téléphoné à Léa pour aller voir le dernier James Bond mais Léa _____ ce film.
   a. a vu   b. voyait   c. avait vu

2. Quand Amélie est arrivée au cinéma, le film _____ déjà _____.
   a. allait… commencer   b. avait… commencé   c. a… commencé

3. Après la séance, Amélie a voulu prendre le dernier métro pour rentrer chez elle, mais il _____.
   a. était déjà partie   b. était déjà parti   c. est déjà parti

4. Quand elle est arrivée chez elle, elle s'est rendu compte qu'elle _____ ses clés.
   a. avait perdu   b. s'était perdue   c. a perdu

5. Alors, elle est allée chez ses amies mais personne n'a ouvert parce qu'elles n'_____ pas encore _____.
   a. étaient… rentrés   b. avaient rentré   c. étaient…rentrées

6. Finalement, elle est allée chez ses parents qui étaient contents parce qu'ils _____ Amélie depuis très longtemps.
   a. n'avaient pas vu   b. ne s'étaient pas vus   c. ne s'étaient pas vues

2 **Les mésaventures de Jérémy** Mettez les verbes entre parenthèses au plus-que-parfait.

Une amie m'a raconté les mésaventures de Jérémy, un jeune Américain qui (1) _____ (décider) de venir en France pour apprendre le français. À peine arrivé, il (2) _____ (rencontrer) une jeune fille très sympa qui s'appelait Gisèle. Au début, ils (3) _____ (sortir) en bande, avec les copains de Gisèle, mais après quelques semaines, les parents de Gisèle (4) _____ (insister) pour faire sa connaissance et (5) _____ (inviter) Jérémy à venir dîner chez eux.

Le soir du dîner, Jérémy (6) _____ (se présenter) chez les parents de Gisèle avec un beau bouquet de chrysanthèmes qu'il (7) _____ (acheter) pour la maman de son amie. Mais, à la surprise de Jérémy, elle (8) _____ (ne pas avoir) l'air d'apprécier ses fleurs. Comme Jérémy ne comprenait pas pourquoi elle avait l'air si contrariée, Gisèle lui (9) _____ (expliquer) la signification de ces fleurs et le pauvre Jérémy (10) _____ (devoir) se dire qu'il n'y avait pas que la langue française qu'il devait apprendre, mais aussi la culture et les coutumes du pays!

Note CULTURELLE

En France, les chrysanthèmes sont les fleurs associées au souvenir des morts. Traditionnellement, le premier novembre, le jour de la Toussaint, les familles vont déposer des pots de chrysanthèmes sur les tombes de leurs parents. Certaines personnes superstitieuses pensent que ces fleurs portent malheur.

Practice more at vhlcentral.com.

Communication

3 **Et avant ça?** Votre partenaire vous dit ce qu'il/elle et son amie Lise ont fait récemment. Posez des questions pour savoir ce qui s'était passé avant.

> Modèle —Hier, j'ai téléphoné à Lise. (avant-hier / envoyer)
> **—Avant-hier, tu lui avais envoyé un e-mail?**

1. La semaine dernière, Lise et moi, nous avons vu le dernier film de Marion Cotillard. (la semaine d'avant / aller)
2. Aujourd'hui, Lise s'est réconciliée avec Emma. (hier / se disputer)
3. Cet après-midi, Lise s'est promenée en ville toute seule. (hier matin / rencontrer)
4. Hier soir, les parents de Lise ont invité mes parents au restaurant. (il y a une semaine / rendre visite)
5. Cet été, je suis allé en France et Lise est allée au Canada. (l'été dernier / voyager)

4 **Emplois du temps** Que faisaient vos copains quand vous avez téléphoné? Et le matin? Et l'après-midi? Décrivez l'emploi du temps de vos amis à votre partenaire.

> Modèle —Qu'est-ce que Samira t'a dit?
> **—Quand j'ai téléphoné à Samira, elle m'a dit qu'elle avait joué au tennis avec Jean ce matin, qu'elle déjeunait avec Lili quand j'ai téléphoné et qu'elle irait au cinéma avec Mia et Raoul cet après-midi.**

	samedi	Nom
10h00	laver la voiture	Adrien
12h00	jouer de la guitare avec des copains	
20h00	dîner au restaurant avec Elsa	
9h00	jogging avec Patrick	Anne
12h00	faire les magasins avec Patricia	
21h00	assister à un concert avec Serge	
9h00	jogging avec Anne	Patrick
12h00	étudier à la bibliothèque	
16h00	prendre un café avec des copains	

5 **Voilà pourquoi!** À deux, parlez de ce qui est arrivé hier à vos amis Rose et Fabien. Choisissez chacun(e) une des deux situations et dites à votre partenaire ce que vous avez entendu dire.

> Modèle Rose et Fabien ne sont pas allés au concert. (oublier les billets / devoir retourner / ne pas trouver / aller au concert)
> **—Il paraît qu'ils ne sont pas allés au concert parce qu'ils avaient oublié leurs billets, qu'ils avaient dû retourner à la maison, qu'ils ne les avaient pas trouvés et qu'ils iraient au concert la prochaine fois.**

1. Rose et Fabien se sont disputés. (avoir un accident / s'accuser / arriver en retard / rater / aller au cinéma)
2. Rose et Fabien se sont réconciliés. (finalement téléphoner / demander pardon / offrir / inviter)

Préparation

À propos de l'auteur

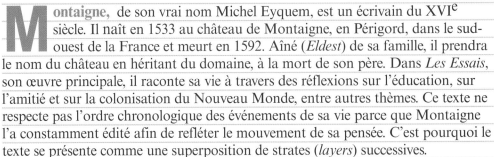

Montaigne, de son vrai nom Michel Eyquem, est un écrivain du XVIe siècle. Il naît en 1533 au château de Montaigne, en Périgord, dans le sud-ouest de la France et meurt en 1592. Aîné (*Eldest*) de sa famille, il prendra le nom du château en héritant du domaine, à la mort de son père. Dans *Les Essais*, son œuvre principale, il raconte sa vie à travers des réflexions sur l'éducation, sur l'amitié et sur la colonisation du Nouveau Monde, entre autres thèmes. Ce texte ne respecte pas l'ordre chronologique des événements de sa vie parce que Montaigne l'a constamment édité afin de refléter le mouvement de sa pensée. C'est pourquoi le texte se présente comme une superposition de strates (*layers*) successives.

Vocabulaire de la lecture

une âme *soul*
conseiller *to advise*
la couture *seam*
dérober *to steal*
dès lors *since then*
doux/douce *sweet*
effacer *to erase*
se joindre *to join*

languissant(e) *melancholic*
se mêler *to mix*
partout *everywhere*
la perte *loss*
sauf *except*
tromper *to deceive*

Vocabulaire utile

aimable *kind*
amical(e) *friendly*
une amitié *friendship*
l'amour (m.) *love*
la coutume *custom*
entretenir *to sustain*

fidèle *faithful*
le lien *link*
offrir *to give (as a gift)*
se quitter *to leave one another*

1 **Antonymes** Complétez chaque phrase avec le mot de vocabulaire qui exprime le mieux le sens contraire du mot souligné.

1. Pourquoi veux-tu <u>te séparer</u> de notre groupe? Viens _____ à nous!

2. Un vrai ami ne doit jamais <u>tromper</u> ses amis. Il doit les _____ pour qu'ils prennent les meilleures décisions.

3. La patronne leur a parlé d'une manière <u>agressive</u>, mais quand ils lui ont expliqué leur retard, elle les a traités d'une manière plus _____.

4. Après la _____ de sa grand-mère, qui est morte le mois dernier, l'<u>arrivée</u> du nouveau bébé doit être un heureux événement.

5. D'abord, le criminel va _____ le diamant. Ensuite, il va l'<u>offrir</u> à sa femme.

2 **Amour ou amitié?** Classez ces activités dans la catégorie **amitié** ou **amour**. Ensuite, avec un(e) partenaire, justifiez vos réponses.

Activités	Amour	Amitié
1. se voir de temps en temps		
2. manger une pizza		
3. aller à des réunions de famille		
4. parler dans un langage familier		
5. avoir le même compte en banque		

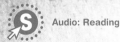

Audio: Reading

QU'UN
AMI VÉRITABLE
EST UNE DOUCE CHOSE!

Michel de Montaigne

e que nous appelons ordinairement amis 1
et amitiés, ce ne sont qu'accointances
et familiarités nouées° par quelque
occasion ou commodité, par le moyen°
de laquelle nos âmes s'entretiennent. 5
En l'amitié de quoi je parle, elles se
mêlent et confondent° l'une en l'autre,
d'un mélange° si universel qu'elles effacent et ne retrouvent
plus la couture qui les a jointes. Si on me presse de dire
pourquoi je l'aimais, je sens que cela ne se peut exprimer qu'en 10
répondant: «Parce que c'était lui, parce que c'était moi».

Il y a, au delà° de tout mon discours et de ce que j'en puis
dire particulièrement, ne sais quelle force inexplicable et
fatale, médiatrice de cette union. Nous nous cherchions avant
que de nous être vus, et par des rapports que nous oyions° 15
l'un de l'autre, qui faisaient en notre affection plus d'effort que ne
porte la raison des rapports°; je crois, par quelque ordonnance°
du ciel. Nous nous embrassions par nos noms; et à notre
première rencontre, qui fut° par hasard en une grande fête et

tied

means

merge
mix

beyond

heard

connections; arrangement

was

20 compagnie de ville, nous nous trouvâmes si pris, si connus, si
obligés entre nous, que rien dès lors ne nous fut si proche que
l'un à l'autre...

Qu'on ne me mette pas en ce rang° ces autres amitiés   *rank*
communes; j'en ai autant de connaissance qu'un autre, et des
25 plus parfaites en leur genre, mais je ne conseille pas qu'on
confonde leurs règles: on s'y tromperait. Il faut marcher en ces
autres amitiés la bride° à la main, avec prudence et précaution;   *bridle*
la liaison n'est pas nouée en manière qu'on n'ait aucunement
à s'en défier°...   *mistrust*

30 L'ancien Ménandre° disait celui-là heureux, qui avait pu   *Menander, ancient*
rencontrer seulement l'ombre° d'un ami. Il avait certes raison   *Greek dramatist*
de le dire, même s'il en avait tâté°. Car, à la vérité, si je compare   *shadow*
tout le reste de ma vie, quoiqu'avec la grâce de Dieu je l'aie   *attempted*
passée douce, aisée et, sauf la perte d'un tel ami, exempte
35 d'affliction pesante°, pleine de tranquillité d'esprit, ayant pris   *burdensome*
en paiement mes commodités naturelles et originelles sans en
rechercher d'autres; si je la compare, dis-je, toute, aux quatre
années qu'il m'a été donné de jouir de la douce compagnie et
société de ce personnage, ce n'est que fumée, ce n'est qu'une
40 nuit obscure et ennuyeuse. Depuis le jour que je le perdis, ...
je ne fais que traîner° languissant; et les plaisirs mêmes qui   *mope*
s'offrent à moi, au lieu de me consoler, me redoublent le regret
de sa perte. Nous étions à moitié de tout; il me semble que je
lui dérobe sa part.

45 J'étais déjà si fait et accoutumé à être deuxième partout
qu'il me semble n'être plus qu'à demi. ✠

Analyse

1 **Vrai ou faux?** Indiquez si les phrases sont vraies ou fausses. Corrigez les fausses.

1. Les deux amis se sont rencontrés à l'école.

2. La vie de Montaigne a été difficile et malheureuse sauf le jour où il a perdu son ami.

3. L'amitié pour Montaigne est plus qu'une relation spéciale. C'est une douce expérience.

4. Montaigne dit que les coutures de leurs âmes s'effacent entre lui et son ami.

5. La compagnie de son ami était agréable, alors sa mort n'a pas été un moment pesant.

6. Depuis la mort de son ami, Montaigne n'a plus de plaisirs et se sent languissant.

7. Rien ne peut consoler Montaigne de la perte de son ami.

8. Maintenant qu'il est seul, Montaigne a l'impression d'avoir retrouvé son âme.

2 **Une amitié spéciale** À deux, répondez à ces questions.

1. Ce texte est-il une fiction ou une histoire vraie? Justifiez votre réponse.

2. Comment le destin est-il intervenu dans la naissance de l'amitié de ces deux personnes?

3. Quel exemple Montaigne donne-t-il pour montrer que toute forme d'amitié rend la vie plus douce? Expliquez cet exemple.

4. Comment cette amitié si douce a-t-elle transformé la vie de Montaigne? Qu'est-ce qui a changé depuis la perte de son ami?

5. Pourquoi Montaigne dit-il qu'il dérobe la part des plaisirs qu'il partageait avec son ami?

3 **Une métaphore** À deux, expliquez la métaphore dans la phrase «qu'elles effacent et ne retrouvent plus la couture qui les a jointes». À quel mot se réfère le pronom sujet **elles**? Quel est le sens littéral de **couture**? Que dit cette métaphore sur l'unité des deux amis?

4 **George Sand** Montaigne pensait que les femmes ne sont pas capables d'une amitié aussi profonde que celle des hommes. Lisez cette protestation de George Sand, écrivaine française du XIXe siècle. Ensuite, à deux, relevez les points qu'elle choisit pour défendre la femme.

> «Mais c'est faux! m'écriai-je; cette ineptie et cette frivolité que vous nous jetez à la figure, c'est le résultat de la mauvaise éducation à laquelle vous nous avez condamnées, et vous aggravez le mal en le constatant. Placez-nous dans de meilleures conditions, placez-y les hommes aussi; faites qu'ils soient purs, sérieux et forts de volonté, et vous verrez bien que nos âmes sont sorties semblables des mains du Créateur.»
> –**George Sand**. *Œuvres autobiographiques.*

Vocabulary Tools

Préparation

À propos de l'auteur

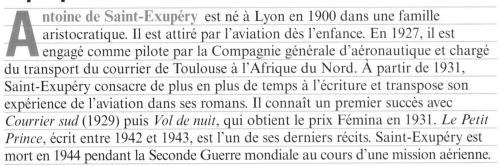

Antoine de Saint-Exupéry est né à Lyon en 1900 dans une famille aristocratique. Il est attiré par l'aviation dès l'enfance. En 1927, il est engagé comme pilote par la Compagnie générale d'aéronautique et chargé du transport du courrier de Toulouse à l'Afrique du Nord. À partir de 1931, Saint-Exupéry consacre de plus en plus de temps à l'écriture et transpose son expérience de l'aviation dans ses romans. Il connaît un premier succès avec *Courrier sud* (1929) puis *Vol de nuit*, qui obtient le prix Fémina en 1931. *Le Petit Prince*, écrit entre 1942 et 1943, est l'un de ses derniers récits. Saint-Exupéry est mort en 1944 pendant la Seconde Guerre mondiale au cours d'une mission aérienne.

Vocabulaire de la lecture		Vocabulaire utile
apprivoiser *to tame*	**le renard** *fox*	**un animal de basse-cour** *farmyard animal*
arroser *to water*	**semblable** *similar*	**un animal domestique** *pet*
un(e) chasseur/ chasseuse *hunter*	**soigner** *to take care*	**le conte** *tale*
éteindre *to extinguish*	**se taire** *to become quiet*	**déçu(e)** *disappointed*
le fusil *gun*	**tousser** *to cough*	**un(e) ennemi(e)** *enemy*
gêné(e) *embarrassed*	**vexé(e)** *upset, hurt*	**s'entendre bien** *to get along*
inutile *useless*	**vide** *empty*	**mordre** *to bite*
n'importe quand *anytime*		**le rêve** *dream*
		sauvage *wild*

1 **Vocabulaire** Complétez les phrases à l'aide des mots des listes de vocabulaire.

1. Un _____ est un animal sauvage qui adore manger les poules (*hens*).

2. Ce n'est pas facile d' _____ un animal sauvage qui n'a pas l'habitude de vivre parmi (*among*) les humains.

3. C'est normal de beaucoup _____ quand on a un rhume.

4. On est _____ que notre chien et notre chat ne s'entendent pas bien.

5. Les animaux sauvages sont libres. Ils mangent _____ et où ils veulent.

6. Tous les matins, il faut _____ les fleurs parce qu'elles ont soif.

2 **Les enfants et les animaux** À deux, posez-vous ces questions à tour de rôle.

1. Penses-tu que les enfants sont plus responsables quand ils ont un animal? Pourquoi?

2. Quel type d'animal vaut-il mieux donner à un enfant qui habite dans une grande ville?

3. Quels films aimais-tu quand tu étais petit(e)? Pourquoi les films d'animation ou les films avec de vrais animaux-acteurs attirent-ils les enfants?

4. Quand tu étais petit(e), allais-tu souvent au cirque pour voir les animaux? Quel spectacle aimais-tu le plus? Si tu n'y es jamais allé(e), quel spectacle aurais-tu aimé?

3 **Mon animal sauvage préféré** Quel est votre animal sauvage préféré? À tour de rôle, décrivez votre choix à votre partenaire à l'aide de cette liste. Ensuite, partagez avec la classe ce que vous avez appris.

Modèle —**Mon animal préféré est l'éléphant. Et toi?**
—**Pour moi, c'est le grizzli parce que...**

- son apparence
- son habitat
- sa condition (en voie d'extinction, protégé, etc.)
- ses activités
- son alimentation

4 **Les refuges** La ville où vous habitez doit faire des économies et pense fermer le refuge pour animaux (*animal shelter*). Vous pensez que c'est une bonne idée, mais votre partenaire n'est pas du tout d'accord. À deux, créez un dialogue pour défendre vos opinions. N'oubliez pas de discuter des thèmes de cette liste. Ensuite, jouez le dialogue devant la classe.

- les animaux abandonnés
- les vaccinations
- la saleté (*dirtiness*)
- les programmes d'adoption
- la surpopulation des animaux
- le coût d'entretien élevé du refuge

5 **Langage animalier** Beaucoup d'expressions françaises illustrent une condition physique ou atmosphérique à l'aide d'un nom d'animal. Par petits groupes, étudiez ces expressions et trouvez leur équivalent en anglais. Puis employez-les dans des phrases.

| «Avoir une fièvre de cheval» |
| «Avoir une faim de loup» |
| «Dormir comme un loir (*dormouse*)» |
| «Il fait un froid de canard» |
| «Il fait un temps de chien» |
| «Être rusé comme un renard» |

6 **Anticiper** À deux, observez cette photo et imaginez ce qui va se passer dans ce texte. Que pouvez-vous déduire du récit à partir du titre de la photo? Quels rapports y a-t-il entre l'animal et la personne? Présentez vos idées à la classe.

Apprendre à se connaître

Le Petit Prince

ANTOINE DE SAINT-EXUPÉRY

1   MAIS IL ARRIVA que le petit prince, ayant longtemps marché à travers les

sands   sables°, les rocs et les neiges, découvrit enfin une route. Et les routes vont toutes

5   chez les hommes.

     —Bonjour, dit-il.

    C'était un jardin fleuri de roses.

     —Bonjour, dirent les roses.

    Le petit prince les regarda. Elles

10 ressemblaient toutes à sa fleur.

     —Qui êtes-vous? leur demanda-t-il, stupéfait.

     —Nous sommes des roses, dirent les roses.

said   —Ah! fit° le petit prince...

15   Et il se sentit très malheureux. Sa fleur lui avait raconté qu'elle était seule de
son espèce dans l'univers. Et voici qu'il en était cinq mille, toutes semblables, dans
un seul jardin!

    «Elle serait bien vexée, se dit-il, si elle voyait ça... elle tousserait énormément
et ferait semblant de mourir pour échapper au ridicule. Et je serais bien obligé de

20 faire semblant de la soigner, car, sinon, pour m'humilier moi aussi, elle se laisserait
vraiment mourir...»

    Puis il se dit encore: «Je me croyais riche d'une fleur unique, et je ne possède
qu'une rose ordinaire. Ça et mes trois volcans qui m'arrivent au genou, et dont l'un,
peut-être, est éteint pour toujours, ça ne fait pas de moi un bien grand prince...»

25 Et, couché dans l'herbe, il pleura.

    C'EST ALORS QU'APPARUT le renard:

     —Bonjour, dit le renard.

saw   —Bonjour, répondit poliment le petit prince, qui se retourna mais ne vit° rien.

     —Je suis là, dit la voix, sous le pommier...

30   —Qui es-tu? dit le petit prince. Tu es bien joli...

     —Je suis un renard, dit le renard.

     —Viens jouer avec moi, lui proposa le petit prince. Je suis tellement triste...

     —Je ne puis pas jouer avec toi, dit le renard. Je ne suis pas apprivoisé.

     —Ah! pardon, fit le petit prince.

35   Mais, après réflexion, il ajouta:

—Qu'est-ce que signifie «apprivoiser»?

—Tu n'es pas d'ici, dit le renard, que cherches-tu?

—Je cherche les hommes, dit le petit prince. Qu'est-ce que signifie «apprivoiser»?

annoying   —Les hommes, dit le renard, ils ont des fusils et ils chassent. C'est bien gênant°!

hens 40 Ils élèvent aussi des poules°. C'est leur seul intérêt. Tu cherches des poules?

—Non, dit le petit prince. Je cherche des amis. Qu'est-ce que signifie «apprivoiser»?

bonds   —C'est une chose trop oubliée, dit le renard. Ça signifie «créer des liens°...»

—Créer des liens?

—Bien sûr, dit le renard. Tu n'es encore pour moi qu'un petit garçon tout

45 semblable à cent mille petits garçons. Et je n'ai pas besoin de toi. Et tu n'as pas besoin de moi non plus. Je ne suis pour toi qu'un renard semblable à cent mille renards. Mais, si tu m'apprivoises, nous aurons besoin l'un de l'autre. Tu seras pour moi unique au monde. Je serai pour toi unique au monde...

—Je commence à comprendre, dit le petit prince. Il y a une fleur... je crois qu'elle

50 m'a apprivoisé...

—C'est possible, dit le renard. On voit sur la Terre toutes sortes de choses...

—Oh! ce n'est pas sur la Terre, dit le petit prince.

Le renard parut très intrigué:

—Sur une autre planète?

55 —Oui.

—Il y a des chasseurs, sur cette planète-là?

—Non.

—Ça, c'est intéressant! Et des poules?

—Non.

60 —Rien n'est parfait, soupira le renard.

Mais le renard revint à son idée:

—Ma vie est monotone. Je chasse les poules, les hommes me chassent. Toutes les poules se ressemblent, et tous les hommes se ressemblent. Je m'ennuie donc un peu. Mais, si tu m'apprivoises, ma vie sera comme ensoleillée. Je connaîtrai un bruit de pas qui sera différent de tous les autres. Les autres pas me font rentrer sous terre.

65 *burrow*   Le tien m'appellera hors du terrier°, comme une musique. Et puis regarde! Tu vois,

wheat   là-bas, les champs de blé°? Je ne mange pas de pain. Le blé pour moi est inutile. Les champs de blé ne me rappellent rien. Et ça, c'est triste! Mais tu as des cheveux couleur d'or. Alors ce sera merveilleux quand tu m'auras apprivoisé! Le blé, qui est

70 doré, me fera souvenir de toi. Et j'aimerai le bruit du vent dans le blé...

became quiet   Le renard se tut° et regarda longtemps le petit prince:

75 —S'il te plaît... apprivoise-moi, dit-il!

—Je veux bien, répondit le petit prince, mais je n'ai pas beaucoup de temps. J'ai des amis à découvrir

80 et beaucoup de choses à connaître.

—On ne connaît que les choses que l'on apprivoise, dit le renard. Les hommes n'ont plus le temps de rien connaître. Ils achètent des choses toutes faites chez les marchands. Mais comme il n'existe point° de marchands d'amis, les hommes n'ont plus d'amis. Si tu veux un ami, apprivoise-moi!

synonym of pas

85 —Que faut-il faire? dit le petit prince.

—Il faut être très patient, répondit le renard. Tu t'assoiras d'abord un peu loin de moi, comme ça, dans l'herbe. Je te regarderai du coin de l'œil et tu ne diras rien. Le langage est source de malentendus. Mais, chaque jour, tu pourras t'asseoir un peu plus près...

90 Le lendemain revint le petit prince.

it would have been better

—Il eût mieux valu° revenir à la même heure, dit le renard. Si tu viens, par exemple, à quatre heures de l'après-midi, dès trois heures je commencerai d'être heureux. Plus l'heure avancera, plus je me sentirai heureux. À quatre heures, déjà, je m'agiterai et m'inquiéterai: je découvrirai le prix du bonheur! Mais si tu viens

95 n'importe quand, je ne saurai jamais à quelle heure m'habiller le cœur... Il faut des rites.

—Qu'est-ce qu'un rite? dit le petit prince.

—C'est aussi quelque chose de trop oublié, dit le renard. C'est ce qui fait qu'un jour est différent des autres jours, une heure, des autres heures. Il y a un rite, par

100 exemple, chez mes chasseurs. Ils dansent le jeudi avec les filles du village. Alors le jeudi est jour merveilleux! Je vais me promener jusqu'à la vigne. Si les chasseurs dansaient n'importe quand, les jours se ressembleraient tous, et je n'aurais point de vacances.

AINSI LE PETIT PRINCE apprivoisa le renard. Et quand l'heure

105 du départ fut proche:

—Ah! dit le renard... Je pleurerai.

—C'est ta faute, dit le petit prince, je ne te souhaitais point de mal, mais tu as voulu que je t'apprivoise...

—Bien sûr, dit le renard.

110 —Mais tu vas pleurer! dit le petit prince.

—Bien sûr, dit le renard.

—Alors tu n'y gagnes rien!

—J'y gagne, dit le renard, à cause de la couleur du blé.

Puis il ajouta:

115 —Va revoir les roses. Tu comprendras que la tienne est unique au monde. Tu reviendras me dire adieu, et je te ferai cadeau d'un secret.

went LE PETIT PRINCE s'en fut° revoir les roses:

—Vous n'êtes pas du tout semblables à ma rose, vous n'êtes rien encore, leur dit-il. Personne ne vous a apprivoisées et vous n'avez apprivoisé personne. Vous êtes comme 120 était mon renard. Ce n'était qu'un renard semblable à cent mille autres. Mais j'en ai fait mon ami, et il est maintenant unique au monde.

Et les roses étaient bien gênées.

—Vous êtes belles, mais vous êtes vides, leur dit-il encore. On ne peut pas mourir pour vous. Bien sûr, ma rose à moi, un passant ordinaire croirait qu'elle vous ressemble. 125 Mais à elle seule elle est plus importante que vous toutes, puisque c'est elle que j'ai *sheltered* arrosée. Puisque c'est elle que j'ai mise sous globe. Puisque c'est elle que j'ai abritée° *screen;* par le paravent°. Puisque c'est elle dont j'ai tué les chenilles° (sauf les deux ou trois *caterpillars* pour les papillons). Puisque c'est elle que j'ai écoutée se plaindre, ou se vanter°, ou *brag* même quelquefois se taire. Puisque c'est ma rose.

130 ET IL REVINT vers le renard:

—Adieu, dit-il...

—Adieu, dit le renard. Voici mon secret. Il est très simple: on ne voit bien qu'avec le cœur. L'essentiel est invisible pour les yeux.

135 —L'essentiel est invisible pour les yeux, répéta le petit prince, afin de se souvenir.

—C'est le temps que tu as perdu pour ta rose qui fait ta rose si importante.

—C'est le temps que j'ai perdu pour ma rose... fit le 140 petit prince, afin de se souvenir.

—Les hommes ont oublié cette vérité, dit le renard. Mais tu ne dois pas l'oublier. Tu deviens responsable pour toujours de 145 ce que tu as apprivoisé. Tu es responsable de ta rose...

—Je suis responsable de ma rose..., répéta le petit prince, afin de se souvenir.

Analyse

1 **Élimination** Choisissez le mot qui ne peut pas être utilisé pour compléter la phrase.

1. Le Petit Prince marche longtemps à travers...
   a. les sables   b. les rocs   c. les rivières

2. Le Petit Prince croyait qu'il était riche parce qu'il possédait...
   a. une rose unique   b. un renard   c. trois volcans

3. Sur la planète du Petit Prince, il n'y a pas de...
   a. chasseurs   b. poules   c. roses

4. Quand il sera apprivoisé, le renard aimera le bruit...
   a. de pas des chasseurs   b. du vent dans le blé   c. de pas du Petit Prince

5. Pour protéger sa rose, le Petit Prince a...
   a. mis la rose sous un globe   b. tué le renard   c. tué les chenilles

6. Le renard explique son secret de l'amitié en trois points importants:
   a. on oublie son ami(e)   b. on est responsable de son ami(e)
   c. on aime avec le cœur

2 **Associations** Indiquez quel personnage ou quel lieu vous associez avec ces caractéristiques.

____ Elle est unique.   a. le désert

____ Ils ont un fusil.   b. le jardin

____ Il est couvert de sable.   c. la rose du Petit Prince

____ Il veut être apprivoisé.   d. les champs de blé

____ Il y a cinq mille roses.   e. les chasseurs

____ Elles ont peur du renard.   f. le Petit Prince

____ Ils sont dorés.   g. le renard

____ Il cherche des amis.   h. les poules

3 **Imaginaire ou réalité?** Lisez chaque phrase et mettez une croix dans la catégorie qui correspond.

Phrases	Catégories	
	Imaginaire	Réalité
1. Les fleurs parlent.		
2. Les volcans sont plus petits qu'un enfant.		
3. Les renards vivent dans des terriers.		
4. Les chenilles mangent les fleurs.		
5. Les renards sont les amis des enfants.		
6. Les roses poussent dans un jardin.		
7. Les chenilles se transforment en papillons.		
8. Les roses toussent.		
9. Un enfant a besoin d'amis.		
10. On fait du pain avec du blé.		

4 Interprétation Répondez à ces questions.

1. Qui sont les personnages dans le conte? Est-ce que ce sont des personnages de contes traditionnels?

2. Pourquoi croyez-vous que l'auteur a choisi une rose et un renard comme compagnons du Petit Prince?

3. Où se passe l'action?

4. Comment l'auteur fait-il la différence entre le monde des adultes et celui des enfants?

5. Qu'est-ce que le personnage principal cherche?

6. Quelle leçon le renard veut-il enseigner à l'enfant?

7. Expliquez comment l'enfant montre qu'il a bien compris la leçon.

8. Montrez comment le renard commence à se comporter comme un humain.

9. Qu'est-ce que l'enfant explique aux roses du jardin?

10. Comment est-ce que la rencontre du Petit Prince avec le renard va changer la relation qu'il a avec sa rose?

5 Conversation Par petits groupes, organisez une discussion à propos de ces thèmes. Ensuite, comparez vos conclusions avec celles des autres groupes.

- La définition de l'amitié
- Les types d'amitiés qui existent
- Comment conserver une amitié
- Les bases de l'amitié

6 Un ami pour la vie Votre meilleur(e) ami(e) est parti(e) vivre dans une autre ville et vous restez en contact en vous écrivant. Écrivez-lui une carte postale à l'aide de cette liste pour lui dire qu'il/elle vous manque. Ensuite, à deux, corrigez vos cartes, puis incorporez les éléments des deux pour rédiger la plus belle carte possible.

cher/chère	penser à quelqu'un
un e-mail	se souvenir de
manquer à quelqu'un	téléphoner à quelqu'un

Chère Sophie,
J'espère que tu vas bien.
Ça fait un petit
moment que je n'ai pas
eu de tes nouvelles...

Astérix et Latraviata

1 **Préparez** Répondez aux questions.

1. Que pensez-vous du mariage? Êtes-vous marié(e)? Allez-vous vous marier un jour?

2. Parlez-vous du mariage avec vos parents? Et de vos relations personnelles?

3. Quelles qualités recherchez-vous chez un copain/une copine?

À propos des auteurs

René Goscinny, (1926-1977) est un écrivain français, humoriste et scénariste de bande dessinée. Il commence à dessiner très tôt et devient mondialement connu pour les albums d'Astérix et de Lucky Luke. C'est à lui que l'on doit la reconnaissance du métier de *scénariste de bande dessinée*.

Albert Uderzo est né en France en 1927. En 1951, il rencontre René Goscinny et ensemble, ils créent le personnage d'Astérix pour le premier numéro du magazine *Pilote*. Le succès de la bande dessinée est immédiat. En 1961, Uderzo et Goscinny publient *Astérix le Gaulois*, le premier album de la série sur les aventures des habitants d'un village gaulois. Après la mort de Goscinny en 1977, Uderzo continue seul la création des albums.

Vocabulaire utile	
la bague *ring*	**se fréquenter** *to date*
battre *to beat*	**se vanter** *to brag*
le défaut *defect*	**un soupir** *sigh*

2 **Regardez** Avant de lire le texte, regardez les illustrations et répondez aux questions.

1. Où la scène se passe-t-elle? Qui sont les personnages principaux? Et les autres personnages?

2. Décrivez Astérix. Quelles émotions ressent-il?

3 **Interprétez** Maintenant, lisez le texte et répondez aux questions. Justifiez vos réponses.

1. Quels sont les liens de famille entre les deux personnages principaux?

2. Qui vient rendre visite à Astérix? Qui a invité ces personnes?

3. Quelles émotions Astérix ressent-il? Pourquoi crie-t-il «Assez!» avant de sortir?

4 **Conversez** Discutez de ces questions avec un(e) partenaire.

1. Quel est le but de ce rendez-vous?

2. Quelle impression avez-vous d'Astérix en apprenant comment sa mère l'appelle?

3. Pourquoi les trois hommes âgés se moquent-ils de lui? D'après vous, quelle est la réputation d'Astérix?

5 **Présentez** Astérix est un Gaulois typique qui aime manger, se promener dans la forêt et se battre contre les Romains. Imaginez ce qu'il a fait après être parti et présentez votre histoire à la classe.

Practice more at
vhlcentral.com.

www.asterix.com © 2009 LES ÉDITIONS ALBERT RENÉ / GOSCINNY - UDERZO

∞ Un blog

Vous allez écrire le premier article d'un blog qui servirait à rencontrer des étudiants francophones et à échanger des informations et des idées avec eux. Le but de ce premier article est donc de vous présenter et de décrire quelques personnes qui vous sont chères.

Préparez

1 **Réfléchissez** Répondez aux questions suivantes. Prenez des notes.

1. Avez-vous un blog? Si oui, de quoi parlez-vous dans votre blog?
2. Sur quels sujets écrivent les blogueurs de votre génération?
3. Pensez-vous que ce soit intéressant de lire le blog de quelqu'un d'autre? Pourquoi?

2 **Stratégies**

A. Visionnez des médias pour vous en inspirer. Utilisez un moteur de recherche pour trouver des blogs d'étudiants francophones qui vous inspirent, et gardez les plus intéressants. Vous pouvez utiliser des mots clés tels que **blog étudiant français, blog francophone, blogueur francophone,** etc.

B. Examinez des modèles d'écriture. Choisissez deux ou trois blogs qui vous paraissent particulièrement intéressants, non seulement du point de vue de leur contenu mais aussi du point de vue de leur format et de leur apparence générale. Expliquez pourquoi vous préférez ces éléments.

C. Classifiez les informations. Vous allez écrire un article de blog qui servirait à rencontrer des étudiants francophones et à échanger des informations et des idées avec eux. D'abord, il faut vous présenter et décrire quelques personnes qui vous sont chères. Réunissez les informations personnelles que vous allez présenter dans votre blog dans le tableau ci-dessous pour les organiser de façon logique.

Titre de mon blog				
Personnes à décrire	moi			
Âge				
Relation				
Description physique				
Personnalité				
Rôle dans ma vie				

Écrivez

3

Mon blog Maintenant, écrivez votre article de blog, qui servira à rencontrer des étudiants francophones et à échanger des informations et des idées avec eux.

A. Introduction Commencez votre blog par une petite introduction:

- Saluez vos lecteurs potentiels et présentez-vous. Vous pouvez ajouter des photos si vous voulez.
- Donnez les raisons pour lesquelles vous écrivez ce blog.
- Décrivez brièvement ce dont vous allez parler dans votre premier article.

B. Développement Dans la partie principale de votre article, décrivez les personnes que vous avez choisies et expliquez pourquoi chacune joue un rôle important dans votre vie. Utilisez vos notes de l'activité 2.

C. Conclusion Terminez votre premier article en saluant vos lecteurs potentiels et en expliquant ce que vous espérez tirer de ce blog. (Par exemple, voulez-vous qu'on vous réponde? Si oui, pour échanger quels types d'informations?)

Révisez et lisez

4

Révision Relisez le texte de votre blog en faisant attention à ces éléments et faites les corrections nécessaires pour l'améliorer.

- Avez-vous bien respecté l'organisation décrite dans la section **Écrivez**?
- Le blog est-il facile à lire et intéressant pour vos lecteurs potentiels? (Souvenez-vous que vous vous adressez à de jeunes étudiants francophones, alors le style doit être simple, concis et approprié pour des étudiants de votre âge.)
- La grammaire et l'orthographe sont-elles correctes? Vérifiez les formes des verbes, les accords (sujet-verbe, nom-adjectif), etc.

5

Évaluation Lisez le texte de votre blog à vos camarades de classe. Ils prendront des notes et poseront des questions pour mieux vous connaître ainsi que pour en apprendre davantage sur les personnes qui sont importantes dans votre vie.

Modèle

Premier débat

Qu'est-ce qui est important dans les relations personnelles?

1 **Réfléchissez** Regardez les informations ci-dessous et répondez aux questions suivantes. Prenez des notes.

1. Selon les Français, quelle est la première source de joie dans la vie?
2. Et pour vous, qu'est-ce qui est le plus important? Placez-vous les relations familiales au même rang que les Français, ou bien pensez-vous qu'il y a d'autres aspects de la vie qui sont aussi ou même plus importants? Classez les contextes selon votre perspective et prenez des notes.

Dans quel contexte ressentez-vous le plus de joie?

Vie familiale

Vie sociale

Vie amoureuse

Vie professionnelle

Vie sportive

Vie artistique

Source: Baromètre RCF «Les Français et la joie» 2017

2 **À deux** Avec un(e) partenaire, lisez à haute voix chaque citation et proverbe de la liste ci-dessous et discutez-en. Parlez de quelques raisons pour lesquelles on pourrait être en accord ou en désaccord avec chacun. Donnez des exemples de votre vie personnelle et des sélections de la leçon.

Citations

«Au contraire de l'amour, qui peut naître instantanément, la complicité met longtemps à mûrir.»
–Jean Amadou

«L'amitié, comme l'amour, demande beaucoup d'efforts, d'attention, de constance, elle exige surtout de savoir offrir ce que l'on a de plus cher dans la vie: du temps!»
–Catherine Deneuve

«Toujours présente, jamais pesante, telle devrait être la devise de toute amitié.»
–Tahar Ben Jelloun

«La famille sera toujours la base des sociétés.»
–Honoré de Balzac

«Le cœur a ses raisons que la raison ne connaît point.»
–Blaise Pascal

«Ce ne sont pas les individus qui sont responsables de l'échec du mariage: c'est l'institution elle-même qui est originellement pervertie.»
–Simone de Beauvoir

Proverbes français

«Les bons comptes font les bons amis.»

«Qui se ressemble s'assemble.»

«On choisit ses amis, on ne choisit pas sa famille.»

«Loin des yeux, loin du cœur.»

3 **Examinez** Maintenant, mettez-vous en groupes de quatre. Chaque groupe doit décider quelle citation ou quel proverbe est le plus intéressant ou le plus frappant. Vous pouvez être en accord ou en désaccord avec le message de votre sélection. Après avoir décidé, chaque membre du groupe doit commenter la citation ou le proverbe choisi et en donner leur interprétation personnelle. Utilisez des exemples spécifiques pour l'illustrer, et prenez des notes.

> **Modèle** *Je trouve le proverbe «Loin des yeux, loin du cœur.» le plus frappant parce que ça veut dire que ma copine, qui habite loin de moi, pourrait m'oublier. Je ne suis pas d'accord, parce que…*

4 **Interprétez** Maintenant, chaque group présente son interprétation de la citation ou du proverbe choisi(e) à la classe, et les autres groupes expliquent s'ils sont d'accord avec cette idée, en justifiant leurs opinions avec des exemples ou des anecdotes personnelles. Dans le cas où les différents membres d'un même groupe ne sont pas d'accord, il faut expliquer les différentes opinions du groupe. La classe prend des notes et pose des questions au groupe qui présente.

5 **Décidez** Une fois les présentations terminées, toute la classe vote pour sélectionner sa citation ou son proverbe préféré(e) parmi ceux que les groupes ont présentés. La classe débat pour déterminer si, dans l'ensemble, elle est d'accord avec la citation ou le proverbe. Utilisez les notes que vous avez prises et illustrez votre point de vue avec des exemples ou des anecdotes personnelles.

Citation ou proverbe choisi(e):	
D'accord	**Pas d'accord**
1. C'est vrai; on a tendance à...	1.
2.	2.
3.	3.

2

Les médias et la technologie

Nous avons constamment accès aux informations par l'intermédiaire des journaux, de la radio, de la télévision et de l'Internet. Le contrôle des médias sur les infos augmente avec le développement de la technologie. Pourtant, le danger ne vient jamais du progrès lui-même mais de l'usage que l'on en fait.

À votre avis, quelle a été la découverte la plus révolutionnaire de tous les temps? Pourquoi?

Qui est maître de nos opinions? Nous-mêmes ou les médias?

Qu'aimeriez-vous inventer?

38

56

68

Préparation

Vocabulaire du court métrage	Vocabulaire utile
annuler *to cancel*	aller en boîte *to go to a club*
appuyer (sur) *to press*	une cicatrice *scar*
le bridage *security*	draguer *to flirt (with someone)*
désormais *from now on*	un écran tactile *touchscreen*
se faire choper *to get caught*	une faille *defect*
faire sauter *to unlock*	faire défiler *to scroll*
le paramétrage *configuration*	une interface *interface*
la paume *palm (of hand)*	le mode d'emploi *user's guide*
se planter *to screw up*	la nuque *nape of the neck*
la puce *chip*	réfléchir *to think*
sauvegarder *to save*	une touche *key (on keyboard)*
le ticket de caisse *receipt*	

EXPRESSIONS

Le cerveau doit être mis en repos. *The brain needs to rest.*

C'est pas que c'est pas joli... *Not that it isn't pretty . . .*

un clavier à projection laser *laser-projected keyboard*

Il me reste que dix minutes. *I only have 10 minutes left.*

un message d'avertissement *warning message*

rebonsoir *good evening again*

1 **L'intrus** Sélectionnez le mot ou l'expression qui ne va pas avec les autres.

1. le cerveau
   a. la paume   b. le bridage   c. la nuque

2. un ordinateur
   a. la puce   b. le clavier   c. la cicatrice

3. une serveuse
   a. un café   b. un écran   c. un ticket de caisse

4. le rendez-vous
   a. faire défiler   b. aller en boîte   c. annuler

5. une faille
   a. se planter   b. se faire choper   c. sauvegarder

2 **Les nouvelles technologies à l'avenir** À deux, imaginez comment on se servira des nouvelles technologies (ordinateur, tablette, smartphone, etc.) à l'avenir. Utilisez au moins cinq mots et expressions du nouveau vocabulaire.

3 **La réalité** Le titre du court métrage que vous allez regarder est *Reality+*. Par groupes de trois, discutez des notions de «réalité» et de «réalité virtuelle». Qu'est-ce qui différencie ces deux concepts? Qu'est-ce qui les rapproche? Comment ces deux notions sont-elles représentées dans les médias? Essayez d'imaginer pourquoi la réalisatrice du film a ajouté le signe + à son titre.

Questions personnelles Répondez à ces questions.

1. À quel âge avez-vous eu votre premier ordinateur, votre premier téléphone portable ou votre première tablette? Avez-vous tout de suite compris comment utiliser ces appareils ou avez-vous eu besoin que quelqu'un vous montre comment vous en servir? Décrivez cette expérience.

2. Combien d'appareils technologiques possédez-vous aujourd'hui? Sont-ils des outils de travail ou de loisir? Que faites-vous avec ces appareils?

3. Achetez-vous toujours les derniers modèles d'appareils technologiques? Pourquoi ou pourquoi pas?

4. Aimeriez-vous que la technologie puisse vous changer (par exemple, vous donner des pouvoirs que vous n'avez pas naturellement)? De quelle manière?

 Citations du film Avec un(e) partenaire, lisez ces deux citations tirées du court métrage *Reality+* et donnez-en votre interprétation. Aidez-vous des photos ci-dessous. Ensuite, présentez vos idées à la classe.

> «J'ai fait sauter les bridages de
> ma puce hier! Je suis activé H 24!»

> «Je vais prendre un double café et une
> deuxième chance, s'il vous plaît.»

 Anticipation Avec un(e) partenaire, observez ces images du court métrage et répondez aux questions.

Image A

- Que voit-on sur l'image? Où se passe la scène?
- Décrivez le document que l'homme tient à la main. D'après vous, quel est ce document?

Image B

- Décrivez la jeune femme. De votre avis, où se trouve-t-elle?
- Quelles émotions l'expression sur son visage révèle-t-elle? Pourquoi cette jeune femme ressent-elle ces émotions, d'après vous?

COURT MÉTRAGE

MEZZANINE présente

REALITY +

VANESSA HESSLER
VINCENT COLOMBE
AURÉLIEN MULLER
AURÉLIA POIRIER
SAMUEL TRÉPANIER

Un film de CORALIE FARGEAT

**Prix du jury
court-métrage**
Mamers en Mars:
Festival du film
européen
2015

Prix du public
Cellu l'art
short film festival
2015

**L'European
Sogni Award**
Festival Corti
da Sogni
2015

FICHE **Personnages** Vincent, Stella, Hervé **Durée** 22 minutes **Pays** France **Année** 2013

40   Leçon 2

SCÈNES

 Video

Voix de femme Bienvenue dans la communauté Reality+. Tous les membres équipés de la puce pourront désormais voir votre nouvelle apparence et vous pourrez voir les leurs. La puce est activée pour une durée de 12 heures. Les 12 heures suivantes, le cerveau doit être mis en repos.

Hervé Ah, ouais… Je savais pas que toi aussi, tu…
Vincent Ah, si, si. Enfin, c'est tout récent.

Vincent Excusez-moi, mademoiselle. Vous avez oublié de noter votre numéro de téléphone sur le dos du ticket de caisse.
Stella Bien, d'accord… okay. Je connais un endroit[1] peut-être, si tu as envie d'un dernier verre[2].

Vincent Oui, voilà. D'abord, il y a eu «Erreur système». Et ensuite plus rien. Et à ce… Oui, mon numéro de puce, c'est le 08T56JK. Voilà. Vincent Dangeville. Okay, j'attends… Oui, allô? Oui, je suis toujours là, oui…

Hervé J'ai fait sauter les bridages de ma puce hier! Je suis activé H 24! H 24. Il y a des mecs[3] qui te vendent ça… 30, 40 euros. Faut juste pas se faire choper.

Voisine Merci pour le dessin.
Vincent Ah, oui… C'est joli ce que vous dessinez.

¹ *place* ² *drink* ³ *guys*

Note CULTURELLE

Le court métrage se termine sur un air d'opéra extrait de *La Traviata* (1853) de Giuseppe Verdi. Cet opéra est basé sur la pièce de théâtre *La Dame aux camélias* (1852) d'Alexandre Dumas fils, elle-même adaptée du roman portant le même titre (1848). L'intrigue amoureuse entre une courtisane et un fils de bonne famille illustre la vie parisienne faite de plaisirs à l'époque du dix-neuvième siècle. En choisissant cet opéra en conclusion du film, la réalisatrice du court métrage nous plonge dans la réalité parisienne de cette époque.

À L'ÉCRAN

Le bon ordre Numérotez ces événements dans l'ordre chronologique d'après l'histoire.

___ a. Hervé propose à Vincent de se faire activer H 24.

___ b. La puce se désactive et il doit vite rentrer chez lui.

___ c. Vincent sélectionne ses paramètres pour se transformer en jeune homme séduisant.

___ d. Vincent découvre que sa voisine est en fait Stella.

___ e. Vincent se fait implanter une puce électronique Reality+.

___ f. Vincent sort en boîte avec Stella.

Analyse

1 **Soyez précis(e)** Remplacez le terme souligné par le mot ou l'expression de la liste qui convient.

les bridages	être mis au repos	une puce
dessinez	l'interface	un ticket de caisse

1. Vincent se fait implanter <u>un objet</u> dans la nuque.
2. La serveuse donne <u>un morceau de papier</u> à Vincent.
3. Appuyez dans la paume de votre main pour activer <u>la machine</u>.
4. Le cerveau doit <u>dormir</u>.
5. J'ai supprimé <u>la sécurité</u> de ma puce.
6. C'est joli ce que vous <u>faites</u>.

2 **Associations** Associez les personnages du film (**Vincent**, **Vincent+**, **Stella** et **Hervé**) aux endroits et aux descriptions correspondants.

1. la salle de bains
2. le club
3. travailler dans un café
4. ne jamais aller à l'opéra
5. inviter quelqu'un à boire un verre
6. sûr de lui avec les femmes
7. faire sauter les bridages de sa puce
8. appeler assistance Reality+
9. accepter des excuses
10. parler avec sa voisine

3 **Oui ou non?** Écrivez **oui** si ces phrases sont correctes et **non** si elles sont incorrectes. Corrigez les phrases incorrectes.

1. Tout le monde peut voir la nouvelle apparence de Vincent.
2. Stella écrit son numéro de téléphone sur le ticket de caisse.
3. Hervé est devenu membre de Reality+ avant Vincent.
4. Vincent active sa nouvelle identité de manière permanente.
5. Il rêve qu'il a une cicatrice dans le dos parce qu'il est tombé de son balcon.
6. La voisine a dessiné le portrait de Vincent+.

4 **Questions** Répondez aux questions d'après le court métrage.

1. Que voit Vincent lorsqu'il se regarde dans le miroir après avoir activé sa puce?
2. Où est-ce que Vincent et Stella se rencontrent pour la première fois?
3. Pourquoi la puce de Vincent se désactive subitement au club?
4. Comment Hervé a-t-il fait activer sa puce 24 heures sur 24?
5. Pourquoi est-ce que Stella quitte Vincent brusquement après qu'ils se sont embrassés?
6. Pourquoi est-ce que Stella doit annuler pour l'opéra?
7. Qui accompagne Vincent à l'opéra?
8. Que découvre Vincent à propos de sa voisine?

Futurisme ou modernité? Les événements du film se déroulent dans un monde qui ressemble beaucoup au nôtre, sauf qu'il est plus avancé au niveau de la technologie. Avec un(e) partenaire, identifiez au moins trois situations dans le film qui correspondent à la vie actuelle, et trois situations qui appartiennent au futurisme.

Modèle —**Voir la Tour Eiffel au milieu de gratte-ciel, ça c'est du futurisme.**
—**Oui, mais envoyer des SMS, ça se fait déjà dans la vie actuelle.**

Retour à la réalité? De retour de l'opéra, Vincent semble désirer revenir à une vie moins futuriste. Il regarde sa voisine ramasser ses dessins qui se sont envolés. Au même moment, son portable sonne. Quelle est l'ironie de la situation? D'après vous, est-ce que Vincent et sa voisine vont continuer à activer leurs puces de temps en temps, maintenant qu'ils se connaissent vraiment? Pourquoi ou pourquoi pas? Que feriez-vous à leur place? Discutez-en par petits groupes.

Cendrillon futuriste À deux, faites un résumé du film en montrant les ressemblances et les différences avec le conte de fée de Charles Perrault *Cendrillon*. Utilisez le vocabulaire suivant.

différent(e) de	la fée
la baguette magique	ressembler à
le carosse	

Rédaction Comment définit-on son identité? Rédigez une rédaction qui répond à cette question. Prenez en compte ces considérations et donnez des exemples.

- Quels sont les éléments qui constituent l'identité humaine?
- L'identité d'une personne évolue-t-elle avec le temps? De quelle manière?
- Qu'est-ce qui forge l'identité à chaque étape de la vie (l'enfance, l'adolescence, l'âge adulte)?
- Le processus de création d'une identité est-il facile ou pose-t-il des problèmes? Lesquels? Comment ces problèmes peuvent-ils être résolus?
- Est-ce qu'une personne peut avoir plusieurs identités?
- De quelle manière se sert-on de la technologie et des médias pour établir ou exprimer sa véritable identité? De quelle manière ceux-ci nous permettent-ils aussi de nous inventer une identité qui ne correspond pas à la réalité?

Practice more at vhlcentral.com.

2.1 Le conditionnel présent et le conditionnel passé

Rappel

On utilise le conditionnel présent pour parler d'un fait simplement possible, éventuel, ou même imaginaire. Quand on veut parler d'un fait passé qui n'a pas eu lieu, on utilise le conditionnel passé.

*—Attends... on **pourrait**...*

Le conditionnel présent

• Pour former le conditionnel présent d'un verbe, on prend le radical du futur de l'indicatif et on ajoute les terminaisons de l'imparfait de l'indicatif: **-ais, -ais, -ait, -ions, -iez, aient.**

	aimer	**amener**	**préférer**	**finir**	**rendre**
je/j'	aimerais	amènerais	préférerais	finirais	rendrais
tu	aimerais	amènerais	préférerais	finirais	rendrais
il/elle/on	aimerait	amènerait	préférerait	finirait	rendrait
nous	aimerions	amènerions	préférerions	finirions	rendrions
vous	aimeriez	amèneriez	préféreriez	finiriez	rendriez
ils/elles	aimeraient	amèneraient	préféreraient	finiraient	rendraient

*Nous **vendrions** notre vieux magnétoscope pour si peu d'argent?*

*Il **aimerait** acheter un nouvel ordinateur mais il n'a pas assez d'argent.*

• On utilise le conditionnel pour exprimer une possibilité, une éventualité.

*La télé ne marche pas. **Serait**-elle en panne?*

*Comment? Elle n'**abandonnerait** jamais ses études pour travailler dans les médias.*

• On utilise le conditionnel dans la proposition subordonnée pour parler d'une action future quand le verbe de la proposition principale est au passé.

*J'ai cru que cet article t'**intéresserait**.*

*Nous nous sommes dit que vous **trouveriez** une copie du magazine.*

*Qui vous a prévenu que les acteurs **viendraient** pour l'interview?*

- On utilise le conditionnel pour marquer un désir ou une volonté atténuée. C'est ce qu'on appelle le conditionnel de politesse. Les verbes **vouloir, pouvoir, devoir** et **savoir** au conditionnel sont souvent utilisés dans ce contexte.

  *****Pourriez**-vous me dire où trouver la revue* Comment surfer sur Internet?*
  *Vous ne **devriez** pas dépenser tant d'argent pour des jeux vidéo!*
  *Je **voudrais** écouter les nouvelles. **Pourrais**-tu allumer la radio?*

Le conditionnel passé

- Le conditionnel passé est un temps composé. Pour le former, on prend le conditionnel présent de l'auxiliaire **être** ou **avoir** et on y ajoute le participe passé du verbe.

Les formes du conditionnel passé		
	aimer	**aller**
je/j'	aurais aimé	serais allé(e)
tu	aurais aimé	serais allé(e)
il/elle/on	aurait aimé	serait allé(e)
nous	aurions aimé	serions allé(e)s
vous	auriez aimé	seriez allé(e)(s)
ils/elles	auraient aimé	seraient allé(e)s

- On utilise le conditionnel passé pour parler d'un fait passé qui ne s'est pas réalisé.

  *Je t'**aurais suggéré** ce logiciel, mais il ne marche pas très bien.*
  *Il **aurait pu** faire réparer son ordinateur au lieu d'en acheter un nouveau.*

- Les règles d'accord du participe passé sont les mêmes au conditionnel passé qu'au passé composé.

  *Elle se serait **présentée** comme étant la fille de nos voisins. Et comme ça nous l'aurions **reconnue**!*
  *Après l'interview, nous nous serions **parlé** plus longtemps et vous ne seriez pas **partis**.*

*Elle l'**aurait accompagné** à l'opéra, si elle ne s'**était** pas **trompée** dans son planning d'activation.*

Coup de main

Il faut au conditionnel devient **il faudrait**, **il pleut** devient **il pleuvrait** et **il y a** devient **il y aurait**.

*La météo a annoncé qu'**il y aurait** une tempête demain.*

Attention!

- Le participe passé du verbe **devoir** est **dû**, avec un accent circonflexe pour le différencier de l'article **du**.

*Nous **aurions dû** écouter la météo.*

*Pour son test d'endurance, elle **a dû** faire **du** vélo.*

Mise en pratique

1

Quelques conseils Votre ami(e) vient d'acheter un nouvel ordinateur et il/elle ne sait pas l'utiliser. Dites-lui ce que vous feriez à sa place. Utilisez le conditionnel présent.

> **Modèle** commencer par brancher l'ordinateur
> **À ta place, je commencerais par brancher l'ordinateur.**

1. utiliser un clavier AZERTY
2. allumer l'ordinateur
3. ouvrir une session
4. naviguer sur Internet pour trouver un site intéressant
5. sauvegarder le site dans les «Favoris»
6. graver un CD
7. cliquer sur «Aide» pour savoir comment faire
8. suivre un cours d'informatique

2

Quel week-end! Nathalie n'a que des regrets. Mettez les verbes entre parenthèses au conditionnel passé.

Je/J' (1) _____ (devoir) écouter la météo et je/j'(2) _____ (savoir) qu'il allait pleuvoir tout le week-end. Alors, mes copains et moi, nous (3) _____ (ne pas aller) camper et nous (4) _____ (ne pas être) surpris par l'orage sur la route. Le toit de notre voiture (5) _____ (ne pas avoir) de fuite (*leak*) et on (6) _____ (ne pas passer) tout le week-end à se disputer! Je/J'(7) _____ (mieux faire) de rester à la maison et rien de tout cela ne (8) _____ (arriver).

3

Préférences À deux, posez-vous des questions d'après les options suggérées. Quelle serait votre préférence? Ensuite, justifiez votre réponse.

> **Modèle** aller au cinéma / télécharger des films sur ordinateur
> **—Irais-tu au cinéma ou téléchargerais-tu des films sur ordinateur?**
> **—J'irais au cinéma parce que l'écran de mon ordinateur est petit.**

1. lire les nouvelles dans le journal / regarder les informations à la télé
2. avoir un abonnement / acheter le journal tous les jours
3. faire des études d'informatique / suivre des cours de journalisme
4. acheter le journal / lire le journal en ligne
5. envoyer des e-mails à tes amis / téléphoner à tes amis
6. créer un blog / tenir un journal

Communication

4 **Le métier de journaliste** Votre partenaire rêve de devenir journaliste. Posez-lui des questions.

1. Pour quel genre de journal travaillerais-tu?
2. Quelle personnalité aimerais-tu interviewer?
3. Cela t'ennuierait de devoir voyager pour ton métier? Pourquoi?
4. Quels genres d'événements couvrirais-tu dans tes reportages?
5. Dirais-tu toujours toute la vérité à tes lecteurs? Pourquoi?
6. Que ferais-tu pour devenir un(e) grand(e) journaliste et recevoir le prix Pulitzer?

5 **Les faits divers** Vous et votre partenaire travaillez pour une chaîne de télévision. Présentez les dernières informations aux téléspectateurs sous forme d'interview. Les faits n'ayant pas été vérifiés, utilisez le conditionnel.

Modèle Vol de bijoux dans un musée parisien... nuit du samedi au dimanche... Valeur estimée: plus de deux millions d'euros... La police suspecte deux personnes...
—**On a volé des bijoux dans un musée parisien.**
—**Sait-on quand ça a eu lieu?**
—**Ça se serait passé dans la nuit du samedi au dimanche.**
—**Connaît-on la valeur des bijoux volés?**
—**Les bijoux volés auraient une valeur de plus de deux millions d'euros.**

> «Catastrophe aérienne dans les Alpes... quelques survivants... accident dû au mauvais temps...»

> «Inondation dans le sud de la France... habitants sans électricité... arrivée imminente des secours...»

> «Découverte d'un trésor... ayant appartenu à des pirates... milliers de pièces d'or...»

> «Château suisse hanté... fantôme aperçu... bruits suspects pendant la nuit...»

6 **L'an 3000** Avec un(e) partenaire, imaginez comment serait la vie en l'an 3000. L'un(e) de vous est très futuriste et l'autre est plus réaliste. Utilisez le conditionnel présent et le conditionnel passé.

Modèle —**On pourrait partir en vacances sur d'autres planètes.**
—**Mais non, on n'aurait pas encore inventé de fusées pour aller si loin.**

7 **Imaginez** Par groupes de quatre, discutez de ce que vous feriez si Internet n'existait pas. Comment votre vie quotidienne serait-elle différente? Y aurait-il des avantages? Utilisez le conditionnel présent.

Modèle —**Sans Internet, je lirais le journal tous les matins.**
—**Moi, je passerais plus de temps à la bibliothèque.**

Practice more at
vhlcentral.com.

2.2 Les propositions introduites par **si**

Rappel

La plupart du temps, la conjonction **si** introduit une proposition conditionnelle. Mais **si** peut aussi servir à faire une suggestion ou exprimer un souhait ou un regret.

Attention!

• **Si** devient **s'** devant **il** ou **ils** mais reste **si** devant **elle, elles** ou **on**.

S'il cherche un article intéressant à lire, conseille-lui La revue informatique.

*Si **elles** veulent utiliser mon imprimante, elles peuvent.*

—*Je connais un endroit, peut-être... **si** tu **as** envie d'un dernier verre.*

Les propositions conditionnelles introduites par si

• **Si** introduit une proposition conditionnelle qui exprime une simple hypothèse. La conséquence dans la proposition principale dépend de la réalisation de cette condition.

Proposition introduite par **si**	Proposition principale
présent	présent futur simple futur proche impératif

*Si vous **voulez**, je **peux** vous montrer comment ça marche.*
*S'il **pleut**, il ne **viendra** pas.*
*Il **va acheter** un portable s'il **a** assez d'argent.*
*Si tu ne **comprends** pas comment faire, **clique** sur «Aide».*

• **Si** introduit une proposition conditionnelle qui exprime un fait éventuel, hypothétique ou imaginaire.

Proposition introduite par **si**	Proposition principale
imparfait	conditionnel présent

*Si tu **pouvais** me montrer comment faire, cela m'**aiderait** beaucoup.*
*Si mon ordinateur n'**était** pas en panne, je t'**apprendrais** à graver un CD.*
*Ils ne **perdraient** pas leurs documents s'ils les **sauvegardaient** plus souvent.*

Coup de main

La proposition introduite par **si** peut précéder ou suivre la proposition principale.

Si tu veux un beau fond d'écran, tu n'as qu'à faire une recherche sur le net.

*Vous trouverez ce dont vous avez besoin **si** vous cherchez bien.*

- **Si** introduit une proposition conditionnelle qui exprime un fait passé qui est contraire à la réalité. Le verbe de la proposition principale est au conditionnel présent si on parle d'une situation présente et au conditionnel passé si on parle d'une situation passée.

Proposition introduite par **si**	Proposition principale
plus-que-parfait	conditionnel présent
	conditionnel passé

Si j'avais suivi un cours d'informatique, je saurais comment utiliser mon ordinateur.
Si j'avais suivi un cours d'informatique, j'aurais pu réparer mon ordinateur moi-même.

Suggestions, souhaits et regrets introduits par **si**

- On utilise **si** + l'imparfait pour faire une suggestion ou exprimer un souhait.

  Si on allait au cybercafé?
  Et si tu étudiais un peu au lieu de jouer à des jeux vidéo?
  Ah! Si nous pouvions remonter dans le temps...

- On utilise **si** + l'imparfait ou le plus-que-parfait pour exprimer un regret.

  Si je t'avais écoutée!
  Si seulement nous connaissions le logiciel!

Si seulement il n'avait pas reçu un coup de poing au visage!

- Dans le discours indirect, on utilise **si** pour introduire une phrase interrogative.

  Je me demande s'il comprend comment ça marche.
  Vous avez demandé si elle avait publié cet article.

Il se demande si sa voisine est la même fille qu'il a rencontrée au café.

Mise en pratique

1 **Un nouvel ordinateur** Trouvez la suite logique de chaque phrase.

A

_____ 1. Si tu veux acheter un nouvel ordinateur, ...

_____ 2. Si tu voyais une pub pour un ordinateur à 100 euros, ...

_____ 3. Si tu avais le choix, ...

_____ 4. Si on t'avait dit que l'informatique te passionnerait, ...

_____ 5. Si ton vieil ordinateur était tombé en panne, ...

_____ 6. Si ton ordinateur peut être réparé, ...

B

a. tu l'aurais gardé?

b. tu pourras encore l'utiliser.

c. demande conseil à Luc.

d. tu l'aurais cru?

e. tu l'achèterais?

f. tu préférerais un portabl?

2 **Les relations modernes** Lors d'une soirée, Simon a rencontré une fille qu'il voudrait bien revoir mais il a oublié de lui demander ses coordonnées.

1. Si j' _____ son adresse, je lui _____ un mail.
   a. avais eu... enverrai   b. avais... enverrais   c. ai... aurais envoyé

2. Si j'y _____, j' _____ son numéro de mobile.
   a. avais pensé... aurais pris   b. pensais... aurais pris   c. pense... prenais

3. Si elle _____ un blog sur Internet, je _____ peut-être reprendre contact avec elle.
   a. a... pourrai   b. avait eu... peux   c. aurait... peux

4. Si tu la _____, _____-lui que je veux la revoir.
   a. verrais... disais   b. verras... dit   c. vois... dis

5. Si elle _____, on _____ se donner rendez-vous dans un cybercafé.
   a. veut... pourra   b. avait voulu... pourrait   c. voudrait... aurait pu

6. Si nous _____ nous revoir, je ne la _____ plus!
   a. pourrions... quitterai   b. pouvions... quitterais   c. avions pu... quitte

3 **Les remèdes miracle** Complétez la conversation d'Alain et de Martine.

ALAIN   Si seulement on (1) _____ (pouvoir) découvrir une cure contre le cancer, tout (2) _____ (aller) mieux!

MARTINE   Oui bien sûr, ce (3) _____ (être) bien aussi si on (4) _____ (découvrir) des remèdes miracle contre le SIDA et contre le diabète.

ALAIN   Si tu (5) _____ (croire) que c'est si facile, alors (6) _____ (trouver)-les toi-même, ces remèdes miracle!

MARTINE   Et si on (7) _____ (aller) au cinéma au lieu de se disputer? Nous (8) _____ (se calmer) un peu, non?

ALAIN   Oui, je suis d'accord avec toi pour une fois. Tu peux même choisir le film si tu (9) _____ (vouloir).

Note CULTURELLE

C'est un Français, le professeur Luc Montagnier de l'Institut Pasteur, qui a obtenu le prix Nobel de médecine en 2008 pour ses travaux portant sur le virus d'immunodéficience humaine (VIH) responsable du SIDA.

Practice more at vhlcentral.com.

Communication

4 **Situations hypothétiques** Demandez à votre partenaire ce qu'il/elle ferait dans ces situations.

> Modèle si tu pouvais voyager dans le temps
> **—Qu'est-ce que tu ferais si tu pouvais voyager dans le temps?**
> **—Si je pouvais voyager dans le temps, je retournerais à l'époque de Louis XVI et ferais la connaissance de Marie-Antoinette.**

1. si tu pouvais prévoir l'avenir
2. si tu découvrais une formule qui rend invisible
3. si tu voyais un OVNI atterrir dans ton jardin
4. si tu pouvais voyager dans l'espace
5. si tu pouvais lire dans la pensée des autres
6. si tu inventais un produit qui change tout en or

5 **Si j'avais été toi** Votre partenaire vous dit ce qu'il/elle a fait. Dites ce que vous auriez fait différemment.

> Modèle J'ai laissé mon portable dans le cybercafé.
> **Si j'avais été toi, je n'aurais pas parlé distraitement au serveur pendant un quart d'heure. J'aurais mieux surveillé mes affaires.**

1. J'ai oublié mon mot de passe.
2. J'ai ouvert cet e-mail et j'ai attrapé un virus.
3. J'ai payé trop cher pour ce logiciel.
4. J'ai oublié de sauvegarder mon document.
5. J'ai cliqué sur «Effacer» et j'ai perdu tout mon travail.
6. Je suis resté(e) en ligne pendant des heures.

6 **Remonter le temps** Avec un(e) partenaire, discutez de deux ou trois choses que vous aimeriez changer dans votre passé et donnez les conséquences éventuelles de ces changements dans votre vie actuelle.

> Modèle —Qu'est-ce que tu aurais fait différemment si tu avais pu?
> **—J'aurais fait des études d'informaticien et maintenant, j'aurais ma propre compagnie d'informatique et je serais riche. Et toi?**

Préparation

À propos de l'auteur

Serge Tisseron est né à Valence, dans le sud-est de la France, en 1948. Il suit d'abord des études littéraires puis s'oriente vers la médecine. En 1976, il passe son certificat d'études spécialisées en psychiatrie. Ses travaux de recherche portent, entre autres, sur l'utilisation pédagogique de la bande dessinée et sur les rapports que nous entretenons avec les images et les nouvelles technologies. De 1997 à 2000, il fait une étude sur les effets individuels et collectifs des images violentes chez les enfants âgés de 11 à 13 ans, dont les résultats ont été publiés dans l'ouvrage *Enfants sous influence, les écrans rendent-ils les jeunes violents?* (2000).

Vocabulaire de la lecture		Vocabulaire utile	
le bouleversement *shift*	**un nœud** *knot; hub*	**les affinités (f.)** *compatibilities*	
côtoyer *to stand alongside*	**renoncer à** *to give up*	**défaillant(e)** *ineffective; weak*	
l'essor (m.) *rapid expansion*	**s'effacer** *to fade*	**la dépendance** *addiction*	
un fantasme *fantasy*		**le harcèlement** *harassment*	
flottant(e) *floating; inconstant*		**un(e) internaute** *internet user*	
l'interconnexion (f.) *interconnectivity*		**les mœurs (f.)** *customs*	
		le numérique *digital technology*	

1 **Phrases à trous** Complétez les phrases à l'aide des mots donnés.

une dépendance défaillante	l'essor fantasme	le harcèlement internaute

Dans le film *Reality+*, la beauté parfaite est présentée comme un (1) _____ facile à réaliser à l'aide d'une puce électronique. Certains personnages développent (2) _____ à cette nouvelle technologie. Quand elle devient (3) _____ et que la puce fonctionne mal, c'est un vrai cauchemar.

2 **L'ère du numérique** À deux, répondez aux questions.

1. Est-ce que vous éteignez votre mobile de temps en temps? Si oui, quand?
2. Quelles technologies utilisez-vous tous les jours?
3. Est-ce que vous vous branchez souvent sur les réseaux sociaux? Si oui, lesquels?
4. Que recherchez-vous dans les réseaux sociaux? Parler avec vos amis et votre famille? Rencontrer des personnes? Exprimer vos opinions sur des sujets d'actualité? Demander des conseils?
5. À votre avis, est-ce qu'on peut développer une dépendance à la technologie? Si oui, quels problèmes pourraient se présenter à cause de cette dépendance? Expliquez.

Virtuel, mon amour

Serge Tisseron

Beaucoup de nos contemporains se séduisent, se séparent et se mentent déjà autrement, dans des mondes qui ont pour nom Meetic, Facebook, eBay, *World of Warcraft* ou *Second Life*. À tel point qu'Internet ressemble moins à «l'intelligence collective»

5 qu'on nous promettait il y a dix ans qu'à un gigantesque nœud d'interconnexions, avec ses zones lumineuses et ses parties obscures, et même son inconscient. Les sites centrés sur le développement personnel côtoient ceux où on apprend à manipuler son voisin,

10 tous les fantasmes imaginables sont représentés et les contenus juxtaposés sans autre hiérarchie que le nombre de fois où ils sont appelés par les internautes–c'est

15 le fameux système Google.

intolerable Même le plus insupportable° y a sa place. Et, bien sûr, cette interconnexion permanente des émotions, des rêveries et des

stirs up 20 fantasmes suscite° de nouvelles façons d'être ensemble, d'aimer, d'échanger et de souffrir.

Mais avant d'entrer dans l'intimité de ces nouvelles

25 relations, nous commencerons par évoquer ce qui leur a ouvert

paved the way la voie°. Car si les fameuses technologies de l'information et de la communication (TIC)

30 bouleversent chaque jour nos habitudes, nous étions préparés à ce nouveau monde de longue date.

Par le téléphone d'abord, ce bon vieux téléphone que nous avons si bien intégré dans nos vies qu'il nous paraît naturel de nous parler sans nous voir. Par l'extraordinaire essor de la photographie ensuite, qui nous a fait accepter que des images sur lesquelles nous ne nous reconnaissons pas nous représentent, jusqu'à rendre notre identité flottante et multiple.

Enfin, par notre chère télévision qui nous impose chaque jour des programmes ou se mélangent si bien les documents et la fiction que nous renonçons souvent à distinguer les uns de l'autre…

Ces trois bouleversements ont eu des conséquences considérables dont nous ne nous rendons pas toujours compte. Des formes de liens s'effacent tandis que d'autres voient le jour, et des relations virtuelles se juxtaposent° aux relations réelles, allant parfois jusqu'à se substituer à elles. Par exemple, je me sens seul, et j'ai soudain cent amis qui m'écoutent et avec lesquels j'échange de petits mots affectueux sur le Web. Ou bien je ne connais que quelques personnes dans mon quartier ou à mon travail et, grâce à Internet, je rencontre des écrivains et des artistes dont certains sont célèbres, des acteurs et des chanteurs, et je suis flatté quand ces gens acceptent de me parler. En contrepartie, bien sûr, il m'arrive d'être moins disponible à ceux avec lesquels je partage le même toit… Une formule° prétend résumer cette situation: «Le lointain devient proche et le proche devient lointain.» Mais ce proche et ce lointain ne sont pas équivalents. Le proche qui s'éloigne° est un proche que l'on peut toucher et où il est à tout moment possible de lever les quiproquos°. Mais le lointain qui devient proche est bien différent… ∎

> **«Le lointain devient proche** et le proche devient lointain.»

are placed next to

catchphrase

moves away

clear up misunderstandings

Analyse

1 **Compréhension** Indiquez si les phrases sont vraies ou fausses selon la lecture. Corrigez les phrases fausses.

1. On peut trouver des sites de rencontre et des sites de développement personnel sur le Web.

2. Les réseaux sociaux permettent de cacher la vérité.

3. Les trois bouleversements qui ont ouvert la voie aux nouvelles technologies sont le téléphone, la radio et l'électricité.

4. Tous les liens entre les individus se sont effacés depuis ce bouleversement technologique.

5. Internet favorise la solitude.

6. Il est possible de réaliser ses fantasmes de rencontrer des célébrités sur Internet.

7. Les relations virtuelles sont équivalentes aux relations réelles.

8. «Le proche» signifie la famille et les amis et «le lointain» concerne les relations virtuelles.

2 **Nœuds d'interconnexion**

A. À deux, associez chaque site de la première colonne à sa fonction dans la deuxième colonne. Faites des recherches en ligne si nécessaire.

Site	Fonction
1. Meetic	a. jeu de rôle dans un univers médiéval fantastique
2. Facebook	b. communauté en ligne où l'on utilise des avatars et une monnaie virtuelle
3. eBay	c. site de rencontre
4. *World of Warcraft*	d. achat et vente d'objets et services
5. *Second Life*	e. échange d'informations personnelles

B. Maintenant, choisissez un site de la liste et expliquez son fonctionnement en détail. Par exemple, dites si c'est un service payant ou gratuit, s'il est divertissant, s'il comporte des risques, etc.

3 **Abus virtuel** L'essai suggère qu'Internet n'est plus le système de communication solide et fiable (*reliable*) qui avait été imaginé à sa création. À deux, expliquez comment les internautes pourraient abuser de ce moyen de communication. Classez vos réponses en allant du pire abus au moins pire et expliquez les conséquences de chaque abus. Puis, échangez vos idées avec le reste de la classe.

- publier des images retouchées
- mentir sur son identité
- monter une arnaque (*scam*)
- ...

4 **Les relations personnelles** «Le lointain» est-il bien différent du «proche»? À deux, comparez et contrastez les relations virtuelles avec les relations réelles en utilisant des exemples de votre vie personnelle. Ensuite, partagez vos réponses avec un autre groupe puis avec le reste de la classe.

Practice more at
vhlcentral.com.

Vocabulary Tools

Préparation

À propos de l'auteur

André Berthiaume est né à Montréal en 1938. Il a obtenu un doctorat en littérature française de l'Université de Tours en 1969 et a enseigné à l'Université Laval pendant plus de vingt ans. Berthiaume est un romancier, nouvelliste et essayiste qui a contribué à la renaissance de la nouvelle au Québec. Son recueil *Incidents de frontière* (1984) lui a valu le prix Adrienne-Choquette ainsi que le Grand Prix de la science-fiction et du fantastique québécois. Il est secrétaire de la Société artistique et culturelle de Québec et l'auteur de plusieurs recueils de nouvelles, y compris *Contretemps* (1971), *Le Mot pour vivre* (1978), *Presqu'îles dans la ville* (1991) et *Les Petits Caractères* (2003).

Vocabulaire de la lecture

à bout de souffle *breathless*
atteindre *to reach*
un bidon *container*
le bois *firewood*
un camion-citerne *tank truck*
un carrefour *intersection*
la chaussée *road surface*
une cible *target*
un coup de feu *gunshot*
un couvercle *lid*

un déca *decaffeinated coffee*
éreinté(e) *exhausted*
une gorgée *sip*
gras(se) *boldface*
un(e) piéton(ne) *pedestrian*
un quotidien *daily newspaper*
les relents (m.) *bad odors*
se répandre *to spill*
un sapeur(-pompier) *firefighter*
un siège *seat*
un tireur *sniper*

Vocabulaire utile

un abonnement *subscription*
annuel(le) *yearly*
bimensuel(le) *semimonthly*
une couverture *front cover*
gratuit(e) *free (of cost)*
hebdomadaire *weekly*
mensuel(le) *monthly*
la une *front page*

1 **Vocabulaire** Complétez les phrases à l'aide des mots des listes de vocabulaire.

1. Les chiens errants (*stray*) sont attirés par les _____ de la cuisine des restaurants.
2. En hiver, les _____ marchent plus vite pour ne pas rester longtemps dehors.
3. J'ai choisi un magazine _____ parce que je préfère lire les nouvelles une fois par semaine.
4. Quand je vais à la plage, j'apporte toujours un _____ parce que je n'aime pas m'asseoir sur le sable.
5. Mon frère joue bien aux fléchettes (*darts*). Il ne rate (*misses*) jamais la _____ .
6. Ce n'est pas parce que la _____ d'un livre est laide qu'on ne devrait pas lire ce livre!

2 **Gros ou petits caractères?** À deux, répondez à ces questions.

1. Qu'est-ce qui vous attire dans un journal, les photos ou les titres des articles?
2. Pourquoi certains titres d'articles sont-ils écrits en gros caractères et d'autres en petits caractères? Lisez-vous les deux types de titres?
3. D'après vous, pourquoi certains mots sont-ils mis en italiques?
4. Comparez un magazine sérieux avec un magazine à sensations. Pouvez-vous parler de la différence de présentation des articles sur la couverture?

Practice more at
vhlcentral.com.

Coin lecture Choisissez un magazine que vous aimez lire. À tour de rôle, décrivez votre choix à votre partenaire à l'aide de cette liste. Ensuite, décrivez votre magazine à la classe et comparez vos choix.

- Ses thèmes: mode, sports, informations, sciences, cuisine, etc.
- Sa fréquence: hebdomadaire, mensuel
- Son degré de difficulté
- Son origine: domestique, étrangère

 L'avenir Par petits groupes, discutez de l'avenir de l'édition (*publishing*). Ensuite, présentez vos idées à la classe. N'oubliez pas de répondre à ces questions.

1. Les journaux et les magazines devraient-ils être toujours imprimés sur papier? Devraient-ils être offerts seulement électroniquement? Expliquez.
2. Quel journal ou quel magazine connaissez-vous qui ne soit plus imprimé? Pourquoi ne l'est-il plus?
3. Quelles solutions possibles existe-t-il au problème des journaux et des magazines menacés d'extinction?

 Atelier d'imprimerie À deux, créez la première page de votre propre journal ou magazine. Donnez ces informations et puis montrez votre travail à la classe, qui va commenter.

- titre de votre journal ou magazine
- sa fréquence
- la date du numéro
- le prix
- quelques titres d'articles
- quelques photos
- le premier paragraphe d'un article
- la mise en page (*layout*)

 Les réactions Par groupes de trois, expliquez en quoi les nouvelles que vous lisez dans les journaux ou sur Internet et les infos que vous regardez à la télévision vous affectent. Donnez un exemple d'une nouvelle...

- qui vous surprend.
- qui vous met en colère.
- que vous trouvez ridicule.
- qui vous fait rire.
- qui vous fait frémir (*shudder*).
- qui vous laisse indifférent(e).

 Anticiper À deux, regardez cette photo et imaginez la réaction de l'homme. Qu'a-t-il appris en lisant cet article? Maintenant, lisez le titre du texte que vous allez lire sur les prochaines pages. Que pouvez-vous en déduire? Pourquoi l'auteur a-t-il choisi ce titre? Présentez vos idées à la classe.

Les Petits Caractères

André Berthiaume

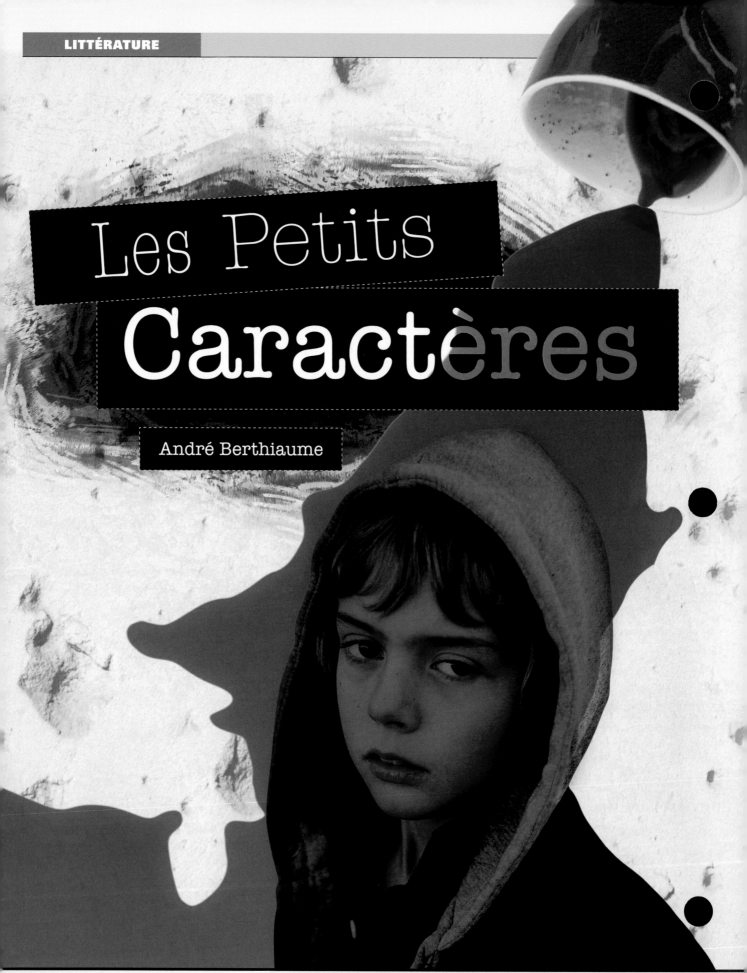

Audio: Dramatic Reading

pit
area

in a line 5

smooth

full-flavored

I maginez une espèce de fosse° circulaire au plafond bas, au plancher de céramique pâle. L'aire° est appelée pompeusement «Jardin de la restauration». Beaucoup de plantes, évidemment fausses, et d'ensoleillement, évidemment artificiel. Des comptoirs en enfilade°, des serveuses au regard quasi implorant. Un café? Dans une tasse, un verre? Rien qu'un café? Petit, moyen, grand? Velouté°, corsé°, déca?

panting

dilapidated

oozing

window-panes/frosted/steam

haltingly

arched 20

screeching

Nikola atteint le carrefour, à bout de souffle. Éreinté par l'angoisse autant
10 *que par la course. Il s'impose une halte. Le visage de sa mère repasse dans sa tête, comme amené par son halètement°. Puis celui de sa sœur. Elles ne parlent pas, mais leurs yeux crient la faim, la*
15 *soif, le froid. Il pense à l'appartement toujours privé de lumière, délabré°, suintant°, envahi par les fantômes. Il*

> Un café? Dans une tasse,
> un verre? Rien qu'un café?
> Petit, moyen, grand?
> Velouté, corsé, déca?

pense aux carreaux° maintenant givrés° au petit matin. La buée° sort par saccades° de sa bouche ouverte. Son regard fait le tour. Les rares piétons traversent l'espace découvert en courant, l'air hagard, le dos très voûté°, silhouettes cassées. Une auto surgit comme un gros insecte fou, tous pneus crissant°, ignorant les feux qui clignotent pour rien.

Maintenant, le voilà qui cherche une place pour boire son arabica et parcourir en paix le journal mis gracieusement à la disposition de l'aimable
25 clientèle. Une tasse dans une main, le journal dans l'autre, il hésite car il a des exigences. Non, pas ici, trop près de ces dames volubiles qui fument comme des sapeurs. Pas sur ce siège vissé° au plancher, qui vous éloigne ridiculement de la table. Pas sur cette chaise qui a un dossier inconfortable, deux barres de métal qui vous amochent° un dos en un rien de temps.

screwed

mess up

30 *Aujourd'hui, tout en allongeant les ombres au sol, le soleil bas d'automne éblouit°, brouille° la vue, multiplie les contre-jour°, déchire, déchiquette°. Les cibles ne sont pas nettes° dans l'œil du viseur°. À l'autre extrémité du vaste carrefour bondé° d'immeubles éventrés°, Nikola voit le camion-citerne garé à l'ombre des platanes°. Le chauffeur fait les cent pas en grillant° nerveusement*
35 *une cigarette. Il a hâte de repartir.*

dazzles/clouds/
backlighting/shreds
clear/(gun)sight

packed/disemboweled

plane trees/smoking

Pas si près des relents de la Frite fraîche. Non, non, pas ici, trop près du haut-parleur qui déverse un cha-cha-cha aussi endiablé qu'énervant. Exotisme de mes deux°. Non, pas ici, le coin est trop crûment° éclairé, on n'est quand même pas à l'hôpital, merde, ou dans un poste de police.

stupid exoticism/harshly

Le chauffeur ne veut plus franchir° ce carrefour, c'est trop risqué, trop dénudé. Tout le monde sait qu'il peut y avoir des tireurs embusqués° aux alentours, sur les toits des édifices croulants°.

cross 40

positioned

collapsing

Enfin, ce coin lui paraît convenable. Il s'assoit, commence à boire son café à petites gorgées tout en parcourant le tabloïd étalé° devant lui à plat, quotidien aux dimensions parfaitement adaptées à la petite table. La grille des mots croisés a dûment été complétée, celle du mot mystère aussi.

45

spread out

50

Nikola sait qu'il risque sa vie tous les jours pour avoir de l'eau, remplir le bidon cabossé° qu'il traîne avec lui. Il n'a pas le choix. On ne peut pas vivre sans eau. L'eau, c'est comme le feu, maintenant qu'il n'y a plus d'électricité, on ne peut pas s'en passer. L'hiver approche comme un ours blanc. Le bois pour le foyer, il l'obtient en abattant° des arbres aux abords° des avenues, en arrachant° des planches dans les arrière-cours°.

dented 55

60

cutting down/around

pulling out

backyards 65

> # Nikola sait qu'il risque sa vie tous les jours pour avoir de l'eau, remplir le bidon cabossé qu'il traîne avec lui. Il n'a pas le choix. On ne peut pas vivre sans eau.

Profonde respiration puis, légèrement accroupi°, il s'élance avec son récipient, entreprend de traverser. Il s'arrête quelques secondes derrière chaque lampadaire. Se plaque° contre le métal avant de reprendre sa course. Arrive sain et sauf de l'autre côté. Il salue le chauffeur qui l'a vu venir en fronçant les sourcils°; celui-ci jette son mégot° par terre, traite le garçon d'imprudent, de cinglé°. Fais un détour, qu'il lui dit. Viens par les petites rues, qu'il lui dit. Mais le détour est trop long, interminable. Nikola n'écoute plus, il surveille l'eau qui monte dans le bidon, puis il visse soigneusement le couvercle. Salutations, recommandations, à demain gamin.

crouched

flattens himself

frowning/cigarette butt 70

crazy

75   Ah! l'instant de répit. Le confort,
la félicité. Le moment du quant-à-soi,
gâtons-nous un peu, on l'a bien mérité
on l'a pas volé la vie nous doit bien ça
merde on en demande si peu.

80   *Sur le chemin du retour, il court
courbé. Sous ses pas défilent les crevasses
dans l'asphalte et les feuilles mortes qui*

curl up/skims   *s'y blottissent°. Le bidon alourdi frôle°*
bumps   *le sol, bute° parfois contre une fissure.*
laps 85   *L'eau clapote° contre le métal. Le moteur*
sputtering   *crachotant° du camion s'éloigne. Le bruit empêche d'entendre*
   le coup de feu.

sip   On respire à fond, on apprécie de siroter° en paix le
ads   liquide brûlant. Titres gras, joyeuses réclames° de Noël
90   déjà, grandes photos, courts textes qu'il ne prend pas
la peine de lire. Les sections se succèdent, locale,
régionale, les annonces classées, l'horoscope, les numéros
de la loto...

   Il est tombé face contre terre. Le bidon, à côté de lui, se
95   *répand lentement sur la chaussée. Que de l'eau. Pas de sang.*
Pas encore.

swallows   Il avale° une autre gorgée, tourne la page et tombe sur
la photo d'un garçon allongé dans une rue de la ville en
guerre, un bidon renversé à ses côtés. Il marque un temps
100 d'arrêt, projette son corps en avant pour mieux voir, lire
la légende en petits caractères. La tasse vacille, se renverse,
se répand vite, le café fait tache d'huile brune, odorante
et chaude, envahit la photo, la page, multiplie les rigoles°
rivulets
face   jusqu'à la bouille° du Père Noël. ∎

Ah! l'instant de répit.
Le confort, la félicité. Le
moment du quant-à-soi,
gâtons-nous un peu, on
l'a bien mérité...

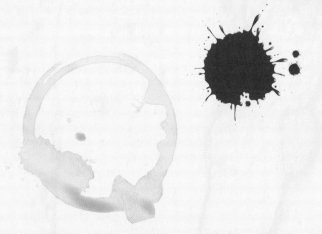

Analyse

1 **Vrai ou faux** Dites si ces phrases sont vraies ou fausses. Corrigez les fausses.

1. La serveuse demande à l'homme s'il veut son café avec du lait.

2. Nikola est éreinté par tous les devoirs qu'il doit faire.

3. Il fait froid, alors les carreaux des fenêtres sont givrés.

4. L'homme dans le café cherche la meilleure place pour lire son journal.

5. Le tireur ne voit pas bien sa cible dans le viseur à cause de la pluie.

6. Nikola est mort de froid et de fatigue.

2 **Guerre et paix** Une des histoires de la nouvelle *Les Petits Caractères* a lieu dans une ville moderne en paix, l'autre dans une ville détruite par la guerre. Mettez une croix dans la colonne qui correspond au contexte de la description donnée. Ensuite, comparez vos réponses avec celles d'un(e) partenaire.

Descriptions	Ville détruite par la guerre	Ville moderne en paix
1. Il n'y a ni eau ni électricité.		
2. L'endroit est illuminé naturellement.		
3. On a recréé un jardin artificiel.		
4. Il faut être courageux pour vivre dans cet endroit.		
5. L'endroit est moderne mais inconfortable.		
6. Les gens ont faim et froid.		
7. Ça sent mauvais et il y a du bruit.		
8. On peut passer un bon moment tranquille dans cet endroit.		

3 **Ressemblances** Dans les deux récits, les situations ont une certaine ressemblance entre elles. Associez chaque phrase du récit dans le café avec une phrase dans le récit de guerre qui lui correspond, soit par équivalence, soit par opposition.

Au café

___ 1. L'ensoleillement est artificiel.

___ 2. Il demande un café.

___ 3. Le café se renverse sur la table.

___ 4. Elles fument comme des sapeurs.

___ 5. Il cherche la meilleure chaise.

___ 6. La tasse vacille.

Récit de guerre

a. Il grille une cigarette.

b. Il a besoin d'eau.

c. Il tombe par terre.

d. Il s'arrête derrière chaque lampadaire.

e. L'eau se répand par terre.

f. Le soleil éblouit.

4 **Deux maisons** Imaginez la maison de Nikola et celle de l'homme dans le café. Choisissez quelle maison est évoquée par chaque élément de la liste.

a. Maison de Nikola

b. Maison de l'homme

___ 1. une assiette de frites

___ 2. des carreaux cassés

___ 3. des chaises confortables

___ 4. il fait froid

___ 5. des murs dénudés

___ 6. de la musique

___ 7. des plantes vertes

___ 8. des rideaux déchiquetés

5 **Compréhension** À deux, répondez à ces questions.

1. À quels pays pensez-vous en voyant l'orthographe du prénom «Nikola»? Selon votre réponse, le récit de guerre est-il proche de la réalité?

2. Pourquoi l'auteur a-t-il choisi d'alterner les deux récits? Y a-t-il un ou plusieurs indices (*clues*) dans le récit qui justifie cette technique?

3. À quelle époque de l'année se passe le récit de guerre? Quelle est l'importance de ce détail? Comment le lecteur découvre-t-il l'époque de l'année dans le premier récit? Expliquez pourquoi l'auteur a choisi cette technique.

4. Comment Nikola a-t-il été tué? Quel détail a contribué à sa mort?

5. Comment est la vie de l'homme qui boit son café? Pensez-vous qu'il ait aussi une vie difficile? Justifiez votre réponse.

6. Quelle est la réaction de l'homme en voyant la photo du jeune homme mort? D'après vous, pourquoi a-t-il eu cette réaction?

6 **Une autre fin** Imaginez que le tireur n'ait pas tué Nikola. Qu'aurait-il raconté à sa mère en rentrant? Comment aurait-elle réagi? À deux, suivez ces instructions pour créer leur conversation.

• Faites une liste des moments les plus intenses de l'expérience de Nikola.

• Faites une liste des questions les plus pressantes de sa mère.

• Travaillez avec un autre groupe pour incorporer les éléments les plus intéressants des deux conversations dans une seule.

• Jouez le deuxième dialogue devant la classe.

7 **Catastrophes** Par groupes de trois, choisissez un autre type de catastrophe qui pourrait affecter votre vie. Écrivez un paragraphe de 15 lignes décrivant comment votre vie serait changée.

• Commencez votre paragraphe par une phrase hypothétique et utilisez des verbes au conditionnel. **S'il y avait un(e)... dans ma région, ...**

• Décrivez comment serait la situation.

• Terminez en disant ce que vous feriez.

Vocabulary Tools

Boule et Bill

Préparez Répondez aux questions.

1. Êtes-vous confronté(e) à beaucoup de publicités dans votre vie quotidienne? Par quels moyens? De quelles sortes de publicités êtes-vous la cible?

2. Est-ce que les publicités vous influencent facilement? Si oui, lesquelles?

À propos de l'auteur

Jean Roba, (1930-2006) est un auteur belge de bandes dessinées. Il commence sa collaboration avec le journal pour enfants *Spirou* en 1957. Plus tard, en 1959, il crée la bande dessinée *Boule et Bill*. Jean Roba s'inspire de son propre chien pour dessiner Bill et de son propre fils pour Boule. Roba a écrit et illustré plus de 1000 pages de *Boule et Bill*, sans compter ses autres séries de bandes dessinées, notamment *La Ribambelle*.

Vocabulaire utile	
c'est bien les humains *that's typical of humans*	**un veau** *calf; dunce (fam.)*
se laisser faire *to let oneself be taken advantage of*	**aboyer** *to bark*
	un collier *collar*
mon vieux *buddy*	**un coup de pied** *kick*
	une patte *paw*

2 **Regardez** Avant de lire le texte, regardez les illustrations et répondez aux questions.

1. Décrivez Boule et Bill. Que font-ils? Quelles émotions ressentent-ils? Faites une liste pour chacun.

2. Décrivez le cadre (*setting*). Comment est l'atmosphère? Donnez l'adjectif qui décrit le mieux chaque vignette, à votre avis.

3 **Interprétez** Maintenant, lisez le texte et répondez aux questions. Justifiez vos réponses.

1. Combien de publicités y a-t-il? Décrivez chacune. Quel produit en est le sujet?

2. À quoi le mot «Woufy» se réfère-t-il? Est-il bien choisi? Que pense Bill de ce mot?

3. Que pense Bill des humains?

4. Qu'est-ce que Boule apporte à son chien? Quelle est la réaction de Bill?

4 **Conversez** Discutez de ces questions avec un(e) partenaire.

1. Pourquoi Boule a-t-il l'air fier de ce qu'il apporte à Bill?

2. Pourquoi Bill n'aime-t-il pas la marque *Woufy*? Donnez toutes les raisons.

3. Quelle est votre impression des publicités *Woufy*? Pensez-vous que c'est une marque qui a du succès? Expliquez.

5 **Présentez** Examinez la structure des slogans publicitaires. Quelles catégories de mots sont utilisées? Des noms, des adjectifs, des verbes? Y a-t-il des répétitions de mots ou de sons? Inventez votre propre produit et écrivez son slogan. Mettez le nom du produit en italiques. Ensuite, essayez de vendre votre produit à vos camarades de classe.

Practice more at
vhlcentral.com.

PuBillcité

Boule et Bill - 16: Souvenirs de famille, © DUPUIS, © SPRL JEAN ROBA 1979 by Roba.

✂ Un article à sensation

Vous allez écrire un article dans lequel vous allez décrire un événement important dans la vie d'une célébrité à la façon d'un article de journal à sensation (*tabloid*).

Préparez

1 **Réfléchissez** Répondez aux questions suivantes. Prenez des notes.

1. Lisez-vous parfois des articles à sensation? Regardez-vous des émissions de télévision sur la vie des célébrités? Donnez des exemples.

2. Résumez un article intéressant que vous avez lu ou une émission sur un sujet à sensation que vous avez vue récemment.

3. À votre avis, pourquoi ce genre d'histoires intéresse les gens?

2 **Choisissez** Maintenant, choisissez le sujet de votre article, puis déterminez ses détails. Prenez des notes.

Option 1 Une star est accusée d'un crime. Réfléchissez à la vie de votre star et inspirez-vous-en pour créer une histoire «sensationnelle». Prenez des notes pour mieux décrire son crime: quand, où, quoi, etc. Ajoutez des détails que vous inventez pour rendre votre histoire plus intéressante.

Option 2 Une star s'est mariée. Réfléchissez à la personnalité de votre star et à celle de son époux/épouse. Inventez les détails de leur relation et du mariage. Incluez des détails qui rendent votre histoire intéressante.

3 **Planifiez** En considérant le sujet de votre article, faites une liste de mots ou d'expressions que vous pourriez utiliser pour captiver l'attention et l'intérêt de vos lecteurs. Utilisez le tableau ci-dessous.

Sujet de l'article: Chanteur célèbre accusé de vol		
Adjectifs	**Verbes**	**Autres mots et expressions**
inattendu	cambrioler	scandale

Écrivez

4

Mon article Maintenant, écrivez votre article, qui va choquer et ravir vos lecteurs.

A. **Titre et introduction** Commencez votre article avec un gros titre (*headline*) captivant. Ensuite, écrivez une introduction qui va brièvement décrire ce dont vous allez parler. Attention! Votre introduction ne doit pas révéler toute l'histoire aux lecteurs; elle doit capter leur attention et leur donner envie de lire le reste de l'article.

B. **Développement** Dans la partie principale de votre article, racontez l'histoire en détail. Utilisez vos notes de l'activité 2 et les mots et expressions du tableau de l'activité 3. Faites bien attention à raconter l'histoire de façon logique et soyez captivant(e).

C. **Conclusion** Terminez votre article en expliquant l'importance de cet événement. Faites aussi des hypothèses sur ce qui aurait pu arriver d'autre si les choses s'étaient passées différemment, ainsi que ce qui pourrait arriver maintenant. Utilisez des phrases avec **si**.

Révisez et lisez

5

Révision Relisez le texte de votre article en faisant attention à ces éléments et faites les corrections nécessaires pour l'améliorer.

- Avez-vous bien respecté l'organisation décrite dans la section **Écrivez**?
- L'article est-il captivant et contient-il assez d'éléments «sensationnels»?
- La grammaire et l'orthographe sont-elles correctes? Vérifiez le choix des temps et les formes des verbes au passé (utilisation de l'imparfait et du passé composé), l'emploi de mots captivants, la structure des phrases avec **si** et les formes du conditionnel.

6

Évaluation Demandez à un(e) partenaire de lire votre article et de vous faire des suggestions pour l'améliorer. Révisez votre article en incorporant ses suggestions.

Deuxième débat

Quel impact les nouvelles technologies ont-elles sur notre vie? Leur impact est-il toujours positif?

1

Réfléchissez Faites une liste de technologies apparues ces 20 dernières années qui ont eu, ou ont toujours, un impact important sur notre vie. Inspirez-vous des images ci-dessous et prenez des notes. Ensuite, toute la classe discute et vote pour choisir les cinq technologies qui sont les plus importantes.

2

Un brainstorming Avec un(e) partenaire, réfléchissez aux aspects positifs et négatifs de chacune des cinq technologies choisies. Donnez des exemples de votre vie personnelle et des sélections de la leçon pour illustrer vos idées. Identifiez autant d'arguments que possible pour et contre chaque technologie. Utilisez des tableaux comme celui-ci pour organiser vos arguments.

Modèle

1. les téléphones portables	
Positif	**Négatif**
1. peut sauver la vie (urgence, accident, etc.)	1. manque de respect (les gens qui utilisent leurs portables dans des lieux publics)
2. pratiques (pour rester en contact à tout moment)	2. dangereux (conduire en parlant au téléphone et ne pas faire attention à la route)
3.	3.

Examinez

A. Maintenant, mettez-vous en groupes de quatre. Pour chaque technologie, les membres du groupe présentent leurs idées et leurs arguments en utilisant les notes et les exemples de l'activité précédente. Posez des questions pour mieux comprendre les points de vue de vos camarades, et réagissez à leurs arguments.

B. Enfin, déterminez le point de vue global de votre groupe sur l'impact de chaque technologie: Est-ce que cette technologie a un impact plutôt positif ou plutôt négatif?

> **Modèle** **Pour les téléphones portables, j'ai huit arguments positifs et seulement deux arguments négatifs, donc je dirais que c'est une technologie avec un impact plutôt positif. Écoutez…**

Décidez Maintenant, la classe débat ensemble pour décider si chaque technologie choisie a un impact plutôt positif ou plutôt négatif. Chaque groupe a l'opportunité de présenter son point de vue sur une des technologies en premier, et les autres groupes expliquent s'ils sont d'accord avec cette évaluation, en justifiant leurs opinions avec des exemples ou des anecdotes personnelles.

Si… Une fois les verdicts atteints, tout le monde a l'opportunité de réfléchir sur l'impact des nouvelles technologies sur la vie en considérant cette question:

> «Si chacune de ces technologies n'existait pas,
> en quoi notre vie serait-elle différente?»

Discutez de cette idée en utilisant des phrases avec **si** et le conditionnel présent ou passé. Vous pouvez raconter des anecdotes personnelles en rapport avec la question.

> Modèle

- Si les téléphones portables n'existaient pas, ce ne serait pas pratique.
- Si ma cousine n'avait pas parlé au téléphone en conduisant, elle n'aurait pas eu son accident de voiture.
-

3

Les générations

Le concept de famille varie selon les cultures. Dans certains pays, la famille comprend juste le père, la mère et les enfants. Ailleurs, les grands-parents et les enfants mariés vivent parfois sous le même toit. De plus, les relations familiales peuvent être bonnes ou difficiles, mais une vérité ne varie jamais: elles sont intenses.

Quels avantages y a-t-il à être membre d'une famille?

Quels conflits peuvent connaître différentes générations qui vivent ensemble?

Comment les membres d'une famille se soutiennent-ils?

72

86

101

Vocabulary Tools

Préparation

Vocabulaire du court métrage

un âne *donkey*
avouer *to confess*
des bâtons (m.) *ski poles*
une caméra cachée *hidden camera*
croiser *to cross*
une croix *cross*
un chasse-neige *snow plow*
contrarié(e) *upset*
faire semblant *to pretend*
une frontière *border*
un mensonge *lie*
Salam Aleikum (arabe) *hello*
septante-neuf (Suisse) *seventy-nine*
un singe *monkey*
des somnifères (m.) *sleeping pills*

Vocabulaire utile

désapprouver *to disapprove*
un drapeau *flag*
faire l'innocent(e) *to play dumb*
faire plaisir à quelqu'un *to make someone happy*
ne pas être dupe *not to be fooled*
réaliser un rêve *to realize a dream*
se faire prendre à son propre jeu *to get caught in one's own lies*
une station de ski *ski resort*
vouloir bien faire *to mean well*

EXPRESSIONS

Ça ne risque rien. *It's no problem.*

Ça vaut tous les mensonges du monde! *It's worth all the lies in the world!*

C'est du n'importe quoi, ton truc! *Your idea is totally crazy!*

De toutes façons, c'est grillé. *Anyway, it's a miss.*

Encore heureux déjà qu'il ait toute sa tête *Lucky his head is still intact*

Tu ne vas pas me laisser tomber! *Don't let me down!*

1 **Définitions** Associez chaque mot ou expression avec sa définition.

A
___ 1. On en utilise deux quand on fait du ski.
___ 2. Médicaments qui aident à dormir
___ 3. Qui n'est pas coupable
___ 4. Ligne qui sépare un pays d'un autre
___ 5. Animal qui ressemble au cheval
___ 6. Soixante-dix-neuf pour les Suisses

B
a. âne
b. bâtons
c. croiser
d. frontière
e. innocent
f. septante-neuf
g. singe
h. somnifères

2 **Dialogue rapide** À deux, créez en cinq minutes un dialogue avec le maximum de mots et d'expressions des listes de vocabulaire. Ensuite, jouez la scène devant la classe.

 Practice more at vhlcentral.com.

3 **Le Maroc et la Suisse** Par groupes de trois, indiquez avec quel pays, le Maroc ou la Suisse, vous associez ces caractéristiques. Justifiez vos réponses et puis discutez-en avec la classe.

	Le Maroc	La Suisse
1. l'Afrique		
2. les banques		
3. Casablanca		
4. le chocolat		
5. le désert		
6. Genève		
7. la Méditerranée		
8. les montagnes		
9. le roi		
10. le ski		
11. le fromage		
12. la neige		

4 **Le titre** Le titre du court métrage que vous allez voir est *Il neige à Marrakech*. Quelle est votre réaction à ce titre? À votre avis, neige-t-il à Marrakech? Pourquoi le cinéaste a-t-il choisi ce titre, d'après vous? À deux, faites des hypothèses et discutez-en avec la classe.

5 **Anticipation** Avec un(e) camarade, observez ces images du court métrage. Répondez aux questions pour faire des prédictions sur ce qui va se passer dans l'histoire.

Image A

- Qui sont les personnages? Quels rapports ont-ils entre eux?
- De quoi parlent-ils, d'après vous? Ont-ils l'air contents? Expliquez.

Image B

- Que voit-on sur la deuxième image? Où se passe la scène, d'après vous?
- Que font les personnages? De quoi parlent-ils?
- Et après, que va-t-il se passer, à votre avis?

AMIR Productions et Bord Cadre Films
Présentent

Il neige à Marrakech

Un film de Hicham Alhayat

Nominé au
Prix du Cinéma
Suisse 2008

Scénario et réalisation: Hicham Alhayat **Script:** Diego Pizarro
Producteur exécutif et directeur de production: Dan Wechsler
Musique originale: Abdessamad Miftah Elkheir, Julien Sulser
Acteurs: Atmen Kelif, Abdeljabbar Louzir, Abdessamad Miftah Elkheir, Majdoline Drissi, Aaron Henry, Madeleine Piguet, Hicham Alhayat

FICHE **Personnages** Karim, M. Bazzi, Samir, Aïsha **Durée** 15 minutes **Pays** Suisse **Année** 2006

SCÈNES Video

Samir Alors?
Karim À ton avis? ...
Samir Qu'ils me refusent, à moi, le visa, je peux comprendre, mais pour ton père!

Le vendeur S'il veut vraiment faire du ski, il n'a qu'à aller à Oukaïmeden. C'est à deux heures d'ici et pas besoin de visa.

Karim On part demain matin. On a trois jours de visa.
M. Bazzi C'est ça, le visa?
Karim Oui. VI-SA.

Karim Bien dormi, papa?
M. Bazzi On est où?
Karim Comment ça, on est où? Mais on est arrivé! On est à Splügen!
M. Bazzi À Splü... À Splü...?
Karim Splügen, en Suisse!

M. Bazzi Une fondue au fromage, s'il vous plaît.
Karim Une fondue?!
M. Bazzi Oui.

Karim Bonjour, excusez-moi. Est-ce que je peux vous prendre en photo avec mon père? C'est votre plus grand fan.
M. Bazzi Merci, merci beaucoup, mademoiselle.
Marina Heiniz Tout le plaisir est pour moi. ... *Salam Aleikum.*

Note CULTURELLE

Située à environ 80 kilomètres de Marrakech, Oukaïmeden est la principale station de ski du Maroc. La neige y est abondante de novembre à avril. Son sommet, l'Oukaïmeden, est à 3 200 mètres d'altitude et fait partie de la chaîne du Haut Atlas. De ses pistes de ski, on peut admirer l'Atlas, le Sahara et l'Afrique. Splügen, en Suisse, est un lieu très apprécié pour les sports d'hiver et pour les randonnées pédestres en été. Zermatt, dans la vallée du Mattertal, est à une altitude de 1 620 mètres. C'est une des stations de ski les plus importantes des Alpes suisses. On y fait aussi de l'alpinisme et de l'escalade.

À L'ÉCRAN

Dans le bon ordre Numérotez ces événements dans l'ordre chronologique.

___ a. Karim et son père font du ski.

___ b. Karim donne des somnifères à son père.

___ c. Le père de Karim se réveille.

___ d. Karim et son père mangent de la fondue.

___ e. Le père de Karim veut aller à Paris.

___ f. Marina Heiniz entre dans le restaurant.

Analyse

1 **Compréhension** Répondez aux questions.

1. Pourquoi Karim est-il à l'ambassade suisse?

2. Que dit Karim à son père quand il arrive chez lui?

3. Où Karim, Samir et Aïsha emmènent-ils M. Bazzi?

4. Quand M. Bazzi se réveille, où Karim lui dit-il qu'ils sont?

5. Que font Samir et Aïsha pendant que Karim et son père font du ski?

6. Qui est la personne que M. Bazzi reconnaît dans le restaurant?

2 **Le bon choix** Choisissez la bonne réponse.

1. Pourquoi Karim veut-il emmener son père skier?

   a. Il pense que son père devrait perdre quelques kilos.

   b. Il veut aider son père à réaliser son rêve.

2. Au début du film, pourquoi Aïsha n'approuve-t-elle pas l'idée de Karim?

   a. Elle a peur que le voyage leur coûte trop cher.

   b. Elle pense que les somnifères sont dangereux.

3. Pourquoi Karim ne veut-il pas que M. Bazzi voie les animaux à la montagne?

   a. Il ne veut pas que son père découvre le stratagème.

   b. Les animaux pourraient lui faire peur.

4. Pourquoi voyons-nous Marina Heiniz d'abord en tenue (*outfit*) de ski et après en tenue de soirée?

   a. M. Bazzi la voit comme dans ses rêves.

   b. Marina Heiniz se change pour la photo avec M. Bazzi.

5. Que pense M. Bazzi de son voyage à la fin du film?

   a. Il est déçu de ne pas avoir beaucoup skié.

   b. Le voyage lui a fait très plaisir.

3 **Vrai ou faux?** Dites si les phrases sont vraies ou fausses, d'après ces images du film. Corrigez les fausses.

1. Chez Bob est un restaurant à Splügen, en Suisse.

2. M. Bazzi est un grand fan de Marina Heiniz.

3. Karim décide de ne rien avouer à son père après l'arrivée de Marina Heiniz.

4. Karim demande de la fondue au fromage parce qu'il n'en a jamais goûté.

4 **Des prédictions** Par groupes de trois, discutez de ce qui va arriver à chaque personnage du film par rapport aux thèmes donnés pour chacun. Ensuite, présentez vos prédictions à la classe.

Personnages	Thème	Prédictions
M. Bazzi	Sa santé, son intérêt pour la culture suisse	
Karim	Son retour en Suisse, sa relation avec son père	
Aïsha	Sa vie professionnelle, sa relation avec Karim	
Samir	Ses voyages à l'étranger, son amitié avec Karim	

5 **Conversation** Lisez ce proverbe français et puis, à deux, suivez ces trois étapes pour organiser une discussion.

> «Tel est pris qui croyait prendre.»
> –Jean de La Fontaine

1. Expliquez d'abord le proverbe dans le contexte du court métrage. Discutez avec votre partenaire.

2. Réfléchissez à un événement de votre vie qui illustre aussi le message de ce proverbe.

3. Racontez brièvement cet événement à votre partenaire et expliquez-lui pourquoi vous pensez que votre anecdote illustre le proverbe. Il/Elle va poser des questions et demander plus de détails.

6 **La vérité** Dites-vous toujours la vérité ou bien avez-vous parfois recours à (*do you sometimes use*) des mensonges innocents quand vous voulez bien faire? Écrivez une brève rédaction dans laquelle vous décrivez une situation où vous avez menti. Vous pouvez aussi inventer une situation où le mensonge serait peut-être approprié! Organisez votre texte de cette façon:

- **Introduction** — Écrivez deux ou trois phrases pour introduire la situation.
- **Développement** — a. Décrivez la situation en détail: Quand? Où? Qui? Quoi? Pourquoi? Comment?

  b. Dites pourquoi vous avez décidé de mentir.

  c. Expliquez et analysez les conséquences de vos actions.
- **Conclusion** — Dites si vous pensez que votre décision de mentir était la bonne décision. Si cette situation se représentait aujourd'hui, feriez-vous la même chose? Expliquez pourquoi.

Practice more at
vhlcentral.com.

3.1 Les pronoms

Rappel

On emploie les pronoms pour remplacer quelque chose ou quelqu'un dont on a déjà parlé. Cela évite les répétitions.

Les pronoms compléments d'objet direct et indirect

Coup de main

Ces verbes ont en général un complément d'objet indirect:

dire à, écrire à, parler à, donner à, téléphoner à, demander à.

- Le complément d'objet direct est la personne ou la chose qui reçoit l'action du verbe. On peut remplacer les compléments d'objet direct par ces pronoms: **me/m'; te/t'; le/la/l'; nous; vous; les.**
- Aux temps composés, le participe passé conjugué avec **avoir** s'accorde avec le complément d'objet direct quand celui-ci le précède.

    —*Tu as lu **les cartes** que mémé nous a envoyées? Moi, je ne **les** ai pas lues.*

- Le complément d'objet indirect est la personne qui bénéficie de l'action du verbe. On peut remplacer les compléments d'objet indirect par ces pronoms: **me/m'; te/t'; lui; nous; vous; leur.**

    *J'ai parlé **à ma cousine**. → Je **lui** ai parlé.*

Attention!

- Il ne faut pas confondre le pronom **leur** avec l'adjectif possessif **leur** qui prend un **s** lorsqu'il accompagne un nom pluriel.

    *Ahmed et Élodie adorent **leurs** cousins. Ils **leur** téléphonent tous les jours.*

- Il ne faut pas non plus confondre le pronom complément d'objet indirect **leur** avec le pronom possessif **leur(s).**

    *Je ne téléphone jamais à mes cousins, mais ils téléphonent souvent aux **leurs**.*

—*Il n'y avait pas moyen de **te** réveiller.*

Les pronoms y et en

- Le pronom **y** remplace un nom de lieu précédé d'une de ces prépositions: **à, sur, dans, en** et **chez.**

    *Ma grand-mère va **en Provence**. Elle **y** va au mois de juin.*

- Le pronom **y** remplace un nom précédé de la préposition **à**, en parlant d'une chose ou d'un événement.

    *Ils ont participé **au concours de dessin**. Ils **y** ont participé aussi l'année dernière.*

- Le pronom **en** remplace un nom précédé de la préposition **de** ou d'un article partitif.

    *Hassan t'a parlé **de sa nouvelle voiture**? Il **en** a parlé à tout le monde!*

    *Ma belle-sœur boit **du café** le matin. Elle **en** boit aussi le soir.*

- Le pronom **en** remplace un nom précédé d'une expression de quantité + **de**, des articles **un** et **une** ou d'un nombre.

    —***Combien d'enfants** ont-ils?*   —*J'ai **un chat**. Et toi?*
    —*Ils **en** ont cinq!*   —*Moi, je n'**en** ai pas.*

La place des pronoms dans la phrase

- Les pronoms se placent avant le verbe conjugué.

  *Nous voyons régulièrement **nos cousins.*** → *Nous **les** voyons régulièrement.*

- Quand il y a un verbe à l'infinitif, les pronoms se placent devant l'infinitif.

  *Mon frère et sa femme voudraient rendre visite **à ma tante**. Ils voudraient **lui** rendre visite bientôt.*

- Aux temps composés, les pronoms se placent devant l'auxiliaire.

  *Ma sœur a vu **Farida** au centre commercial. Elle **l'**avait vue aussi au marché.*

- Quand il y a plusieurs pronoms dans la phrase, ils suivent cet ordre:

me/m'		le						
te/t'	(avant)	la	(avant)	lui	(avant)	y	(avant)	en
nous		l'		leur				
vous		les						

  —*Est-ce que tu prêtes **ta voiture à ta sœur?***
  —*Non, je ne **la lui** prête jamais.*
  *Khalid a demandé **de l'argent à ses parents**. → Khalid **leur en** a demandé.*

- Dans les phrases impératives à la forme *négative*, les pronoms suivent le même ordre énoncé plus haut. Dans les phrases impératives à la forme *affirmative*, les pronoms se placent après le verbe selon cet ordre:

		-moi		
-le		-toi		
-la	(avant)	-lui	(avant)	-y
-les		-nous		-en
		-vous		
		-leur		

  Tu n'as pas encore parlé à Salima de la fête?
  ***Parle-lui-en** maintenant!*

  *Papa et maman rêvent de visiter la Guadeloupe. **Emmenons-les-y** cet été.*

- Dans les phrases impératives à la forme affirmative, les pronoms sont rattachés au verbe par un tiret et les pronoms **me** et **te** deviennent **moi** et **toi**, sauf devant **y** et **en**.

Forme négative	Forme affirmative: après le verbe
Ne me regarde pas!	**Regarde-moi!**
N'en mange pas!	**Manges-en!**
N'y va pas!	**Vas-y!**
Ne nous le dites pas!	**Dites-le-nous!**
Ne m'en donnez pas!	**Donnez-m'en!**

Mise en pratique

1

La génération de papi Complétez cette conversation avec le bon pronom de la liste.

en	me/m'
les	te/t'
leur	y

JULIEN Dis papi, est-ce que tu avais un ordinateur quand tu avais mon âge?

PAPI Non, je n'(1) _____ avais pas. Il n' (2) _____ (3) _____ avait pas à cette époque.

JULIEN À quoi tu jouais alors?

PAPI Je jouais au foot avec mes copains.

JULIEN Tu (4) _____ jouais souvent?

PAPI Bien sûr, on (5) _____ jouait tous les jours après les cours.

JULIEN Ah bon? Tu n'avais pas de devoirs à faire?

PAPI Si, mais je (6) _____ faisais d'abord. Mes copains (7) _____ attendaient pour commencer la partie. Parfois, quand ça durait trop longtemps, ils venaient (8) _____ chercher à la maison.

JULIEN Et tes parents (9) _____ permettaient d'aller jouer?

PAPI Je devais d'abord (10) _____ demander la permission. Ça, c'est sûr!

Note CULTURELLE

En France, les enfants appellent souvent leurs grands-parents **mamie** et **papi**. Les oncles et les tantes deviennent **tonton** et **tantine**, **tatie** ou **tata**.

2

Une bonne éducation Les Michaux sont des parents exemplaires. Remplacez les mots soulignés par les bons pronoms.

1. Madame Michaux donne beaucoup de bonbons à ses enfants?
   Non, elle ne _____ donne pas beaucoup.
2. Les Michaux enseignent le français à leurs enfants?
   Oui, ils _____ enseignent.
3. Il y a trop de jouets dans la chambre de leur petite fille?
   Non, il n'_____ a pas trop.
4. Monsieur Michaux a emmené les enfants à la piscine l'été dernier?
   Oui, il _____ a emmenés.
5. Madame Michaux peut offrir les cours de piano à son fils aîné?
   Oui, elle peut _____ offrir.

3

Des ordres Vous gardez votre nièce de huit ans et elle est insupportable. Utilisez l'impératif et des pronoms pour lui dire de faire ou de ne pas faire ces choses.

Modèle ne pas manger trop de chocolat
        N'en mange pas trop!

1. ne pas aller dans le jardin
2. finir ses devoirs
3. manger un fruit
4. vous donner la télécommande
5. ne pas ennuyer le chien
6. ne pas donner de la pizza au chat
7. aller immédiatement au lit

Communication

4 **Conversation** À deux, posez-vous à tour de rôle ces questions sur les fêtes et les anniversaires. Utilisez des pronoms dans vos réponses.

1. Est-ce que tu as invité tes parents au restaurant pour leur anniversaire?
2. Est-ce que tu offres des cadeaux à tes frères et sœurs pour leur anniversaire?
3. Est-ce que ton père envoie une carte à ta grand-mère pour la fête des Mères?
4. Est-ce que tu es allé(e) chez tes parents à Thanksgiving, l'année dernière?
5. Est-ce que tes grands-parents t'ont donné de l'argent pour ton anniversaire?
6. Est-ce que vous faites beaucoup de photos quand vous êtes en famille?
7. Est-ce que tu préfères fêter ton anniversaire en famille ou avec tes copains?
8. Est-ce que tu aimes voir tes cousins et tes cousines pendant les fêtes?

5 **Des conseils** Malik a rencontré Estelle, une fille très sympa, et il aimerait la revoir. Il demande conseil à son frère. Jouez cette scène à deux.

> Modèle   téléphoner à Estelle
> **—Est-ce que je devrais lui téléphoner?**
> **—Téléphone-lui!/Ne lui téléphone pas!**

1. inviter Estelle à aller au cinéma
2. emmener Estelle au restaurant
3. offrir des fleurs à Estelle
4. écrire des e-mails à Estelle
5. présenter Estelle aux parents
6. aller attendre Estelle après les cours

6 **Quelle aventure!** Le grand-père de Lucas et d'Isabelle revient du Sénégal et les enfants lui posent des questions. Par groupes de trois, présentez leur conversation à la classe. Utilisez des pronoms avec les expressions de la liste.

> Modèle   **—Tu es resté longtemps à Dakar?**
> **—Non, j'y suis resté quelques jours et après...**

acheter des souvenirs	manger des spécialités sénégalaises	rendre visite à ses copains d'université
aller au marché	perdre ses valises	visiter l'île de Gorée
aller dans une réserve naturelle	prendre des photos	voir beaucoup d'animaux
avoir envie de retourner au Sénégal		

Note CULTURELLE

Le Sénégal, en Afrique occidentale, a longtemps été une colonie française. En 1960, le Sénégal devient un État indépendant et Léopold Senghor, poète et homme politique (1906–2001), est élu président. Le français en est toujours la langue officielle.

Practice more at vhlcentral.com.

3.2 Le subjonctif dans les propositions substantives

Rappel

On emploie l'indicatif pour parler d'un fait objectif. On emploie le subjonctif pour exprimer un fait envisagé dans la pensée, comme le souhait, la volonté ou la crainte.

- Pour former le présent du subjonctif des personnes du singulier (**je**, **tu**, **il/elle/on**) et de la troisième personne du pluriel (**ils/elles**), remplacez la terminaison **-ent** de la troisième personne du pluriel du présent de l'indicatif par **-e**, **-es**, **-e** et **-ent**.

  *Je veux que tu **finisses** tes devoirs avant la fin du week-end.*

- Pour les deux premières personnes du pluriel (**nous** et **vous**), remplacez la terminaison **-ons** de la première personne du pluriel du présent de l'indicatif par les terminaisons **-ions** et **-iez**.

  *La pharmacienne suggère que vous **téléphoniez** à votre médecin.*

- Employez le subjonctif après des verbes ou des expressions impersonnelles qui expriment la volonté, l'ordre, l'interdiction ou le désir.

aimer mieux que *to prefer that*	**il vaudrait mieux que** *it would be better that*
avoir envie que *to want that*	**préférer que** *to prefer that*
désirer que *to wish that*	**vouloir que** *to want that*

Mamie **souhaite**	qu'on **aille** la voir plus souvent.
Proposition principale	Proposition subordonnée

Il faut	que tu **obéisses** à tes parents.
Proposition principale	Proposition subordonnée

- Employez le subjonctif après les verbes qui expriment des sentiments tels que:

LA JOIE
être content(e) que *to be glad that*
être heureux/heureuse que *to be happy that*
être ravi(e) que *to be thrilled that*

LA TRISTESSE
être désolé(e) que *to be sorry that*
regretter que *to regret that*

LA CRAINTE
avoir peur que *to be afraid that*
craindre que *to fear that*

LA COLÈRE
être fâché(e) que *to be angry that*
être furieux/furieuse que *to be furious that*

L'ÉTONNEMENT
être étonné(e) que *to be astonished that*
être surpris(e) que *to be surprised that*

Mon frère **est triste**	que sa petite amie **doive** retourner en Suisse.
Proposition principale	Proposition subordonnée

Ils **craignent**	que leurs enfants **soient** malades.
Proposition principale	Proposition subordonnée

*—Je veux que tu **saches** que moi,*
j'ai fait tout ça pour toi.

- Quand le sujet de la proposition principale est le même que celui de la proposition subordonnée, employez l'infinitif dans la proposition subordonnée. Avec **regretter que** ou des expressions avec **être** et **avoir**, ajoutez **de** devant l'infinitif.

Infinitif	Subjonctif
Je veux partir.	**Je veux** que tu partes.
Ma sœur est ravie d'attendre un bébé.	**Ma sœur est ravie** que tu attendes un bébé.

- Employez *le subjonctif* après ces verbes quand ils expriment l'incertitude ou le doute. Employez *l'indicatif* quand ils expriment une certitude.

douter que *to doubt that*
(ne pas) penser que *(not) to think that*
(ne pas) croire que *(not) to believe that*
(ne pas) être certain(e) que *(not) to be certain that*

(ne pas) être sûr(e) que *(not) to be sure that*
(ne pas) être persuadé(e) que *(not) to be convinced that*

> *On n'est pas certain qu'il **fasse** froid.*
> Subjonctif: incertitude

> *Vous ne doutez pas qu'il **fait** froid.*
> Indicatif: certitude

- On emploie *le subjonctif* après les expressions impersonnelles qui expriment une nécessité, une possibilité ou un doute. On emploie *l'indicatif* quand elles expriment une certitude.

ça m'étonnerait que *it would astonish me that*
il est / n'est pas certain que *it is (not) certain that*
il est clair que *it is clear that*
il est douteux que *it is doubtful that*
il est évident que *it is obvious that*

il est impossible que *it is impossible that*
il est possible que *it is possible that*
il est / n'est pas sûr que *it is (not) sure that*
il est / n'est pas vrai que *it is (not) true that*
il se peut que *it is possible that*

> *Il se peut qu'il **sache** tout.*
> Subjonctif: incertitude

> *Il est clair qu'il **sait** tout.*
> Indicatif: certitude

- On peut parfois avoir un subjonctif dans une proposition indépendante, par exemple pour exprimer un souhait.

> *Karim a crié: «Et que tout **soit** prêt en bas!»*
> *Que Dieu vous **entende**!*

Mise en pratique

1 **Fête d'anniversaire** Madame Lemercier organise une fête pour son mari. Mettez les verbes entre parenthèses au présent du subjonctif pour compléter son e-mail.

De:	amlemercier@monmail.fr
À:	pchapenard@monmail.fr; jmatignoul@monmail.fr; mtlemercier@monmail.fr
Sujet:	Les 50 ans de papa

Ma chère famille,

Il va y avoir beaucoup à faire pour cette surprise, alors il faut qu'on (1) _____ (s'organiser)! J'aimerais que Pierrot et Julie (2) _____ (faire) les courses et que Martin (3) _____ (choisir) la musique. Louis et Rachel, je voudrais que vous (4) _____ (aller) chercher le gâteau.

Il faudrait aussi que quelqu'un (5) _____ (pouvoir) venir m'aider à décorer le salon. Croyez-vous que cela (6) _____ (être) possible? Sinon, il faudrait que je le (7) _____ (savoir) au plus vite pour m'organiser autrement.

Il est important que vous (8) _____ (être) tous là à 8 heures précises. Je voudrais vraiment qu'il (9) _____ (avoir) la surprise de sa vie!

À samedi,

Anne-Marie

2 **À choisir** Complétez cette conversation à l'aide de la liste. Pour chaque verbe, employez l'infinitif ou donnez la bonne forme du présent de l'indicatif ou du subjonctif.

aller	laisser
avoir	mettre
finir	

ALI Fatima, laisse-moi tranquille. Il faut que je/j' (1) _____ mes devoirs.

FATIMA Mais maman veut que tu (2) _____ la table.

ALI Bon, mais j'ai peur de/d' (3) _____ une mauvaise note si je ne finis pas mes devoirs!

FATIMA Au fait, elle voudrait aussi que tu (4) _____ chercher mamie. Elle vient dîner à la maison ce soir et sa voiture est en panne.

ALI Et moi, j'aimerais qu'on me/m' (5) _____ étudier!

FATIMA Écoute, je doute que tu (6) _____ tellement envie d'étudier. Je crois plutôt que tu ne/n' (7) _____ aucune envie d'obéir à maman!

ALI Bon, bon, j'y vais! J'espère que tu (8) _____ me laisser tranquille après ça!

Communication

3 **Qu'en pensent-ils?** Alain et Alex sont des jumeaux avec des opinions très différentes. Ils comparent la vie d'aujourd'hui à celle de leurs grands-parents. À deux, jouez les rôles des jumeaux. Variez les expressions de doute et de certitude.

> Modèle la vie / être plus facile aujourd'hui
> **Alain: Je pense que la vie est plus facile aujourd'hui.**
> **Alex: Je doute que la vie soit plus facile aujourd'hui.**

1. les jeunes d'aujourd'hui / avoir un idéal
2. la génération actuelle / être plus heureuse
3. les parents / passer plus de temps avec leurs enfants
4. les enfants / être plus gâtés (*spoiled*)
5. les enfants / faire plus de sport
6. les jeunes / se marier plus tard qu'avant
7. les couples / divorcer plus qu'avant
8. les jeunes / en savoir plus maintenant qu'avant
9. les gens du troisième âge / être plus actifs

4 **Vive la mariée!** Marc et Isabelle ont décidé de se marier. À deux, créez une conversation dans laquelle chacun dit à l'autre ce qu'il faut faire.

> Modèle annoncer la nouvelle
> —**J'aimerais que tu annonces la nouvelle à tes parents.**
> —**Oui et il faut absolument que nous…**

décider d'une date	commander la pièce montée
choisir les témoins	réserver la salle
faire la liste des invités	choisir la musique
envoyer les invitations	déposer une liste de
décider du menu	mariage (*bridal registry*)

Note
CULTURELLE

En France, le mariage civil est le seul qui compte aux yeux de la loi. Il est célébré à la mairie, devant le maire et en présence de deux témoins, un pour le marié et l'autre pour la mariée. Si les mariés le souhaitent, ils peuvent aussi avoir une cérémonie religieuse.

5 **Les nouvelles de la famille** Tes parents et toi, vous venez d'apprendre les dernières nouvelles familiales et vous réagissez chacun selon son caractère. Par groupes de trois, utilisez le présent du subjonctif pour jouer ces situations devant la classe. Justifiez vos réactions.

> Modèle Ton neveu a une nouvelle voiture de sport.
> **la mère: Je suis heureuse qu'il ait une nouvelle voiture. Je sais qu'il en avait envie depuis longtemps!**
> **le père: Je crains qu'il ait un accident. Je doute qu'il soit prudent!**
> **toi: Je suis surpris(e) qu'il ait une voiture de sport. Je pense que ça doit coûter très cher!**

1. Ton cousin va s'installer en Suisse.
2. Ton oncle et ta tante veulent adopter un enfant.
3. Tes grands-parents partent faire le tour du monde.
4. Ta nièce fait des études pour devenir astronaute.
5. Les enfants de ta cousine savent parler russe.

Vocabulary Tools

Préparation

À propos de l'auteur

David Foenkinos est né à Paris, en 1974. Il étudie les lettres à la Sorbonne tout en se formant au jazz et devient professeur de guitare. Il publie plusieurs romans dont *La Délicatesse* (2009), *Les Souvenirs* (2011), *et Charlotte* (2014) Ses romans sont pleins d'humour et il travaille aussi sur des scénarios de cinéma et de bande dessinée. En 2011, il réalise l'adaptation filmique de son roman *La Délicatesse,* en collaboration avec son frère Stéphane. C'est un écrivain éclectique qui puise dans son vécu (*draws from experience*) pour nourrir ses écrits.

Vocabulaire de la lecture

la bassesse *baseness*
constater *to notice*
le coude *elbow*
un échantillon *sample*
une empreinte *stamp, mark*
un éveil *awakening*

la haine *hatred*
nul(le) *dumb*
un(e) patron(ne) *boss*
rien à faire *it's no use*
venir chercher *to pick up*

Vocabulaire utile

le chômage *unemployment*
un(e) chômeur/chômeuse *unemployed person*
le fossé des générations *generation gap*
la maturité *maturity*
un papa poule *a stay-at-home father*
un(e) pigiste *freelancer*
un(e) travailleur/travailleuse indépendant(e) *self-employed worker*
vieux jeu *old-fashioned*

1 **Dialogues à trous** Complétez ces dialogues à l'aide des listes de vocabulaire.

1. —Tu peux venir me _____ à l'aéroport?
   —Je peux essayer de me libérer pour arriver à l'heure.

2. —Je n'aime pas ce qui se passe dans le monde. Il y a trop de violence et de _____ entre les peuples.
   —Oui, je suis d'accord. Les gens sont vraiment _____ de se disputer pour tout.

3. —Maman! Je suis tombé et je me suis fait mal au _____. Aide-moi, s'il te plaît.
   —Tout de suite! Justement j'ai un nouveau désinfectant. C'est un _____ gratuit que le pharmacien m'a donné.

2 **Le conflit des générations** À deux, répondez à ces questions. Ensuite échangez vos opinions avec la classe.

1. Suivez-vous la mode de vos amis ou celle de vos parents? Expliquez.

2. Qu'est-ce qui est important pour vous dans la mode? Voulez-vous simplement faire comme tout le monde? Pourquoi?

3. Vos goûts diffèrent-ils beaucoup de ceux de vos parents? Donnez des exemples.

4. Quand vos parents et vous n'êtes pas d'accord sur quelque chose, essayez-vous de leur expliquer vos différences? Vous disputez-vous? Expliquez.

Practice more at **vhlcentral.com**.

La chronique de David Foenkinos:

Les autres, la haine...
et l'amour

look Je suis entré dans l'école, et j'ai vu le regard° de mon fils. Il s'est approché de moi pour me demander: «Pourquoi maman ne vient jamais me chercher?
—Parce qu'elle travaille.
—Ça veut dire que toi, tu ne travailles pas?»
Logique implacable des enfants.

Depuis des semaines, je lui explique le concept de free-lance. «Je travaille quand je veux et, surtout, je n'ai pas de patron. J'ai beaucoup de chance,
5 et je peux venir te chercher tous les jours.» Voilà ce que je lui ai dit.

Il m'a répondu: «Oui, mais j'aimerais avoir une baby-sitter. Comme Hugo.» Hugo, c'est son meilleur copain. D'une
10 manière générale, mon fils passe son temps à me parler des autres enfants, à me raconter ce qu'ils font et à constater qu' «ils ont trop de chance». C'est une obsession pour lui. J'ai beau inverser
15 la situation en lui disant qu'Hugo ou Mathis adoreraient faire ce que l'on fait. Et, avec bassesse, je nous flatte: «Eux, ils n'ont pas la Wii!» Mais rien à faire, il y a toujours quelque chose de mieux chez les
20 autres. Je crois que c'est surtout un âge où l'on découvre le monde extérieur. Et cet éveil débute par la volonté de ne pas être différent.

J'ai un cousin qui est en plein cœur de
25 l'adolescence. Et là, je constate que c'est radicalement différent. La plupart des adolescents veulent surtout ne ressembler à personne, tout faire pour marquer l'univers de leur empreinte personnelle.

30 L'échantillon que j'observe dans ma famille a choisi d'être gothique. Et même là, il m'explique qu'il y a des variations. De la même façon que° l'on pourrait dire qu'il y a des dégradés° de noir. «Tu
35 vois, ce faux piercing dans le coude, eh bien, personne ne l'a!» Bravo, et paix à son coude. Bien sûr, tout ce que font les autres, «c'est trop nul». Tout le monde est con°, et personne ne l'aime.

40 J'essaye de me souvenir de mon adolescence, et moi, il me semble qu'à son âge je n'avais qu'une envie: ne surtout pas être moi. Il faut sûrement passer du temps dans cette condition
45 pour devenir écrivain.

Quand on est enfant, les autres ont «trop de chance», puis à l'adolescence, ils deviennent «trop nuls». Et à l'âge adulte, alors? Qu'est-ce qu'on pense?
50 Je réfléchis une seconde, et je me dis: on ne veut surtout pas ressembler à nos parents! Mon père, c'est une synthèse de tous les âges: il n'envie rien à personne et il critique tout le monde. Moi, quand
55 je serai vieux, j'aimerais surtout que mon fils soit heureux le jour où j'irai le chercher à la sortie de son bureau. ■

Ju...
shades

stupid
(colloquial)

Analyse

1 **Compréhension** Indiquez si les phrases sont vraies ou fausses. Corrigez les fausses.

1. Le petit garçon pense que les autres enfants ont plus de chance que lui.
2. L'enfance est l'âge où on veut ressembler à ses parents.
3. D'après le petit garçon, c'est mieux de demander à une baby-sitter d'aller chercher les enfants à l'école.
4. La plupart des adolescents veulent ressembler à leurs acteurs préférés.
5. Le cousin adolescent se sent bien dans sa peau.
6. Pendant sa propre adolescence, le papa voulait être quelqu'un d'autre.
7. Les adultes ne prennent pas modèle sur leurs parents.

2 **Différences et ressemblances** À deux, indiquez si ces paires ont des ressemblances ou des différences, d'après l'article. Ensuite, travaillez avec deux autres camarades pour expliquer ces différences et ressemblances.

	Différences	Ressemblances
1. les petits-enfants et leurs amis		
2. les adolescents et leurs parents		
3. les adultes et leurs parents		
4. l'auteur et d'autres adultes de sa génération		
5. l'auteur et son cousin gothique		
6. un gothique et un autre gothique		

3 **Qu'est-ce qui est important?** À deux, décidez de ce qui est le plus important pour les adolescents d'aujourd'hui. Classez vos réponses par ordre d'importance et préparez des arguments pour les justifier. Puis, échangez vos idées avec la classe.

- les vêtements
- la coiffure
- les gadgets électroniques
- la musique
- les films
- le sport

4 **Conversation** Par groupes de trois, pensez à l'attitude d'un(e) adolescent(e) difficile face à un problème. Décidez le genre du problème et imaginez une conversation entre l'adolescent(e) et ses parents, qui essaient de le/la comprendre. Discutez des réactions possibles de tous les trois. Ensuite, jouez la scène devant la classe.

5 **Alors** Par petits groupes, organisez une discussion à propos de cette citation de la lecture. Ensuite, comparez vos conclusions avec celles des autres groupes.

> «Quand on est enfant, les autres ont «trop de chance», puis à l'adolescence, ils deviennent «trop nuls». Et à l'âge adulte, alors?»

Practice more at vhlcentral.com.

 Vocabulary Tools

Préparation

À propos de l'auteur

Birago Diop est un écrivain sénégalais d'expression française né en 1906 à Dakar. Il reçoit d'abord une formation coranique et suit en même temps les cours de l'école française de Dakar. Puis, il poursuit des études de médecine vétérinaire à Toulouse. C'est en exerçant son métier de vétérinaire en Afrique de l'Ouest qu'il commence à s'intéresser aux contes des griots (conteurs populaires). Il met par écrit ceux d'Amadou Koumba et les publie dans le recueil *Les Contes d'Amadou Koumba* en 1947. Il publie également une pièce de théâtre, *L'Os de Mor Lam* (1966), plusieurs volumes de mémoires et un recueil de poésie, *Leurres et lueurs* (1960). Il meurt à Dakar en 1989.

Vocabulaire de la lecture

le buisson *bush*
couler *to flow*
la demeure *residence*
le feu *fire*
la foule *crowd*
frémir *to quiver*
gémir *to moan; to whimper*

l'ombre (f.) *shadow; shade*
le rocher *rock*
en sanglots *sobbing*
le souffle *breath*
le tison *ember*
vagir *to wail*

Vocabulaire utile

arroser *to water*
brûler *to burn*
la cendre *ash*
éclater *to burst*
enterrer *to bury*
(faire) pousser *to grow*
perdurer *to live on; to endure*
la racine *root*
respirer *to breathe*
verser des larmes *to shed tears*

1 **Phrases à compléter** Complétez les phrases avec le vocabulaire qui convient.

1. Je suis à bout de _____ parce que je viens de terminer un marathon.
2. En plein soleil, on peut voir _____ des objets qui se reflète par terre.
3. Le bébé éclate en _____ quand on le laisse avec sa baby-sitter.
4. Selon les croyances traditionelles, les esprits des morts _____ dans la nature.
5. Le feu est presque éteint. Il ne reste plus que quelques _____.
6. Le petit chien abandonné _____ de faim et de peur.

2 **Quatre éléments** Selon la pensée classique, chaque substance de l'univers est composée d'une combinaison de quatre éléments. Avec un(e) partenaire, associez chacun des mots de vocabulaire indiqués à l'élément correspondant. Puis, faites au moins quatre phrases en utilisant ces mots.

Éléments	Vocabulaire	
_____ 1. l'air	a. arroser	e. enterrer
_____ 2. le feu	b. respirer	f. verser des larmes
_____ 3. l'eau	c. faire pousser	g. le souffle
_____ 4. la terre	d. brûler	h. les cendres

 Practice more at **vhlcentral.com.**

3

Chuchotez Écrivez une phrase en utilisant au moins deux mots du nouveau vocabulaire. Puis, mettez-vous par groupes de cinq et formez un cercle. Chuchotez (*Whisper*) votre phrase à l'oreille de votre voisin(e) qui la chuchotera à son/sa voisin(e). La phrase sera chuchotée d'étudiant(e) en étudiant(e) et le/la dernier/dernière la répétera à haute voix. Comparez ce message avec celui du début. Puis, lisez la note culturelle sur les griots et discutez de ces questions:

- Quels sont les avantages et les désavantages de la tradition orale par rapport à la tradition écrite? De quelle manière ces deux traditions peuvent-elles interagir et s'enrichir l'une de l'autre?

- De quelles qualités a-t-on besoin pour être un bon griot? A-t-on besoin des mêmes qualités pour être un bon écrivain? Pourquoi ou pourquoi pas?

4

La nature sous toutes ses formes Par groupes de trois ou quatre, choisissez un élément naturel et discutez de ses qualités destructrices et bénéfiques. De quelles manières les êtres humains sont-ils liés à cet élément? Citez des exemples précis.

> Modèle —**Les incendies peuvent être dévastateurs, mais le feu est aussi source de chaleur et peut régénérer une terre improductive.**
> —**Oui, par exemple…**

5

La nature et les générations Répondez à ces questions avec un(e) partenaire. Puis, partagez vos réponses avec la classe.

1. Aimez-vous la nature ou préférez-vous les villes? Pourquoi?

2. Y a-t-il beaucoup d'espaces verts dans votre région ou dans votre ville? Décrivez la végétation qui pousse là où vous habitez.

3. En général, recherchez-vous la chaleur du soleil ou préférez-vous rester à l'ombre? Expliquez.

4. Que faites-vous pour préserver la mémoire de vos ancêtres? Existe-t-il dans votre famille ou dans votre culture des objets que vous gardez, des histoires que vous racontez ou des traditions que vous faites perdurer pour conserver le souvenir des générations précédentes?

5. Y a-t-il un endroit ou une région dans le monde qui a une importance historique ou culturelle pour votre famille? Pourquoi cet endroit est-il important pour vous? Avez-vous déjà visité cet endroit ou avez-vous l'intention de le visiter? Pourquoi ou pourquoi pas?

Souffles

BIRAGO DIOP

Audio: Dramatic Reading

1 Écoute plus souvent
les choses que les êtres.
La voix du feu s'entend,
entends la voix de l'eau,
5 écoute dans le vent
le buisson en sanglots.
C'est le souffle des ancêtres...

Ceux qui sont morts ne sont jamais partis,
lights up   ils sont dans l'ombre qui s'éclaire°
grows thicker 10   et dans l'ombre qui s'épaissit°,
les morts ne sont pas sous la terre:
ils sont dans l'arbre qui frémit,
ils sont dans le bois qui gémit,
ils sont dans l'eau qui coule,
15 ils sont dans l'eau qui dort,
hut   ils sont dans la case°, ils sont dans la foule:
les morts ne sont pas morts.

Écoute plus souvent
les choses que les êtres.
20 La voix du feu s'entend,
entends la voix de l'eau,
écoute dans le vent
le buisson en sanglots.
C'est le souffle des ancêtres,
25 le souffle des ancêtres morts,
qui ne sont pas partis,
qui ne sont pas sous terre,
qui ne sont pas morts.

Ceux qui sont morts ne sont jamais partis,
breast 30   ils sont dans le sein° de la femme,
ils sont dans l'enfant qui vagit
catches fire   et dans le tison qui s'enflamme°.
Les morts ne sont pas sous la terre,
goes out   ils sont dans le feu qui s'éteint°,
35 ils sont dans les herbes qui pleurent,
moans   ils sont dans le rocher qui geint°,
ils sont dans la forêt, ils sont dans la demeure:
les morts ne sont pas morts.

Écoute plus souvent
40 les choses que les êtres.
La voix du feu s'entend,
écoute la voix de l'eau.
écoute dans le vent
le buisson en sanglots.
45 C'est le souffle des ancêtres. ▪

Analyse

1

Sélection Choisissez la réponse qui convient le mieux, d'après le poème de Birago Diop.

1. Les morts sont _____.

   a. partis   b. sous la terre   c. dans la forêt

2. Ce qui geint, c'est _____.

   a. le rocher   b. le buisson   c. l'eau

3. _____, c'est une maison de style rudimentaire.

   a. Un bois   b. Une demeure   c. Une case

4. Il faut écouter _____ plus souvent.

   a. les êtres   b. les choses   c. les poètes

5. _____, c'est le signe qu'une vie nouvelle commence.

   a. Un feu qui s'éteint
   b. Un petit enfant qui vagit
   c. Une ombre qui s'épaissit

6. Les quatre éléments primordiaux sont _____.

   a. des forces destructrices
   b. mis sur terre pour que l'homme les maîtrise
   c. la demeure de l'âme des ancêtres

2

Vrai ou faux? Indiquez si les affirmations sont vraies ou fausses. Corrigez les phrases fausses.

1. Ce poème traite du rapport entre la nature et l'esprit des êtres humains.

2. Le poète croit que ceux qui sont morts ne laissent aucune trace.

3. D'après le poème, le plus important, c'est d'écouter les êtres.

4. On entend le souffle des ancêtres dans le bruit du feu, de l'eau, du vent et de la terre.

5. Le poète dit que l'âme des morts enterrés ne perdure pas dans la nature.

6. Le poème encourage le lecteur à prendre conscience de l'importance des liens familiaux.

3 **Littéral ou figuratif?** Avec un(e) partenaire, décidez si chaque description tirée du poème est littérale ou s'il s'agit de langage figuratif. Puis, discutez de la signification de chaque image.

> Modèle le buisson en sanglots
> —**C'est du langage figuratif parce que les buissons ne sanglotent pas vraiment. Ça décrit peut-être le son qu'on entend quand le vent fait bouger les feuilles du buisson.**
> —**Oui, mais ça peut être aussi une métaphore pour exprimer la tristese de ceux qui ont perdu un être cher.**

1. l'eau qui dort
2. les herbes qui pleurent
3. l'eau qui coule
4. la voix du feu
5. l'enfant qui vagit
6. le rocher qui geint
7. le tison qui s'enflamme
8. le bois qui gémit

4 **Analyse du poème** Avec un(e) partenaire, répondez à ces questions pour vous aider à analyser le poème. Puis, réorganisez vos réponses sous la forme d'une analyse rédigée du poème.

1. Qui parle dans le poème?

2. Quels sont les thèmes du poème?

3. À qui le poète s'adresse-t-il et comment? Quel est sont but?

4. Comment les rimes de ce poème sont-elles organisées? Se répètent-elles régulièrement tous les deux vers ou sont-elles mêlées sans schéma régulier? Quel est l'effet de cette organisation?

5. Y a-t-il d'autre répétitions dans ce poème? Quel est l'effet de ces répétitions?

6. Quel est le temps dominant des verbes? Quel est le rapport entre ce choix de temps et le sujet du poème?

7. Quelle est la structure du poème? Comparez le début du poème avec la fin. Qu'est-ce que cela évoque?

5 **À vos plumes** Qu'est-ce que la nature évoque pour vous? D'après vous, quel rapport existe-t-il entre les éléments de la nature et les générations successives d'êtres humains? Par groupes de trois, répondez à ces questions de manière poétique dans un court poème d'au moins huit vers. Inspirez-vous du poème de Birago Diop et utilisez le vocabulaire de la leçon. Puis, lisez votre poème à toute la classe.

6 **Rédaction: Comparaison de croyances** Écrivez une rédaction d'environ quinze lignes dans laquelle vous comparez les attitudes exprimées dans le poème envers la mort, la nature et l'idée d'une vie éternelle à celles d'une religion ou d'un autre système de croyances que vous connaissez bien. Considérez les questions suivantes et soutenez vos arguments avec des exemples précis.

- Est-ce que le monde naturel joue un rôle important dans ce système de croyances en ce qui concerne les rites, les symboles ou les traditions?
- Quelles pratiques particulières commémorent les morts?
- Qu'est-ce qui arrive à l'âme ou à l'esprit après la mort?
- Ces croyances aident-elles à faire durer les valeurs du groupe?

Practice more at vhlcentral.com.

Vocabulary Tools

Le Chat

1 **Préparez** Répondez aux questions.

1. Vous disputiez-vous souvent avec les membres de votre famille quand vous étiez plus jeune? Dans quelles circonstances? Et aujourd'hui?

2. Quand vous étiez plus jeune, que faisiez-vous pendant votre temps libre? Et les autres membres de votre famille, que faisaient-ils?

À propos de l'auteur

L'artiste belge Philippe Geluck est né à Bruxelles, en 1954. Il étudie le théâtre à l'Institut National Supérieur des Arts du Spectacle. Geluck est connu non seulement pour sa bande dessinée *Le Chat*, mais aussi pour ses émissions humoristiques à la radio et à la télévision belge et française. En 1983, le quotidien belge *Le Soir* lui demande de créer une bande dessinée pour son journal, et c'est ainsi que naît *Le Chat*. L'humour de cette bande dessinée est basé sur des interprétations trop littérales des métaphores et sur des jeux de mots.

Vocabulaire utile

à fond *to the max*	**fort(e)** *loud*
baisser le son *to turn down the sound*	**insolent(e)** *rude*
le bruit *noise*	**mettre le son** *to turn on the sound*
déranger *to disturb*	**obéir (à)** *to obey*

2 **Regardez** Avant de lire le texte, regardez les illustrations et répondez aux questions.

1. Combien de personnages y a-t-il? À votre avis, quel âge ont-ils?

2. Que fait chacun?

3 **Interprétez** Maintenant, lisez le texte et répondez aux questions. Justifiez vos réponses.

1. Qu'est-ce que le petit chat veut faire? Qu'est-ce qu'il demande à son père?

2. Que fait le père? Pourquoi est-ce qu'il ne veut pas passer du temps avec le fils?

3. Pourquoi le père dit-il «tu comprendras quand tu seras plus grand»?

4. À la fin, que fait le fils? Pourquoi met-il le son à fond?

4 **Conversez** Discutez de ces questions avec un(e) partenaire.

1. À votre avis, le père devrait-il jouer avec son fils au lieu de lire le journal?

2. Décrivez le ton de la conversation. Pourquoi le fils dit-il «tu comprendrais si tu étais plus petit»? Y a-t-il un message implicite?

3. À votre avis, est-ce que le fils dérange son père exprès (*on purpose*)?

5 **Présentez** Inventez l'épisode suivant de la bande dessinée. Le chat va-t-il décider de jouer avec le petit, ou bien de le punir? Va-t-il lui donner une réponse logique? Présentez vos idées à la classe.

Practice more at
vhlcentral.com.

Extrait de l'ouvrage *La Marque du Chat*, Philippe Geluck © Casterman,
avec l'aimable autorisation des auteurs et des Éditions Casterman

✍ Une évaluation de séjours

Dans cette rédaction, vous allez évaluer trois options de voyages dans différents pays ou régions francophones qui pourraient intéresser (1) des étudiants, (2) des personnes avec enfants et (3) des personnes retraitées.

Préparez

1 **Réfléchissez** Répondez aux questions suivantes. Prenez des notes.

1. Avez-vous déjà voyagé à l'étranger? Si oui, où? Si non, quel(s) pays aimeriez-vous visiter?

2. Quelle sorte de voyage préférez-vous? (séjour linguistique, séjour «détente», séjour «aventure», etc.)

3. Est-ce que tout le monde peut voyager? Quelles situations pourraient faire obstacle au voyage? Expliquez.

2 **Stratégie** Considérez les personnes auxquelles vous allez vous adresser. Votre évaluation va informer trois publics avec des intérêts différents sur certaines options de voyages. Commencez par faire une liste de trois éléments qui vont probablement être importants dans le choix d'un voyage pour chaque groupe de personnes.

3 **Des recherches**

A. Utilisez un moteur de recherche pour trouver des tour-opérateurs qui proposent des séjours qui plairaient à chaque groupe de voyageurs. Choisissez trois options de voyages dans trois régions francophones différentes. Par exemple, un séjour linguistique à Paris, un séjour détente tout compris en Tunisie et un safari-photo aventure au Congo.

B. Utilisez un tableau pour prendre des notes sur chaque séjour. Notez et organisez les informations importantes. Écrivez des commentaires personnels sur chaque option.

Modèle

Type de voyageurs:	personnes avec enfants	étudiants	personnes retraitées
Lieu proposé:	Martinique		
Type de séjour:	village de vacances		
Durée du séjour:	7 nuits		
Prix:	1.500 euros		
Animation:	spectacles tous les soirs, cours de cuisine locale, concours de pétanque		
Excursions offertes:	visite guidée de Fort-de-France		
Compris dans le tarif:	repas et boissons		
Mon évaluation:	bon rapport qualité-prix, joli village de vacances, bon confort, mais pas assez d'excursions ou d'activités pour les enfants		

Écrivez

4

Mon évaluation Maintenant, écrivez votre évaluation, qui va détailler trois options de voyages à vos lecteurs.

A. **Introduction** Commencez votre évaluation par quelques phrases où vous présentez les trois types de séjour et les pays ou les régions choisis.

B. **Développement** Dans la partie principale de votre évaluation, décrivez en détail les trois options de séjours que vous avez choisies, puis comparez-les. Référez-vous aux informations du tableau de l'activité 3. Utilisez ces structures:

- des comparatifs (**plus... que, moins... que, aussi... que**)
- des superlatifs (**le/la/les plus... de, le/la/les moins... de**)
- des pronoms d'objet direct et indirect
- le présent du subjonctif
- des mots et des expressions de transition (**cependant, mais, par contraste, de plus,** etc.)

Pour finir, donnez votre évaluation personnelle de chaque séjour en justifiant vos opinions (**à mon avis...; d'après moi; personnellement, je pense que...**).

C. **Conclusion** Terminez votre évaluation en résumant brièvement l'avantage et l'inconvénient principal de chaque option, puis donnez votre recommandation finale pour chaque type de voyageur.

Révisez et lisez

5

Révision Relisez votre évaluation en faisant attention à ces éléments et faites les corrections nécessaires pour l'améliorer.

- Avez-vous bien respecté l'organisation décrite dans la section Écrivez?
- L'évaluation est-elle facile à lire et intéressante pour vos lecteurs potentiels? (Souvenez-vous que vous vous adressez à des personnes avec des intérêts et des demandes différents.)
- La grammaire et l'orthographe sont-elles correctes? Vérifiez les formes des verbes, les accords (sujet-verbe, nom-adjectif), l'utilisation des comparatifs et des superlatifs, les expressions de transition, etc.

6

Lecture Lisez le texte de votre évaluation à vos camarades de classe. Ils prendront des notes et poseront des questions pour en apprendre plus sur les trois options que vous proposez.

Québec

Tahiti

Maroc

Jeu de rôle

Vous allez mettre en scène une histoire qui présente un conflit familial.

1 **Réfléchissez** Répondez aux questions suivantes. Prenez des notes.

1. Quand vous entendez le mot **famille**, quelle est la première chose qui vous vient à l'esprit? Quels avantages y a-t-il à être membre d'une famille?

2. Y a-t-il des conflits et des problèmes qu'on retrouve dans toutes les familles? Quels conflits différentes générations qui vivent ensemble peuvent-elles connaître?

2 **L'arbre généalogique** Travaillez par groupes de quatre pour inventer une famille francophone avec au moins trois générations. Chaque personne du groupe va jouer le rôle de quelqu'un dans la famille.

A. Préparez l'arbre généalogique de cette famille. Donnez le nom et l'âge de chaque personne, puis ajoutez quelques traits de caractère pour chacune.

B. Choisissez les membres de la famille que vous allez jouer dans le jeu de rôle. Les trois générations doivent être représentées dans l'histoire.

C. Complétez l'arbre généalogique avec des photos. Utilisez des selfies pour les membres de la famille que vous allez jouer. Pour les autres, trouvez des photos en ligne ou dans un magazine.

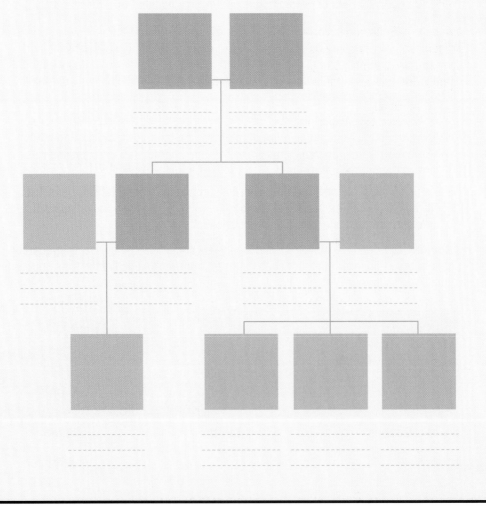

3

L'histoire Inventez le squelette (*outline*) de votre histoire qui va mettre en scène votre «famille». D'abord, déterminez le cadre. Où la scène se passe-t-elle? Ensuite, décrivez le problème ou le conflit que les membres de la famille vont affronter. Il ne faut pas préciser la solution au conflit. L'histoire peut être réaliste ou invraisemblable, mais elle doit être intéressante et originale.

Modèle

Cadre	appartement des Soltani, dans la cuisine
Personnages	Fatima, Anne, Sophie et Enzo Soltani
Conflit	· Mémé Fatima vient de préparer un bon couscous marocain. · Sophie préfère manger une pizza et elle se plaint parce que ses cousins, eux, peuvent manger ce qu'ils veulent. · Enzo aime bien le coucous, mais...

4

Révisez Présentez ensuite votre squelette d'histoire à la classe en utilisant l'arbre généalogique créé dans l'activité 1. Les autres étudiants posent des questions, puis ils proposent d'autres idées pour rendre l'histoire plus intéressante et originale. Chaque groupe révise alors son squelette d'histoire.

5

Jeu de rôle Enfin, jouez votre scène pour la classe. Faites attention à bien présenter le point de vue de chaque membre de la famille. Il n'est pas nécessaire de résoudre le conflit. La classe doit réagir à la scène, donner des conseils à chaque membre de la famille, et proposer des solutions.

Modèle —À table!
—Qu'est ce qu'on mange ce soir?

Les voyages et les transports

P our connaître le monde, il faut aller le découvrir en personne. Et le complément naturel de l'enseignement, c'est le voyage. Aujourd'hui, le monde devient de plus en plus petit, ce qui permet, plus que jamais, de l'explorer facilement. Mais les conséquences sont-elles toujours positives?

1. Quel moyen de transport préférez-vous? Pourquoi?

2. Avez-vous passé des vacances à l'étranger? Où? Comment était-ce?

3. Quel voyage vous en a appris le plus sur le monde? Sur vous-même? Pourquoi?

104

122

134

 Vocabulary Tools

Préparation

Vocabulaire du court métrage		**Vocabulaire utile**	
la brume *mist*	**odieux/odieuse** *despicable*	**acheter le silence de quelqu'un** *to pay someone hush money*	**frapper au visage** *to hit in the face*
le coffre *trunk*	**un phare** *headlight*	**ambigu/ambigüe** *unclear*	**glisser sous** *to slide under*
crever *to die; to get a flat tire*	**une plaque** *license plate*	**la capote** *convertible top*	**un(e) inconnu(e)** *stranger*
heurter *to collide with*	**se complaire dans** *to take pleasure in*	**faire de l'autostop (m.), faire du stop** *hitchhiking*	**renverser** *to knock over*
la maîtrise *command*	**se débarrasser de** *to get rid of*	**faire du chantage (à)** *to blackmail*	**se faire attaquer** *to be attacked*
ton manège *your little game*		**faire du pied** *to play footsie*	

EXPRESSIONS

C'est drôlement chic de me prendre. *It's so nice of you to give me a lift.*

Ce n'est pas donné. *It's not cheap.*

Il faut ouvrir l'œil. *You have to pay attention.*

---

1 **Une belle américaine** Complétez le dialogue avec les mots qui conviennent.

la capote	crevé	maîtrise
le coffre	heurter	un phare

—Regarde la grosse voiture américaine de Gilles. On peut mettre beaucoup de bagages dans (1) —————.

—Oui. Gilles m'a dit que quand il fait beau, il ouvre (2) ————— pour profiter du soleil.

—Ah, je suis bien jaloux. Mais regarde: il a cassé (3) ————— et il a un pneu —————.

—C'est dommage. En général sa (4) ————— du véhicule est parfaite.

—Il a dû (5) ————— quelque chose.

2 **Descriptions** Associez chaque mot ou expression avec sa description.

A

____ 1. jeter quelque chose qui est inutile

____ 2. méchant; ignoble

____ 3. acte de menacer quelqu'un pour obtenir quelque chose

____ 4. petit jeu

____ 5. acte de glisser son pied sur les pieds d'un autre

____ 6. pas précis

B

a. manège

b. faire du chantage

c. faire du pied

d. ambigu

e. se débarrasser de

f. odieux

3 Un voyage en voiture À deux, créez en cinq minutes un dialogue entre deux personnes qui voyagent en voiture. Inspirez-vous de vos propres expériences. Utilisez un maximum de mots et d'expressions des listes de vocabulaire. Ensuite, jouez la scène devant la classe.

4 Questions personnelles À deux, répondez à ces questions.

1. L'autostop est-il légal dans votre région? Est-il populaire?

2. Que pensez-vous de ce moyen de transport? Voudriez-vous l'utiliser?

3. Connaissez-vous quelqu'un qui a déjà fait de l'autostop, ou qui a pris un autostoppeur dans son véhicule? Racontez son expérience.

4. À votre avis, quels genres de personnes font de l'autostop? Pour quelles raisons?

5 L'autostop En groupes de trois, faites la liste des avantages et des désavantages de l'autostop. Utilisez des mots et des expressions de vocabulaire. Décidez si votre groupe est pour ou contre ce mode de transport, puis faites le total de la classe.

6 Anticipation Avec un(e) partenaire, observez ces photos du court métrage et répondez aux questions.

Image A

- Que voit-on sur la photo? Où se passe l'action?
- Décrivez la personne au sol. Quels vêtements voyez-vous? D'après vous, qu'est-ce qui s'est passé?

Image B

- Décrivez l'expression du jeune homme au bonnet. À votre avis, pourquoi a-t-il l'air heureux?
- La passagère a-t-elle l'air heureux aussi? Pourquoi ou pourquoi pas, à votre avis?

7 Citations du film Avec un(e) partenaire, lisez ces deux citations tirées du court métrage et donnez-en votre interprétation. Est-ce que ces citations peuvent vous aider à faire des prédictions sur le court métrage? Présentez vos idées à la classe.

«Disons que je vais là où vous allez.»

«Il suffirait que vous me présentiez comme un parent.»

FICHE **Personnages** Pierre, le conducteur; Carole, sa femme; L'autostoppeur, un inconnu; Marina, l'amie de Carole **Durée** 19 minutes **Pays** France **Année** 2014

SCÈNES

Video

Pierre C'était vraiment obligé?
Carole Vous n'allez pas commencer. Vous voulez retourner en prison?
Pierre Ça va, ça va.
Carole On se débarrasse du corps!

L'autostoppeur Vous avez pété[1] un phare? Ce n'est pas le moment pourtant. Avec toute cette brume-là, on n'y voit pas grand-chose.
Pierre J'ai… j'ai heurté un rocher[2] sur le bord de la route.

Carole On va se le traîner[3] encore longtemps?
Pierre Aussi longtemps que ça l'amuse. J'ai bien peur qu'il ait noté le numéro de la plaque. J'aurais dû enlever les deux.
Carole Cette situation est ridicule.

Pierre Combien pour n'avoir jamais croisé nos routes?
L'autostoppeur Je ne comprends pas, là. Moi, je vous demande juste de m'emmener. Après, si je vous gêne, ça en a l'air…
Pierre Aucune gêne.

Carole Combien pour votre silence?
L'autostoppeur Encore cette histoire? C'est une obsession!
Carole Quand partez-vous? Vous ne pourrez pas rester ici quand Pierre sera à La Rochelle.

Pierre Si ce n'est pas après mon argent que tu en as, c'est quoi au juste?
L'autostoppeur Moi qui pensais que vous commenciez à me connaître.
Pierre Fais attention, au point où j'en suis, je pourrais mettre le couvert pour deux[5]. Je ne te laisserai pas pourrir ma vie.

[1]*broke* [2]*rock* [3]*lug him around* [4]*joke* [5]*kill two birds with one stone*

Note CULTURELLE

Ce court métrage est l'adaptation d'un scénario de film écrit par Boris Vian (1920–1959), un écrivain français. Vian a fait des études d'ingénieur et a multiplié les activités artistiques, entre autres celles de musicien de jazz et de scénariste. Dans ses œuvres souvent absurdes et pessimistes, il illustre le désarroi de l'homme face à un monde dont il ne saisit plus le sens.

À L'ÉCRAN

Le bon ordre Numérotez ces événements dans l'ordre chronologique d'après l'histoire.

_____ a. Un autostoppeur monte dans la voiture de Pierre et Carole.

_____ b. Marina demande si l'autostoppeur reste chez elle plus longtemps.

_____ c. Pierre frappe l'autostoppeur au visage.

_____ d. Pierre renverse un cycliste sur une route de campagne.

_____ e. Carole interdit à l'autostoppeur de rester chez son amie.

_____ f. Pierre offre de l'argent à l'autostoppeur pour qu'il garde le silence.

Analyse

1

Compréhension Répondez aux questions.

1. Pourquoi Carole veut-elle se débarrasser du corps du cycliste?

2. Pourquoi Carole ne proteste-t-elle pas quand l'autostoppeur monte dans la voiture? De quoi a-t-elle peur?

3. Quelle raison l'autostoppeur donne-t-il à Marina pour expliquer son manque de valise?

4. Décrivez l'attitude de l'autostoppeur. Est-ce que l'arrivée imprévu du jeune homme dérange Marina? Expliquez.

5. Pourquoi Carole va-t-elle dans la chambre de l'autostoppeur?

6. Pourquoi Carole ne veut-elle pas que l'autostoppeur reste chez Marina après le départ de Pierre?

7. Est-ce que l'autostoppeur admet finalement qu'il a vu l'accident? Expliquez.

8. Pourquoi Pierre frappe-t-il l'autostoppeur? Expliquez la fin du film.

2

Vrai ou faux? Dites si les phrases sont vraies ou fausses. Corrigez les phrases fausses.

1. Pierre a déjà fait de la prison.

2. Après l'accident, Carole veut appeler la police.

3. Carole invite l'autostoppeur à monter dans leur voiture.

4. L'autostoppeur désire aller là où Pierre et Carole vont.

5. Carole et Pierre pensent que l'autostoppeur a vu l'accident.

6. L'autostoppeur est le cousin de Carole.

7. Marina est séparée de son mari.

8. L'autostoppeur pousse Pierre qui tombe du pont.

3

Associations Associez les mots et expressions avec les personnages correspondants. Quelques expressions correspondent à plusieurs personnages.

	L'autostoppeur	Pierre	Carole	Marina	Le cycliste
odieux/odieuse					
le coffre					
mal au cœur					
inconnu(e)					
acheter le silence					
faire du pied					
se complaire dans la situation					
ambigu/ambigüe					
le pont					

4

Un drôle de personnage Avec un(e) partenaire, observez l'image et répondez aux questions. Ensuite, partagez vos réponses avec le reste de la classe.

Pierre

- D'après vous, comment est Pierre? Que pensez-vous de son passé criminel? Pourquoi cache-t-il le corps du cycliste dans le coffre?
- Avez-vous pitié de lui quand l'autostoppeur lui fait du chantage?

Carole

- Décrivez Carole. Comment est son rapport avec Pierre? Est-elle aussi coupable que lui concernant l'accident?
- Comment est son rapport avec l'autostoppeur? Est-ce qu'elle le trouve plutôt charmant ou odieux?

L'autostoppeur

- À votre avis, que fait-il dans la vie? Fait-il souvent de l'autostop? Pourquoi?
- Pourquoi monte-t-il dans la voiture de Pierre et Carole? Quel est son but?
- Décrivez son caractère. Est-il agréable? A-t-il le sens de l'humour?
- À votre avis, est-il plutôt charmant ou odieux? Expliquez.

5

Film noir Lisez la note culturelle, puis examinez les éléments du film noir ci-dessous. Trouvez des exemples de chaque élément dans le film et discutez-en.

Éléments du film noir

- atmosphère sombre et mystérieuse
- détresse psychologique
- pluie ou humidité
- ambigüité

- menace et crime
- protagoniste cynique et blasé
- hasard et accident

6

Phrases à double sens Beaucoup de phrases dans le film laissent entendre (*hint*) que l'autostoppeur a vu l'accident. Certaines sont sarcastiques ou ambigües, et d'autres ont un double sens. Citez quatre phrases entendues dans le film qui correspondent à cette description et discutez-en.

    Modèle   **«Avec toute cette brume-là, on n'y voit pas grand chose.»**

7

Rédaction Imaginez la prochaine aventure de l'autostoppeur et écrivez le scénario d'une scène supplémentaire. Est-ce que quelqu'un d'autre le prend en voiture? Qui? Décrivez l'intrigue (*action*) et écrivez les dialogues.

> ### Note
> ## CULTURELLE
>
> Le **film noir** est un style cinématographique inspiré des nouvelles de l'Américain Dashiell Hammett (1894–1961), considéré comme le fondateur du roman noir. Mais c'est en France qu'apparaît le terme «film noir» en 1946 pour désigner les films policiers hollywoodiens des années 1940. Les films typiques de ce style évoquent une atmosphère sombre et mystérieuse. Les protagonistes sont souvent des criminels ou des personnages cyniques et blasés.

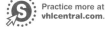 Practice more at **vhlcentral.com.**

4.1 Le subjonctif dans les propositions relatives

Rappel

La proposition relative est une proposition introduite par un pronom relatif. Cette proposition précise le sens d'un antécédent comme le ferait un adjectif. Le verbe de la relative se met le plus souvent à l'indicatif. Cependant, on met le verbe de cette proposition au subjonctif quand la proposition principale exprime une opinion, un doute, un désir ou un but.

Révision des pronoms relatifs

- Le pronom relatif **qui** est le sujet de la proposition relative et est suivi d'un verbe.

  *C'est le seul hôtel **qui soit** près de la plage.*

- Quand le pronom relatif **qui** est complément, ils est toujours précédé d'une préposition.

  *C'est la seule personne **à qui** vous **puissiez** parler.*

- Le pronom relatif **que** est complément d'objet direct et est suivi d'un sujet et d'un verbe.

  *C'est la seule personne **que** je **connaisse** dans cette ville.*

- Le pronom relatif **dont** remplace un pronom relatif introduit par **de**.

*L'autostoppeur est la seule personne **dont** Carole **ait** peur.*

- La proposition relative peut être introduite par le pronom et adverbe relatif **où**. **Où** ne s'applique qu'à des choses et pas à des personnes.

  *Je cherche un hôtel **où** nous puissions être au calme et nous reposer.*
  *Nous voulons aller dans un endroit **où** les enfants aient l'occasion de s'amuser.*

- La proposition relative peut être introduite par une forme du pronom relatif **lequel**. **Lequel** peut remplacer des personnes et des choses.

  *Tu as besoin d'amis sur **lesquels** tu puisses compter.*

L'emploi du subjonctif

- Le verbe de la proposition relative est au subjonctif quand cette proposition suit un superlatif.

  *C'est **le meilleur** hôtel que nous **connaissions** dans cette ville.*
  *Ici on **a la plus belle** vue qu'il y **ait** de toute la région.*

Attention!

- Ne confondez pas les pronoms *relatifs* **qui** et **que** avec les pronoms *interrogatifs* **qui** et **que**. Les deux pronoms *relatifs* peuvent désigner des personnes ou des choses. Le pronom *interrogatif* **qui** ne s'utilise que pour les personnes; le pronom *interrogatif* **que** ne s'utilise que pour les choses.

- Le verbe de la proposition relative est au subjonctif quand cette proposition suit une expression qui fonctionne comme un superlatif. Ces expressions sont souvent formées avec des adjectifs tels que *premier*, *dernier*, *seul* et *unique*.

  *C'est **le seul** travail qu'elles **sachent** faire.*
  *C'est **le premier** guide touristique qui **soit** vraiment valable.*
  *C'est **l'unique** personne de cette assemblée qui **comprenne** l'anglais.*

- Le verbe de la proposition relative est au subjonctif quand cette proposition suit une proposition principale négative (de sens ou de forme) ou interrogative dans laquelle l'antécédent est indéfini ou inconnu.

  *Je **ne** connais **pas** de mécanicien qui **finisse** la réparation avant midi.*
  ***Y a-t-il** une étudiante ici que vous **connaissiez**?*

*En réalité, Carole n'a pas de cousin **qui** l'**accompagne**.*

- Le verbe de la proposition relative peut être au subjonctif quand cette proposition suit une proposition principale qui exprime un désir, une intention ou un but.

  *Je **cherche** quelqu'un qui **écrive** bien l'allemand.*
  *Elle **préfère** une chambre où elle n'**entende** pas le bruit des voitures.*

- Le verbe de la proposition relative peut être au subjonctif quand cette proposition dépend d'une autre qui est déjà au subjonctif. C'est ce qu'on appelle l'attraction modale.

  *Je ne crois pas qu'il **connaisse** quelqu'un qui **puisse** t'aider.*
  *Je ne crois pas qu'il **connaisse** la personne qui **peut** t'aider.*

- On utilise l'indicatif si la proposition relative exprime un fait réel et objectif.

  *Je cherche une voiture qui **fasse** du 150 km/h.*
  (Il est possible qu'une telle voiture n'existe pas.)
  *J'ai acheté une voiture qui **fait** du 150 km/h.*
  (Cette voiture existe; je l'ai achetée. C'est un fait réel.)

*L'autostoppeur refuse l'argent **que** Pierre lui **offre**.*

Mise en pratique

1

La voiture idéale Sylvie veut acheter une nouvelle voiture. Elle sait exactement ce qu'elle veut, mais une voiture pareille existe-t-elle vraiment? Complétez ces phrases.

1. Sylvie cherche une voiture qui ne _____ (coûter) pas trop cher.
2. Mais elle cherche une voiture qui _____ (être) quand même jolie!
3. Elle a surtout besoin d'une voiture qui _____ (tenir) le coup (*will last*)!
4. Et elle a envie d'une voiture qui _____ (faire) du 150 km/h.
5. Elle doit absolument avoir une voiture qui _____ (avoir) un grand coffre.
6. Connais-tu une personne qui _____ (savoir) si une telle voiture existe?

2

Vacances en famille Ali envoie un e-mail à son amie Farida, qui travaille dans une agence de voyages. Complétez son e-mail avec le subjonctif ou l'indicatif des verbes entre parenthèses.

De:	Ali@monmail.com
À:	Farida53@monmail.ft
Sujet:	Vacances en famille

Chère Farida,

Cette année nous partons en vacances avec mes parents et je cherche une destination qui (1) _____ (plaire) à tout le monde. Ce n'est pas facile parce que toute la famille a des goûts différents! Pour mon père, la seule chose qui compte c'est qu'il (2) _____ (pouvoir) jouer au golf. Pour ma mère, qui (3) _____ (être) une vraie gastronome, il faudrait un endroit qui (4) _____ (être) réputé pour sa gastronomie et où il y (5) _____ (avoir) beaucoup de restaurants qui ne (6) _____ (être) pas trop chers... Ma femme Leïla veut surtout un endroit qui (7) _____ (être) tranquille, comme le chalet où nous (8) _____ (passer) toutes nos vacances d'hiver. Finalement, pour les enfants, le plus important c'est qu'ils se (9) _____ (faire) des amis. Autrement, je crois qu'ils (10) _____ (aller) s'ennuyer. Quant à moi, mon plus grand souhait, c'est que tu (11) _____ (vouloir) bien nous dénicher (*unearth*) ce paradis! Pour ma part, je doute qu'il (12) _____ (exister)!

Ali

3

Voyage en France Votre ami français, qui est un peu chauvin, vous fait visiter la France. Faites des phrases avec les éléments donnés et remplacez les points d'interrogation par les pronoms relatifs **qui**, **que** ou **dont**.

Modèle   le musée du Louvre / posséder / *La Joconde* / le plus célèbre tableau / ? / être / monde
Le musée du Louvre possède *La Joconde*, le plus célèbre tableau qui soit au monde.

1. le Mont-Blanc / être / la plus haute montagne / ? / on / faire l'ascension / en France
2. le TGV / être / le train le plus rapide / ? / nous / pouvoir / prendre / pour / aller de Paris à Lyon.
3. le château de Chenonceau / être / le premier des châteaux de la Loire / ? / les touristes / vouloir / faire la visite
4. Paris / être / vraiment la plus belle ville / ? / je / connaître
5. à Toulouse / on / construire / le plus gros avion / ? / être / en service

Note
CULTURELLE

Le TGV ou «train à grande vitesse» est un train électrique qui atteint des vitesses de plus de 300 km/h sur des voies spéciales. Il a été inauguré en 1981. Le dernier-né du constructeur aéronautique européen Airbus, l'A380, est le plus gros avion civil qui existe. Il a une autonomie de plus de 15.000 kilomètres, ce qui lui permet de voler de New York jusqu'à Hong Kong sans escale, et peut transporter 853 passagers.

Communication

4 **Une voiture de rêve** Vous cherchez la voiture de vos rêves et vous en discutez avec votre partenaire, qui vient d'acheter une nouvelle voiture. Créez cette conversation en utilisant les indices donnés.

Modèle —**Je cherche une voiture qui ait un intérieur en cuir jaune.**
—**Moi, j'ai une voiture qui a un intérieur en cuir beige.**

La voiture de vos rêves	La voiture de votre partenaire
avoir un intérieur en cuir jaune	avoir un intérieur en cuir beige
ne pas être polluante	ne pas être polluante
pouvoir transporter 14 personnes	pouvoir transporter 8 personnes
avertir quand la police est sur la route	avoir un détecteur de radar
ne rien consommer	être hybride
ne pas avoir besoin d'entretien (*maintenance*)	être facile d'entretien

5 **L'hôtel** À deux, vous discutez de ce que vous voudriez trouver à l'hôtel où vous irez cet été. L'un(e) de vous est plutôt sportif/sportive et l'autre ne veut que se reposer. Dites au moins trois choses que vous recherchez. Jouez cette scène devant la classe.

accès Internet	location de vélos
ascenseur	pension complète/demi-pension
boutique	piscine
chambre avec vue	restaurant gastronomique
chambre non-fumeur	salle de gym
climatisation	salle de jeux vidéo
discothèque	sauna
excursions	tennis

Modèle —**Je cherche un hôtel où l'on puisse s'amuser le soir et aller danser.**
—**Moi, je cherche un hôtel qui se trouve sur une plage déserte.**

6 **Chez le concessionnaire** Vous allez chez le concessionnaire (*car dealer*) Renault pour acheter une voiture. Vous décrivez au moins trois qualités que vous désirez dans votre voiture et votre partenaire fera l'éloge (*will praise*) d'une voiture qu'il/elle essaie de vous vendre. Utilisez des superlatifs et le subjonctif.

Modèle —**Je cherche une petite voiture qui ne soit pas trop chère.**
—**Ce modèle-ci est le moins cher que nous ayons.**

Practice more at
vhlcentral.com.

Presentation

4.2 # Le subjonctif dans les propositions adverbiales

Rappel
On utilise le subjonctif après des expressions de doute, de crainte, de désir et après certains verbes impersonnels. Mais on l'emploie aussi après certaines conjonctions.

—*Carole a insisté **pour que** je les **accompagne** et je suis parti sans rien.*

- Le subjonctif est utilisé après ces conjonctions.

Les conjonctions suivies du subjonctif	
à condition que *provided that*	**en attendant que** *while, until*
à moins que *unless*	**jusqu'à ce que** *until*
afin que *so that*	**malgré que** *in spite of*
avant que *before*	**pour que** *in order that*
bien que *although*	**pourvu que** *provided that*
de peur/crainte que *for fear that*	**quoique** *although*
de sorte que *so that*	**sans que** *without*

> *Nous vous rejoindrons **à condition qu'**ils nous **laissent** partir.*
> *Il viendra en septembre **à moins que** son passeport ne **soit** pas prêt.*
> *Nous vous attendrons **jusqu'à ce que** vous **arriviez**.*
> *Je partirai demain **malgré que** ça me **fasse** de la peine de vous quitter.*
> *Ils seront partis **avant que** vous ne **soyez** de retour.*
> *Je te donnerai le plan de la ville **de sorte que** tu **saches** où aller.*

- Quand on parle ou écrit dans un style plus élevé, on emploie souvent un ***ne* explétif** avant le subjonctif après les conjonctions **avant que, de peur que, de crainte que, sans que** et **à moins que.** Ce **ne** explétif ne porte aucune valeur négative et est souvent omis dans le français courant.

> *Je dis toujours à mes parents où je vais **de peur qu'**ils **ne** s'inquiètent.*
> *Vous prenez l'avion à 14h00 **à moins que** le vol **ne** soit annulé.*
> *Peuvent-ils nous déposer à la gare **avant que** vous **n'**arriviez?*
> *La période de vacances commence **sans que** les autoroutes **ne** soient embouteillées.*

- Quand le sujet des deux propositions est le même, on remplace la conjonction par la préposition correspondante et on utilise alors l'infinitif au lieu du subjonctif.

Conjonction	Préposition
à moins que + subjonctif	**à moins de** + infinitif
afin que + subjonctif	**afin de** + infinitif
avant que + subjontif	**avant de** + infinitif
pour que + subjonctif	**pour** + infinitif
sans que + subjonctif	**sans** + infinitif

> *Nous* achèterons une voiture ***avant de partir*** en vacances.
> *(Nous achèterons une voiture et nous partirons en vacances.)*
>
> *Nous* achèterons une voiture ***avant qu'Hélène*** ne ***parte*** en vacances.
> *(Nous achèterons une voiture, mais c'est Hélène qui partira en vacances.)*
>
> *Michel* va prendre le train ***pour profiter*** d'un tarif réduit.
> *(Michel va prendre le train et Michel va profiter d'un tarif réduit.)*
>
> *Michel* va prendre le train ***pour que ses parents profitent*** d'un tarif réduit.
> *(Michel va prendre le train, mais ce sont ses parents qui vont profiter d'un tarif réduit.)*

- On utilise l'indicatif après les conjonctions **après que, depuis que, dès que, parce que, pendant que, quand** et **lorsque**.

> *Je préfère voyager en avion **parce que** c'**est** plus rapide.*
> *Je fais toujours des réservations **quand** je **pars** en voyage.*

- On emploie le subjonctif après les relatifs indéfinis.

> **qui que** *whomever*
> **quel(le)(s) que** *whichever*
> **quoi que** *whatever*
> **où que** *wherever*
> ***Où qu'**on **aille** en France, on mange bien.*
> ***Quoi que** les compagnies aériennes **fassent**, elles m'énervent.*

—*Si vous avez besoin de* ***quoi que*** *ce* ***soit***, *mon frère a sensiblement votre taille.*

Attention!

- Dans certains cas il n'y a pas de préposition correspondant à la conjonction et on utilise le subjonctif bien que le sujet des deux propositions soit le même. C'est le cas pour: **bien que, quoique, pourvu que** et **jusqu'à ce que**.

*Nous irons lui rendre visite **bien que nous** ne **soyons** pas invités.*

*Gérard achètera cette voiture **pourvu qu'il ait** assez d'argent.*

Attention!

- **Quoique** écrit en un seul mot veut dire **bien que** (*although*). **Quoi que** écrit en deux mots signifie **quelque chose que**.

***Quoi que** vous en **pensiez**, le conducteur du bus a raison.*

*Je vais nager **quoiqu'**il **fasse** froid.*

Mise en pratique

1

Une journée à Paris Vous êtes en vacances à Paris avec votre partenaire et vous lui suggérez des idées d'activités pour le lendemain.

> Modèle On demandera à la réception de nous réveiller de bonne heure. (afin que / nous avons le temps de faire beaucoup de choses)
> **On demandera à la réception de nous réveiller de bonne heure afin que nous ayons le temps de faire beaucoup de choses.**

1. Nous pourrions visiter le musée du Louvre. (à condition que / il n'est pas fermé)
2. On déjeunera dans un bon petit restaurant. (à moins que / il est trop cher)
3. Après, on pourrait faire un tour en bateau-mouche. (pour que / je prends des photos des monuments)
4. Ensuite, on se promènera sur les Champs-Élysées. (jusqu'à ce que / nous sommes fatigués)
5. J'aimerais acheter quelques souvenirs. (pourvu que / on a assez d'euros)

2

Les vacances d'Aïcha Mettez les verbes entre parenthèses au subjonctif, à l'infinitif ou à l'indicatif, selon le cas.

Généralement, quand je (1) _____ (partir) seule en vacances, je prépare tout à l'avance afin de ne pas (2) _____ (avoir) de surprises. Je réserve ma chambre sur Internet à moins que cela ne (3) _____ (être) pas possible. De nos jours, il est rare que les hôtels n'aient pas de site, bien que parfois, les photos que l'on voit sur ces sites (4) _____ (être) trompeuses. Pourtant, je me demande comment les gens faisaient avant que l'Internet n' (5) _____ (exister)! Par contre, quand je (6) _____ (voyager) avec Corinne, ma meilleure amie, c'est une autre histoire. Nous roulons jusqu'à ce que nous (7) _____ (trouver) un endroit qui nous plaise, où nous visitons tout!

3

Projets de vacances Vos amis vous parlent de ce qu'ils ont l'intention de faire pendant leurs prochaines vacances.

> Modèle Nous partirons en juin _____ il n'y _____ (avoir) trop de touristes.
> a. jusqu'à ce qu'   b. avant qu'   c. sans qu'
> **Nous partirons en juin avant qu'il n'y ait trop de touristes.**

1. Nous irons en France cet été _____ nous _____ (avoir) assez d'argent.
   a. à moins que   b. bien que   c. à condition que
2. Là, nous prendrons le TGV _____ ce ne _____ (être) pas trop cher.
   a. pourvu que   b. bien que   c. avant que
3. Nous ferons beaucoup d'excursions _____ nous ne _____ (être) pas trop fatigués.
   a. sans que   b. afin que   c. pourvu que
4. Nous prendrons beaucoup de photos _____ nos amis _____ (pouvoir) se rendre compte de la beauté de l'endroit.
   a. pour que   b. pourvu que   c. avant que
5. On fera peut-être le même voyage l'année prochaine _____ vous _____ (venir) avec nous.
   a. à condition que   b. avant que   c. malgré que

Communication

4 **Bientôt les vacances** À deux, discutez de vos prochaines vacances. Posez-vous ces questions pour en savoir plus. Utilisez des conjonctions dans vos réponses.

> Modèle —Partiras-tu en vacances en voiture?
> **—Oui, pourvu que l'essence ne soit pas trop chère.**

à condition que	jusqu'à ce que
à moins que	malgré que
avant que	pourvu que
de peur que	quoique
en attendant que	sans que

1. Quand pars-tu?
2. Où vas-tu aller?
3. Avec qui pars-tu en vacances?
4. Vas-tu faire un voyage organisé?
5. Iras-tu camper?
6. Combien de temps resteras-tu là-bas?

5 **À l'agence de voyages** Vous devez assister au mariage d'une amie française et vous allez dans une agence de voyages. À deux, créez une conversation entre le/la client(e) et son agent(e) pour régler tous les détails. Inspirez-vous des ces indices pour répondre aux questions de l'agent. Utilisez des conjonctions.

> Modèle le départ (dimanche / la semaine)
> **—Il y a un vol qui part le dimanche, à moins que vous ne préfériez voyager pendant la semaine.**
> **—Cela me convient pourvu que je sois en France à temps pour le mariage.**

y avoir un ascenseur	ne pas être possible
être là à temps pour le mariage	être trop cher
avoir une belle vue	être le plus facile
être trop fatigant	

1. le vol (avec / sans escale)
2. les billets (première classe / classe touriste)
3. l'hébergement (auberge de jeunesse / hôtel de luxe)
4. les repas (pension complète / demi-pension)
5. la chambre (au rez-de-chaussée / à l'étage)
6. le paiement (carte de crédit / chèques)

6 **Où aller?** Vous allez partir en vacances avec un(e) partenaire. Créez une conversation dans laquelle vous envisagez plusieurs possibilités d'hébergement: l'hôtel, le gîte rural, le camping, etc. Utilisez des conjonctions.

> Modèle —**On pourrait aller camper, à moins que tu ne veuilles aller dans un gîte.**
> **—C'est une bonne idée, à condition que le terrain de camping ne soit pas trop isolé.**

Note CULTURELLE

Les gîtes ruraux sont des lieux d'hébergement indépendants situés à la campagne, à la mer ou à la montagne. Ce sont en général des maisons traditionnelles confortablement meublées qu'on peut louer pour un week-end, une semaine ou même pour des séjours de plus longue durée. «Gîtes de France» est un label de qualité qui correspond à des normes de confort précises.

Practice more at vhlcentral.com.

Vocabulary Tools

Préparation

À propos des auteurs

Clo et Clem, de leurs vrais noms Claudia et Clément Le Pape, sont un jeune couple de voyageurs, vidéastes et photographes français. En 2013, ils ont vendu leur appartement, quitté leur travail, arrêté leurs études et ils sont partis faire le tour du monde avec un défi: ne jamais prendre l'avion. Leur blog a attiré des milliers d'abonnés, ainsi que des médias, comme les chaînes de télévision française France 2 et TF1, qui leur ont consacré une émission. Aujourd'hui, ils continuent à explorer le monde en camping-car et à partager leurs expériences en ligne.

Vocabulaire de la lecture

l'ailleurs (m.) *new horizon*
une claque *slap in the face*
le couvert *place at the table*
un défi *challenge*
le dépaysement *culture shock*
erroné(e) *incorrect*
façonner *to shape*

le gîte *accomodations*
le goût *taste*
indemne *unscathed*
un lieu commun *popular belief*
le périple *journey*
un préjugé *prejudice*

Vocabulaire utile

les affaires (f.) *belongings*
un blogueur/une blogueuse *blogger*
douillet(te) *cozy*
précaire *unstable*
un sac de couchage *sleeping bag*
un(e) vidéaste *videographer*

1

Phrases à trous Complétez chaque phrase avec le mot ou l'expression qui convient.

| le couvert | le dépaysement | erronée | un lieu commun | précaire |

1. Les touristes qui aiment changer d'horizon recherchent _____ dans des destinations exotiques et lointaines.

2. Votre séjour à l'auberge ne comprend pas _____.

3. Ce professeur de philosophie n'accepte pas les nouvelles idées. Il continue à enseigner une théorie _____.

4. Après avoir perdu son emploi, l'ouvrier s'est retrouvé en situation _____.

2

Voyage voyage À deux, répondez aux questions et prenez des notes.

1. Voyagez-vous souvent? Quel moyen de transport prenez-vous pour vos voyages? Pourquoi?

2. D'après vous, les voyages transforment-ils les personnes qui les font? Ces personnes découvrent-elles quelque chose sur elles-mêmes?

3. Que recherchez-vous dans vos voyages? Du temps passé avec votre famille? La découverte d'un endroit différent? La solitude?

4. Seriez-vous prêt(e) à quitter votre vie quotidienne pour faire un périple autour du monde? Expliquez.

5. Vous intéressez-vous à des blogs de voyage? Lesquels? Décrivez le contenu des sites et expliquez pourquoi vous les aimez.

Le voyage est un
révélateur d'âmes

Audio: Reading

Le témoignage de Clem et Clo

Un jour, Clo et Clem ont pris le risque de tout quitter pour faire le tour du monde avec les moyens du bord°. Après plusieurs années d'aventures, ils reviennent en France avec un message fort, une expérience de vie et un bilan° qu'ils nous partagent.

what's available

assessment

    D'un long voyage, on en sort rarement indemne. Il nous façonne, change notre point de vue sur les autres, le monde, élargit notre horizon conceptuel. Attention, on parle bien de se plonger corps et âme dans un autre univers, et pas d'acheter son billet dans une agence de tourisme organisé. Pour ceux qui tentent l'expérience du dépaysement complet, rien ne sera jamais

5 pareil à leur retour, si jamais ils rentrent un jour… Clo et Clem, eux, sont finalement rentrés en France et nous livrent un témoignage° inspirant, qui invite à la tolérance et à l'introspection.

testimony

Se méfier des lieux communs

Clo et Clem: Il faut toujours se méfier des lieux communs. C'est certainement l'enseignement le plus important qu'on a appris de ce voyage. Pourtant, il en existe un qui persiste dans

10 notre tête sans qu'on ne parvienne à établir sa véritable valeur. Le voyage au long cours change-t-il une personne?

    Ça fait plus de 2 ans qu'on a tout quitté pour se consacrer à notre passion. Et ce sont sans nul doute les deux plus belles années, les plus intenses et les plus intéressantes depuis notre naissance. Chaque jour est un défi, une découverte. Faire face quotidiennement

15 à l'inconnu, c'est une sacrée expérience de vie! Mais, pour autant, est-ce qu'on a été transformés par cette aventure?

Le voyage, révélateur d'âmes

as

Sans même le savoir on est parti avec de nombreux préjugés en tête. Et au fur et à mesure° qu'on s'enrichit d'aventures et de rencontres, on se rend compte à quel point notre vision

20 du monde est erronée.

On vit dans une société où l'inconnu fait peur, où l'ailleurs c'est dangereux. On finit par s'y habituer, s'y accommoder et on ne s'en rend même plus compte. On est tous conditionnés, et dès notre plus tendre enfance on nous éduque de manière à effacer nos personnalités pour mieux s'intégrer dans une société où le bonheur est assimilé à la «réussite» par la richesse. Faire des études, travailler, fonder une famille. Rares sont ceux 25 qui sortent de ce schéma°.

pattern

Lorsque nous sommes partis, nous pensions nous connaître, connaître l'autre, nous connaître nous-mêmes. Nous pensions connaître nos envies, nos goûts, nos limites. Mais en réalité, ceux que nous pensions être n'étaient qu'une infime° partie de nous-mêmes.

tiny

Les kilomètres se sont additionnés à notre compteur et, peu à peu, nous sommes 30 devenus des nomades de la route. Loin du tourisme de masse, des vacances reposantes au soleil, des sentiers battus transformés en autoroute, nous sommes devenus des vagabonds, des voyageurs. Durant ce périple nous avons été confrontés à des moments difficiles. Mais nous avons puisé dans° nos ressources pour avancer, nous avons explosé nos limites. 35

draw on

Un homme malveillant a suivi Clo alors qu'elle allait aux toilettes sur une aire° d'autoroute désaffectée en Iran. Seule face à lui, elle a dû l'affronter. Elle s'est surprise elle-même lorsqu'elle s'est jetée sur lui pour le frapper.

rest area

Avant de partir elle avait peur de tout. Après cette mésaventure, elle a compris à quel point elle était forte. 40

Partir, se retrouver dans des difficultés, ça permet de trouver/retrouver confiance en soi, ça permet de grandir.

On voyage pour changer non de lieu mais d'idées

On nous prévient sans cesse. «Trop bon, trop con». Ne donne jamais trop aux gens, parce qu'après ils vont profiter de toi. Tu donnes le doigt, on te prend le bras. L'altruiste 45 a tort, l'égoïste a raison.

Durant tout ce voyage, on a rencontré énormément de personnes qui, sans même qu'on ait eu à demander, nous ont aidés sans jamais attendre un retour.

Nous avons ouvert les yeux.

Beaucoup nous ont ouvert les portes de chez eux, nous ont offert le gîte, le couvert. 50 Et nous n'avons jamais vu de sourires aussi sincères, aussi vrais.

Nos préjugés sont tombés un à un. L'autre n'est pas le mal et, partager, échanger avec lui, rend heureux.

Les journaux contribuent à cette mauvaise image qu'on a de l'autre, de l'étranger, en ne véhiculant que des informations négatives. Tueries, attentats… Alors qu'en 55 réalité ce sont des événements rares, et les gestes d'altruisme sont des actions quotidiennes auxquelles, obnubilés° par les mauvaises nouvelles, nous n'accordons plus aucune importance.

obsessed

En voyageant on s'est rendu compte que finalement le danger n'était pas là où on l'attendait. Le danger c'est quand on s'enferme. S'ouvrir aux autres, donner, c'est la base 60 du bonheur, de la sécurité, de la confiance.

25 ans pour savoir qui je suis, pour savoir qui je veux devenir

Aujourd'hui, on le sent, nous ne sommes plus les mêmes. Est-ce que nous avons changé ou est-ce que nous nous sommes libérés? Probablement les deux. Voyager ne nous rend pas meilleurs, mais ça peut ouvrir l'esprit et libérer notre vraie personnalité. 65

Un voyage au long cours est une claque. On n'en sort pas indemne. ∎

Analyse

1

Compréhension Indiquez si les phrases sont vraies ou fausses. Corrigez les phrases fausses.

1. Clo et Clem ont tout quitté pour voyager pendant plusieurs années.

2. Ils ont aujourd'hui des préjugés sur les pays qu'ils ont visités.

3. Leurs voyages étaient calmes et sans surprises.

4. Ils pensent que la société efface nos personnalités et nous force à suivre un schéma spécifique.

5. Ils se connaissaient bien avant de partir.

6. Ils pensent que les médias favorisent les préjugés sur les étrangers.

7. Ils ont trouvé le bonheur en faisant confiance aux personnes qu'ils rencontraient.

8. «On n'en sort pas indemne» signifie qu'ils ont eu des accidents pendant leurs voyages.

2

Vive la différence! À deux, identifiez si ces actions indiquent un désir de voyager différemment ou de voyager comme tout le monde. Ensuite, expliquez les avantages et les désavantages de chaque façon de voyager. Laquelle préférez-vous?

Façons de voyager	Voyager différemment	Voyager comme tout le monde
1. tout quitter pour faire le tour du monde		
2. acheter un billet aller-retour		
3. se plonger dans une autre culture		
4. chercher à découvrir l'ailleurs		
5. loger dans des hôtels		
6. voyager une ou deux fois par an		

3

Mieux vaut prévenir que guérir En groupes de trois, discutez de ce que vous feriez si vous aviez ces problèmes pendant un voyage à l'étranger. Dites ce que vous pourriez faire pour éviter le problème ou ce que vous feriez pour le résoudre. Partagez vos réponses avec un autre groupe, puis avec le reste de la classe.

- se faire voler son argent
- tomber malade
- se perdre dans une ville
- oublier sa carte de crédit
- perdre ses bagages
- se faire attaquer

4

Voyages extraordinaires Avec un(e) partenaire, préparez un voyage extraordinaire qui a pour but de collecter de l'argent pour une cause humanitaire. Choisissez une destination vers un endroit éloigné ou peu connu, un moyen de transport économique (à pied, à vélo, etc.) et faites la liste des affaires que vous allez prendre. Précisez la cause que vous avez choisie et comment vous allez encourager le public à faire des dons d'argent.

Préparation

À propos de l'auteur

Delphine de Vigan romancière et scénariste française, est née en 1966 à Boulogne-Billancourt dans la banlieue parisienne. Elle a d'abord été directrice d'études dans un institut de sondages, puis elle a publié son premier roman *Jours sans faim* (2001), sous le pseudonyme de Lou Delvig. Elle a publié sept autres romans sous son vrai nom dont quatre ont reçu des prix littéraires et deux ont été adaptés au cinéma. Dans *Les Loyautés*, comme dans beaucoup de ses œuvres, Delphine de Vigan décrit l'enfance douloureuse qui marque la vie d'adulte.

Vocabulaire de la lecture		**Vocabulaire utile**
bougonner *to grumble*	**une marée noire** *oil spill*	**une amende** *fine*
empoisonné(e) *poisoned*	**le mazout** *fuel oil*	**le clignotant** *turn signal*
englué(e) *sticky (with)*	**la portière** *car door*	**la conduite** *behavior; driving*
les essuie-glaces (m.) *windshield wipers*	**ralentir** *to slow down*	**une contravention** *traffic ticket*
faire mine de *to pretend to*	**recroquevillé(e)** *curled up*	**freiner** *to brake*
hurler *to yell*	**le renoncement** *detachment*	**glissant(e)** *slippery*
inciter à *to encourage*	**rouler** *to drive, to go*	**une infraction** *traffic violation*
	se brouiller *to become blurred*	**tendu(e)** *tense*
	à tombeau ouvert *at breakneck speed*	

1 **Accident de bateau** Choisissez le mot qui convient pour compléter le reportage.

le clignotant	hurler	ralentir
conduite	une marée noire	recroquevillés
englués	mazout	

Ce matin, un pétrolier (*oil tanker*) est entré en collision avec un iceberg et a perdu des tonnes de (1) _____ dans le Pacifique. Certains rapports indiquent que le commandant du navire (*ship*) avait refusé de (2) _____ en approchant des côtes de l'Alaska. L'accident a provoqué (3) _____ catastrophique. Des travailleurs volontaires sont rapidement intervenus pour secourir les oiseaux (4) _____ de mazout. Malheureusement, certains oiseaux n'avaient plus de force et restaient (5) _____ sans bouger sur la plage.

2 **Le code de la route** Le code de la route donne les règles à suivre pour les conducteurs de véhicules. À deux, écrivez des phrases au sujet de la sécurité routière avec des mots et des expressions du nouveau vocabulaire. Échangez vos idées avec le reste de la classe.

Modèle **Il faut ralentir quand la route est glissante.**

3 **Prudence au volant** Par groupes de trois, formez des règles de prudence au volant en associant les mots du tableau. Utilisez chaque mot une seule fois.

verbes	substantifs	adjectifs
1. s'arrêter	la ceinture de sécurité	glissant(e)
2. attacher	la route	grand(e)
3. éteindre	une distance	rouge
4. garder	la limite de vitesse	
5. ralentir	le smartphone	
6. respecter	les voitures	

Modèle   **Il faut garder une grande distance entre les voitures.**

4 **Test de responsabilité** À deux, expliquez ce que vous feriez dans ces situations.

1. Un conducteur arrive très vite derrière vous et klaxonne (*beeps the horn*).
2. La voiture devant vous zigzague sur la route.
3. Il manque un phare à votre voiture.
4. Vous devez prendre la route mais il pleut très fort ou il neige.
5. Il y a un gros embouteillage et un conducteur hurle de colère.
6. Vous êtes dans la voie de gauche mais vous devez absolument prendre la sortie sur le côté droit.

5 **Le permis de conduire à 12 points** À deux, associez les symboles de la sécurité routière avec les définitions du tableau. Puis, décidez combien de points enlever pour chaque infraction sur la base du permis de conduire à 12 points.

a.　　　b.　　　c.　　　d.　　　e.　　　f.

1. la conduite avec une alcoolémie supérieure ou égale à la limite ____	2. l'excès de vitesse ____
3. la fatigue au volant ____	4. l'obligation du port de la ceinture de sécurité ____
5. l'obligation du port du casque à moto ____	6. l'usage du téléphone au volant ____

6 **Proverbe** Par groupes de trois, lisez le proverbe et expliquez dans quels cas il est bon de se taire et quand il est important de parler. Donnez des exemples spécifiques.

«La parole est d'argent, mais le silence est d'or.»

Les Loyautés

Delphine de Vigan

broadcasted 1 Un soir, le journal télévisé a diffusé° un reportage sur une marée noire provoquée par un accident de
oil tanker pétrolier°. Nous étions à table. J'ai regardé
5 ces oiseaux, englués dans le mazout, et j'ai aussitôt pensé à nous, à nous tous, ces images nous représentaient mieux que n'importe quelle photo de famille. C'était nous, c'étaient nos corps
10 noirs et huileux, privés de mouvement,

Le lendemain, nous sommes partis tous les quatre en voiture pour le mariage d'un cousin. C'est mon frère qui conduisait. Depuis le matin, il pleuvait 15
nonstop sans trêve°. La pluie rebondissait sur le pare-brise dans un bruit métallique. Le ciel était bas et attendait que nous atteignions l'horizon pour se refermer sur nous comme une mâchoire°. De longs 20 **jaw**
strings of droplets chapelets de gouttes° tremblaient sur les

Audio: Dramatic Reading

Le bruit des essuie-glaces résonnait dans l'habitacle°, un frottement° humide, lancinant°, un refrain hypnotisant qui incitait à la torpeur°. Mon père était assis à côté de mon frère, à l'avant. Il regardait devant lui, mais il ne regardait rien. À côté de moi, ma mère avait gardé son sac posé sur ses genoux, comme si un signal impromptu risquait, d'un moment à l'autre, de l'obliger à sortir de la voiture. Je voyais bien qu'elle aussi surveillait le compteur de vitesse. Car Thierry roulait vite, très vite. Pourtant, on ne voyait rien au-delà de quelques mètres. Je lui ai demandé une première fois de ralentir. Il a fait mine de ne pas m'entendre. Quelques minutes plus tard, alors que nous roulions encore plus vite, je lui ai demandé plus sèchement°. Mon frère a bougonné quelque chose qui signifiait qu'il contrôlait la situation, et puis il s'est approché de manière insistante de la voiture de devant pour qu'elle nous cède le passage. Mon père fixait un point droit devant lui, avec cet air de renoncement que je lui ai toujours connu, ma mère s'était recroquevillée sur son sac. Mais moi je voyais l'eau chassée en gerbes° latérales par les voitures que nous dépassions les unes après les autres, puis les feux arrière se sont mis à danser devant mes yeux, puis toutes les lumières ont commencé à se brouiller.

Un silence de mort a envahi la voiture.

Alors j'ai pensé à cette expression, *à tombeau ouvert*. L'atmosphère mortifère qui m'assaillait° soudain n'était pas seulement celle de la voiture, c'était celle dans laquelle nous vivions depuis des années. Je me suis mise à hurler.

—Arrête-toi! Arrête-toi maintenant! Je veux descendre de cette voiture!

Sidéré°, mon frère a ralenti.

—Je veux descendre de cette voiture! Arrête-toi! Laissez-moi descendre! Je veux descendre! Je veux descendre!

Je criais comme une folle.

Quelques centaines de mètres plus loin, Thierry s'est arrêté sur la première zone de dégagement°. Il a stoppé net, et je continuais de répéter cette phrase, je veux descendre, je veux descendre, vous comprenez, je veux descendre, mais en fait je hurlais je veux vivre et ils l'entendaient très bien.

Je suis sortie de la voiture. Sans rien dire, mon père a ouvert sa portière, il a fait le tour par l'avant et puis il a ouvert celle de Thierry. Mon frère s'est propulsé à l'autre bout° pour lui laisser la place du conducteur. Mon père m'a fait signe de remonter dans la voiture et j'ai fait non de la tête, tout mon corps tremblait.

Il a hésité une seconde, puis il a redémarré°.

...je me propulserais bientôt vers d'autres mondes, d'autres manières...

Quand je repense à ce moment, au dernier regard qu'il m'a jeté avant de se réinsérer dans le flux°, je sais que mon père a compris ce jour-là que j'allais les quitter. Que je me propulserais bientôt vers d'autres mondes, d'autres manières et qu'un jour sans doute, nous ne parlerions plus la même langue.

J'ai regardé notre voiture s'éloigner. J'étais au bord d'une Nationale°, au loin je voyais la découpe° d'une ville ou d'un hameau°. Je me suis mise en route. Au bout de quelques minutes, une femme s'est arrêtée. Elle m'a proposé de m'emmener. ∎

Glosses (margin):
interior of the car / friction
throbbing — 25
drowsiness
coldly — 40
bursts
overwhelmed — 60
Astounded — 65
shoulder
other side
started up the car
flow — 90
highway
outline
village

Analyse

1

Vrai ou faux? Indiquez si les affirmations sont vraies ou fausses. Corrigez les phrases fausses.

1. La famille regarde la télévision à table.
2. La famille est victime d'une marée noire.
3. La narratrice fait une analogie entre les oiseaux prisonniers du mazout et sa famille.
4. L'atmosphère dans la voiture est mortifère.
5. Thierry est un conducteur prudent.
6. Thierry se moque de sa sœur quand elle lui demande de ralentir.
7. La mère dort paisiblement sur le siège arrière.
8. La narratrice refuse de rester dans la voiture avec sa famille.

2

Qui fait quoi? Associez les actions avec les personnages. Certaines actions peuvent correspondre à plusieurs personnages.

Actions	Personnages
1. rejeter sa famille _____	a. la narratrice
2. se marier _____	b. Thierry
3. aider la narratrice _____	c. le père
4. dépasser toutes les voitures _____	d. la mère
5. exprimer sa peur en criant _____	e. un cousin
6. conduire à tombeau ouvert _____	f. une automobiliste
7. surveiller le compteur de vitesse _____	
8. laisser l'autorité au fils _____	
9. reprendre le contrôle de la voiture _____	
10. rouler près de la voiture de devant _____	

3

Histoire sans parole Indiquez quelles phrases sont l'expression d'une communication verbale et lesquelles représentent une communication non verbale.

	Verbal	Non verbal
1. Un reportage télévisé annonce une marée noire.		
2. La mère garde son sac sur ses genoux pour être prête à sortir de la voiture.		
3. La narratrice demande à son frère de ralentir.		
4. Thierry fait mine de ne pas entendre.		
5. La narratrice répète qu'elle veut descendre.		
6. Le père fait signe à sa fille de remonter dans la voiture.		
7. La narratrice fait non de la tête.		
8. Une femme propose à la narratrice de l'emmener.		

4 **Phrases à trous** Complétez les phrases avec le mot ou l'expression qui convient.

1. La famille de la narratrice reste ensemble par _____.
   a. loyauté   b. responsabilité   c. plaisir

2. Le père laisse son fils _____ comme il veut.
   a. regarder la télévision   b. rouler   c. dormir

3. Les _____ chassent la pluie de gauche à droite.
   a. essuie-glaces   b. portières   c. feux

4. La narratrice se plaint mais son frère _____ ne rien entendre.
   a. menace de   b. promet de   c. fait mine de

5. La narratrice demande une deuxième fois à son frère de/d' _____.
   a. ralentir   b. accélérer   c. utiliser les essuie-glaces

6. La narratrice commence à _____ parce qu'elle veut descendre de la voiture.
   a. pleurer   b. hurler   c. vomir

7. La conduite de Thierry inquiète sa famille parce que la route est _____.
   a. étroite   b. irrégulière   c. glissante

8. Thierry cède le volant à _____.
   a. son père   b. sa mère   c. sa sœur

5 **Compréhension** À deux, répondez à ces questions. Partagez vos réponses avec le reste de la classe.

1. Ce texte est divisé en deux scènes principales. Identifiez chaque scène en lui donnant un titre. Où se trouve la famille dans chaque scène? Que fait-elle?

2. D'après vous, pourquoi la narratrice dit-elle que les images d'oiseaux englués représentent mieux sa famille qu'une photo de famille?

3. Quel temps fait-il le jour où ils vont au mariage? Quel est l'impact de la météo sur la conduite de Thierry?

4. Que demande la sœur à son frère? Comment celui-ci réagit-il? Décrivez le ton de cet échange et l'atmosphère dans la voiture.

5. Les lumières qui se brouillent devant les yeux de la narratrice indiquent qu'ils auraient pu avoir un accident. Comment la narratrice réagit-elle? Que fait le père?

6. Pourquoi la narratrice ne remonte-t-elle pas dans la voiture? Que fait-elle?

6 **Entraide** À deux, imaginez le récit que la narratrice fait à l'automobiliste pour expliquer pourquoi elle se trouve seule sur la Nationale et comment elle se sent après avoir échappé à la conduite imprudente de son frère. Que dit l'automobiliste? Écrivez deux ou trois phrases, puis jouez la scène pour la classe.

7 **Rédaction: Une famille dysfonctionnelle** Rédigez un paragraphe sur la dynamique de cette famille qui ne se parle guère. Expliquez les problèmes d'autorité, de soumission et d'inégalité qu'il peut y avoir dans cette famille.

Introduction: Expliquez qui semble avoir l'autorité dans cette famille et pourquoi.

Développement: Montrez comment Thierry abuse du pouvoir qui lui est laissé. Essayez d'expliquer l'attitude de la mère.

Conclusion: Que recommanderiez-vous à cette famille de faire pour améliorer ses relations?

Practice more at
vhlcentral.com.

Vocabulary Tools

Aya de Yopougon

1 **Préparez** Répondez aux questions.

1. Quelle sorte de bagage prenez-vous pour voyager? Pourquoi?

2. Comment vous déplacez-vous en ville? En métro? En taxi?

3. Que faites-vous pour vous orienter dans une ville inconnue?

À propos de l'auteur et l'illustrateur

Marguerite Abouet est née à Abidjan, en Côte d'Ivoire. Sa première bande dessinée, *Aya de Yopougon*, raconte l'histoire de la vie quotidienne d'une jeune Ivoirienne. Clément Oubrerie est l'illustrateur et le mari de Marguerite Abouet. Dans l'extrait qui suit, nous observons les premières impressions d'un jeune Ivoirien qui découvre le métro parisien.

Vocabulaire utile	
la rame *train*	**un(e) routard(e)** *backpacker*
un quai *platform*	**s'orienter** *to find your way*
rater *to miss (a bus, train, etc.)*	**un terminus** *end of the line*

2 **Regardez** Avant de lire le texte, regardez les illustrations et répondez aux questions.

1. Où la scène se passe-t-elle?

2. Qui est le personnage principal? Y a-t-il d'autres personnages?

3. À votre avis, qu'est-ce qui se passe?

3 **Interprétez** Maintenant, lisez le texte et associez les sentiments que le jeune homme ressent avec chaque situation. Justifiez vos réponses.

Situations	Sentiments
___ 1. dans la rame pleine de voyageurs	a. fatigué
___ 2. dans le couloir du métro	b. curieux
___ 3. au terminus	c. perdu
___ 4. dans l'escalator	d. pressé
___ 5. sur le quai	e. surpris

4 **Conversez** Discutez de ces questions avec un(e) partenaire.

1. Relisez la liste de sentiments de l'activité précédente. À votre avis, quels autres sentiments le routard ressent-il? Pourquoi?

2. Quels conseils donneriez-vous au routard?

5 **Présentez** Avez-vous jamais eu des difficultés dans les transports en commun? Décrivez cette expérience à la classe. Quels sentiments avez-vous ressentis? Qu'est-ce que vous avez fait pour vous en sortir?

Practice more at
vhlcentral.com.

Marguerite Abouet and Clément Oubrerie, *Aya de Yopougon*, volume 4, © Éditions Gallimard.

∽ Analyse d'un poème

Vous allez écrire une analyse de texte sur un poème qui a pour thème le voyage.

Préparez

1 **Lisez et notez** Lisez ce poème de Stéphane Mallarmé, poète français (1842–1898), que vous allez analyser. Attention! Il n'est pas nécessaire de comprendre tous les mots. Concentrez-vous sur le thème, les mots-clés et le rythme, et prenez des notes.

Brise marine

flesh	1	La chair° est triste, hélas! et j'ai lu tous les livres.
intoxicated		Fuir! là-bas fuir! Je sens que des oiseaux sont ivres°
foam/ skies		D'être parmi l'écume° inconnue et les cieux°!
		Rien, ni les vieux jardins reflétés par les yeux
goes for a dip	5	Ne retiendra ce cœur qui dans la mer se trempe°
		Ô nuits! ni la clarté déserte de ma lampe
		Sur le vide papier que la blancheur défend
nursing		Et ni la jeune femme allaitant° son enfant.
masts		Je partirai! Steamer balançant ta mâture°,
	10	Lève l'ancre pour une exotique nature!
		Un Ennui, désolé par les cruels espoirs,
		Croit encore à l'adieu suprême des mouchoirs!
masts		Et, peut-être, les mâts°, invitant les orages,
bends/ shipwrecks		Sont-ils de ceux qu'un vent penche° sur les naufrages°
small islands	15	Perdus, sans mâts, sans mâts, ni fertiles îlots°...
sailors		Mais, ô mon cœur, entends le chant des matelots°!

2 **Réagissez** Que pensez-vous du poème? De quels types de voyages s'agit-il, d'après vous? Faites une liste des mots du poème associés au voyage. Ce poème vous donne-t-il envie de «voyager»? Expliquez en écrivant quelques phrases.

3 **Analysez** Relisez le poème en considérant ces questions et en prenant des notes.

- Comment le poème est-il organisé (nombre de strophes, de vers, etc.)?
- Comment sont le rythme (régulier, fluide, musical, etc.) et le ton (lyrique, dramatique, etc.)? Comment contribuent-ils au message de l'œuvre?
- Comment qualifieriez-vous le langage que le poète utilise? Met-il l'accent sur l'imagination?
- Quels images, symboles et contrastes Mallarmé utilise-t-il pour évoquer l'idée de voyage et d'évasion?
- Quels éléments poétiques symbolistes pouvez-vous identifier dans ce poème?

4 **Trouvez** Essayez de trouver des exemples de ces divers éléments dans le poème.

Valeurs	Exemples
met l'accent sur les états psychiques (le rêve, l'imagination, le fantastique)	vers 2: «des oiseaux sont ivres»
refuse la banalité de la vie	
tente de stimuler l'imagination et la sensibilité du lecteur	
laisse le lecteur interpréter les images utilisées	

Éléments de style	Exemples
langage fluide et musical	vers 3: «d'être parmi l'écume inconnue et les cieux!»
vers libres	
abondance de mots, d'images et de symboles liés à la musique, à la nature, à l'imaginaire et aux sentiments	
utilisation d'oppositions et de contrastes	

Écrivez

5 **Votre rédaction** Rédigez une analyse en trois parties dans laquelle vous analysez et commentez le poème:

A. **Introduction** Écrivez quelques courtes phrases dans lesquelles vous donnez le titre du poème et le nom de l'auteur. Décrivez aussi brièvement le style poétique et les thèmes principaux.

B. **Analyse du poème** Décrivez en détails les principales caractéristiques de ce poème d'après vos notes des activités 3 et 4. Utilisez des exemples tirés du poème pour illustrer votre analyse.

C. **Conclusion** Rappelez brièvement les thèmes principaux du poème, puis dites quel était, à votre avis, le but de l'auteur quand il l'a écrit. Pour finir, donnez votre interprétation personnelle du poème et dites si vous pensez qu'il invite au voyage ou non en justifiant votre opinion.

Révisez et lisez

6 **Révision** Révisez votre rédaction en incorporant les suggestions d'un(e) partenaire et en faisant attention à ces éléments.

- Avez-vous respecté le plan de rédaction?
- Avez-vous bien décrit les caractéristiques principales et les thèmes du poème en utilisant des exemples tirés du texte pour illustrer votre analyse?
- Avez-vous considéré tous les éléments des tableaux sur le symbolisme?
- La grammaire et l'orthographe sont-elles correctes? Vérifiez bien l'emploi et les formes du subjonctif dans les propositions relatives et adverbiales.

7 **Lecture** Lisez votre rédaction à la classe. Vos camarades vous diront ce qu'ils pensent de votre analyse du poème.

Première discussion en groupes

En petits groupes, vous allez discuter de l'influence des voyages sur le développement personnel.

1

Réfléchissez Lisez la citation, puis répondez aux questions. Prenez des notes.

> «Les voyages forment la jeunesse.»
> –Michel de Montaigne (1533-1592)

1. Par cela, Montaigne voulait dire que les voyages sont le complément naturel de l'enseignement: il ne suffit pas d'apprendre dans des livres; il faut aussi aller voir «sur place». Que pensez-vous de cette idée?

2. La mondialisation et les technologies rendent-elles les voyages et la découverte du monde plus nécessaires? Ou bien permettent-elles, au contraire, de découvrir le monde et les autres sans se déplacer?

2

Regardez Maintenant, mettez-vous en petits groupes. Regardez les quatre images ci-dessous et répondez aux questions.

1. Que voyez-vous sur les photos?

2. Savez-vous où se trouvent ces pays? Expliquez.

3. Lequel aimeriez-vous visiter? Pourquoi?

4. Y a-t-il d'autres endroits dans le monde francophone que vous aimeriez voir un jour? Lesquels? Expliquez.

La Belgique

Le Maroc

Madagascar

La France

Le Québec

La Guadeloupe

3 **Comparez** Réfléchissez à l'influence positive des voyages sur le développement personnel et discutez-en. Prenez des notes. Ensuite, pensez aux raisons pour lesquelles les voyages ne sont pas forcément importants dans la vie. Utilisez un tableau comme celui ci-dessous pour organiser vos arguments, et donnez des exemples pour illustrer les différents points de vue.

Argument: Les voyages forment la jeunesse	
D'accord	**Pas d'accord**
1. découvrir le monde en personne	1. coût élevé des voyages

4 **Discutez** Mettez-vous en groupes. Chaque membre du groupe explique ses idées et ses arguments en utilisant les éléments du tableau de l'activité 3. Chaque étudiant peut aussi poser des questions supplémentaires pour mieux comprendre les points de vue de ses camarades.

> Modèle **Bien qu'il y ait des dangers imprévisibles, voyager restera toujours une activité intéressante.**

5 **Répondez** Maintenant, chaque groupe doit décider si, dans l'ensemble, le groupe est d'accord avec la citation de Montaigne en répondant aux questions suivantes. Incorporez, dans vos discussions, des phrases au subjonctif avec des propositions relatives et adverbiales.

1. Y a-t-il plus d'aspects positifs liés aux voyages ou plus d'aspects négatifs?

2. Les voyages sont-ils réellement un complément nécessaire à l'éducation?

3. Les nouvelles technologies offrent-elles vraiment des options qui rendent l'idée du voyage moins attrayante?

4. En quoi le concept du voyage va-t-il évoluer à l'avenir?

> Modèle **À l'avenir, on recherchera peut-être des voyages qui nous fassent découvrir d'autres planètes.**

6 **Allez plus loin** À l'avenir, va-t-on voyager dans l'espace? Sera-t-il possible de voyager dans le temps? Fera-t-on de plus en plus de voyages virtuels? Où? Comment? Quels seront les avantages et les inconvénients de ces différents types de voyages? Imaginez que vous faites un voyage à l'avenir et écrivez une carte postale à un(e) ami(e) décrivant votre aventure. Enfin, lisez votre carte postale à la classe et discutez-en.

La nature et l'environnement

La Terre est en danger! Que ce soit pour protéger les espèces animales en voie d'extinction ou pour combattre la pollution, il faut agir. Dans certains pays, les partis écologistes ont de plus en plus d'adhérents. Mais la protection de la nature, c'est l'affaire de tout le monde.

1. À votre avis, quelle est la plus grande menace écologique?

2. Que faites-vous pour protéger l'environnement?

3. Quelle menace écologique existe à proximité de chez vous? Quelles précautions prenez-vous face à cette menace?

Vocabulary Tools

Préparation

Vocabulaire du court métrage

une agence immobilière *real estate agency*

le déménagement *move (out)*

un état des lieux (m.) *inspection*

guetter *to lie in wait (for)*

les hypothèques (f.) *mortgage payments*

nourrir *to put food on the table*

prendre les rênes (f.) *to take over*

un(e) proprio (propriétaire) *owner*

une saisie judiciaire *foreclosure*

traquer *to hunt down*

Vocabulaire utile

un cerf *stag (deer)*

déraper *to skid*

une flaque *puddle*

un fusil *shotgun*

le gibier *game (meat)*

la proie *prey*

rôder *to prowl*

un sanglier *boar*

siffler *to whistle*

EXPRESSIONS

gagner son bifteck *to bring home the bacon*

La roue tourne. *Life goes on.*

Tire-toi! *Go away!*

Vise un peu la terrasse. *Check out the balcony.*

---

1 **Déménagement** Complétez le dialogue avec les mots qui conviennent.

l'agence immobilière	l'état des lieux	le proprio
le déménagement	prendre les rênes	une saisie judiciaire

—J'ai eu la promotion! C'est moi qui vais (1) _____ de l'agence. Alors, on quitte la campagne et on va vivre en ville!

—Félicitations! Vous avez déjà fait (2) _____?

—Oui, le week-end dernier et (3) _____ est venue faire (4) _____ de notre maison lundi. L'agent n'a trouvé aucun problème.

—Allez-vous vivre dans une maison ou un appartement?

—Nous avons trouvé une maison pas chère reprise par la banque dans (5) _____ parce que (6) _____ ne payait pas son hypothèque.

2 **Inventez** Avec un(e) partenaire, écrivez six à huit phrases dans lesquelles vous utilisez les nouveaux mots de vocabulaire. Ensuite, partagez-les avec une autre paire.

Modèle **J'ai téléphoné au propio ce matin parce qu'il y a une flaque dans le couloir.**

3 **Je suppose...** Par groupes de trois, relisez les listes de vocabulaire, puis essayez de deviner de quoi va parler le court métrage. Notez vos idées, puis partagez-les avec la classe.

Modèle **À mon avis, il s'agit d'un chasseur qui achète une maison mystérieuse.**

Practice more at **vhlcentral.com.**

4 **Questions personnelles** Répondez à ces questions.

1. Est-ce que la chasse est réglementée dans votre région? Que faut-il faire pour pouvoir chasser de manière légale?

2. Quels animaux chasse-t-on dans votre région? Pour quelles raisons les chasse-t-on?

3. Croyez-vous que dans la vie, ça doit être «chacun pour soi» ou bien êtes-vous pour une attitude plus empathique?

4. Est-ce que vos parents et vos amis ont la même opinion que vous sur cette question? Expliquez.

5 **Anticipation** Avec un(e) partenaire, observez ces photos du court métrage et répondez aux questions.

Image A

- Combien de personnes y a-t-il dans l'image? Où sont-elles, à votre avis?
- Quelle impression avez-vous de cette scène?

Image B

- Que voyez-vous dans cette image? Où sommes-nous, d'après vous?
- Décrivez la femme. Elle a l'air comment?
- Comparez l'impression que vous avez de cette image avec celle de l'autre image.

6 **Citations du film** Avec un(e) partenaire, lisez ces deux citations tirées du court métrage et donnez-en votre interprétation. Ensuite, présentez vos idées à la classe.

> «C'est vraiment dommage que tu ne t'intéresses pas plus à la chasse. On y apprend énormément sur soi, sur les autres...»

> «... ton père a fait une sacrée affaire, je peux te le dire. Ça fait six mois qu'il le guette.»

FICHE Personnages Éda, Papa, François, le proprio **Durée** 12 minutes **Pays** France **Année** 2014

SCÈNES Video

Papa Tiens. J'ai un petit boulot pour toi. C'est un état des lieux à faire en centre-ville.
Éda Ah non, non, non, mais je ne fais pas les missions de terrain, moi. Tu le sais bien.
Papa De quoi tu as peur?

Papa C'est bien dommage que tu ne t'intéresses pas plus à la chasse. On y apprend énormément sur soi, sur les autres…

François Ça va, mon petit?
Éda Mais c'est quoi ça, ces cartons[1]-là? Le déménagement n'est pas fini? Pour l'état des lieux, on fait comment alors?
François Ah, ton père a fait une sacrée affaire, je peux te le dire. Ça fait six mois qu'il le guette, depuis que le proprio a arrêté de rembourser les hypothèques.

Éda Papa, il faut absolument que je te…

∞ À L'ÉCRAN

Dans le bon ordre Numérotez ces événements dans l'ordre chronologique d'après l'histoire.

___ a. Éda manque d'écraser un animal sur la route.

___ b. Le père d'Éda traque un cerf.

___ c. Le chien rose attaque le chasseur.

___ d. François explique à Éda comment son père a obtenu l'appartement.

___ e. Éda rend les clés de l'appartement à son père.

___ f. Le père d'Éda lui demande de faire un état des lieux en centre-ville.

Éda Mais tire-toi, toi, pshhhiiit!

Papa Éda?

---

[1] *boxes*

Analyse

1 **Parallèles** Associez chaque élément avec le personnage qui convient. Quelques éléments correspondent à plusieurs personnes.

	Éda	François	Le père	Le proprio
arrêter de payer les hypothèques				
un accident de voiture				
un fusil				
faire ses cartons				
son anniversaire				
blessé(e)				
déménager				
les bois				
annoncer une surprise				

2 **Compréhension** Répondez aux questions.

1. Décrivez Éda et son père. Ont-ils une bonne relation? Expliquez.
2. Qu'est-ce que le père d'Éda va faire au lieu de faire l'état des lieux?
3. Quand Éda arrive, qui sont les deux personnes dans l'appartement? Que fait chaque personne?
4. Qu'est-ce qui est révélé à Éda? Décrivez sa réaction.
5. Qu'est-ce qui se passe après le départ d'Éda de l'appartement?
6. Décrivez la créature qui suit Éda. Qu'est-ce que c'est? Est-ce que cette créature est réelle? Est-ce un esprit?
7. Qu'est-ce qui se passe à la fin?
8. Qu'est-ce que cette expérience représente pour Éda? Et pour son père?

3 **Vrai ou faux?** Indiquez si ces phrases sont vraies ou fausses. Corrigez les phrases fausses.

1. Le père d'Éda est agent immobilier et aussi chasseur.
2. Le père d'Éda est très strict et il la réprimande parce qu'elle ne travaille pas assez.
3. Éda ne veut pas faire l'état des lieux parce qu'elle a trop de travail.
4. François fait remarquer la valeur de l'appartement en montrant la belle vue de la terrasse.
5. François est chargé d'annoncer à Éda qu'elle est la nouvelle propriétaire de l'appartement.
6. Éda demande au proprio de partir avec ses cartons.
7. Le père d'Éda lui souhaite un bon anniversaire par téléphone.
8. Éda est attaquée par un animal dans la forêt.

4 **La roue de la fortune** À deux, lisez cette citation du court métrage et donnez-en votre interprétation. Dans quels domaines est-elle applicable? Ensuite, dites si vous êtes d'accord ou non avec cette citation et expliquez pourquoi. Donnez des exemples de votre propre vie. Partagez vos idées avec la classe.

> «La roue tourne, hein? On perd, on gagne, c'est la vie.»

5 **La vie des animaux** Avec un(e) partenaire, trouvez des scènes dans le court métrage qui sensibilisent le spectateur à la vie des animaux. Faites attention à leur conduite et dites si chaque espèce est un prédateur ou une proie. Est-ce que les animaux se protègent? Est-ce qu'ils protègent Éda? Comment?

- le lapin
- les cerfs
- les chiens de chasse
- les oiseaux
- les sangliers
- la créature rose

6 **Nature sauvage** Comparez vos expériences avec les animaux avec celles d'Éda et de son père. Êtes-vous jamais allé(e) ou aimeriez-vous aller à la chasse? Avez-vous un lien spécial avec un certain animal ou une certaine espèce? Est-il possible qu'une personne puisse s'identifier à la fois à Éda et à son père? Discutez-en avec un(e) partenaire.

    Modèle   **Mon chat et moi sommes inséparables. Elle me suit partout, même...**

7 **Le fin mot** À deux, imaginez la conversation entre Éda et le proprio expulsé. Pourquoi est-ce qu'il ne rembourse pas son hypothèque? Qu'est-ce qu'elle lui conseille de faire? Écrivez huit lignes de dialogue puis partagez votre conversation avec le reste de la classe.

8 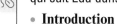 **La loi du plus fort** Suivez les instructions pour rédiger une rédaction sur la créature rose qui suit Éda dans la forêt.

- **Introduction**   Décrivez la créature. C'est un animal? Un esprit? D'où vient-elle? Pour quelles raisons suit-elle Éda?
- **Développement**   Expliquez ce qu'elle fait pour Éda et pourquoi.
- **Conclusion**   Décrivez la fin du film et ce qui se passera après. Est-ce que cette créature continuera à protéger Éda? Comment?

Practice more at
vhlcentral.com.

5.1 Le passé du subjonctif

Rappel

Le subjonctif, comme l'indicatif, est un mode. Et, comme l'indicatif, le mode du subjonctif comprend différents temps: le présent qu'on a vu dans les leçons précédentes, le passé, l'imparfait et le plus-que-parfait. L'imparfait et le plus-que-parfait du subjonctif sont rarement utilisés dans le langage courant.

*Éda regrette que son père **ait acheté** l'appartement.*

Coup de main

Le participe passé conjugué avec l'auxiliaire **avoir** s'accorde en genre et en nombre avec le complément d'objet direct si celui-ci précède le verbe.

*Les éclairs? Je doute que vous les ayez **vus.***

Le participe passé conjugué avec l'auxiliaire **être** s'accorde en genre et en nombre avec le sujet du verbe.

*Nous craignions qu'elles soient **parties.***

- Le passé du subjonctif est un temps composé. On forme le passé du subjonctif avec le subjonctif présent des auxiliaires **être** ou **avoir** suivi du participe passé du verbe à conjuguer.

voir	venir
que j'aie vu	que je sois venu(e)
que tu aies vu	que tu sois venu(e)
qu'il/elle/on ait vu	qu'il/elle/on soit venu(e)
que nous ayons vu	que nous soyons venu(e)s
que vous ayez vu	que vous soyez venu(e)(s)
qu'ils/elles aient vu	qu'ils/elles soient venu(e)s

- Les règles d'accord du participe passé sont les mêmes au passé du subjonctif qu'au passé composé.

  *Je doute que la saison des pluies soit déjà **passée.***
  *Les plus vieux arbres de la forêt? Je ne pense pas qu'ils les aient **coupés.***

- On utilise le passé du subjonctif quand l'action du verbe au subjonctif se situe avant celui de la principale. Le verbe de la principale peut être soit au présent, à l'imparfait ou au passé composé.

  *Je suis désolée que tu **sois** malade.* (Tu es malade maintenant.)
  *Je suis désolée que tu **aies été** malade.* (Tu étais malade, mais tu ne l'es pas maintenant.)
  *Éda n'est pas contente que son père lui **ait demandé** de faire un état des lieux.*

Attention!

- On utilise le présent du subjonctif quand les deux actions ont lieu simultanément dans le passé ou quand l'action du verbe au subjonctif a lieu après l'action du verbe de la proposition principale.

*Nous avons regretté que tu ne **sois** pas là.*

*Ils étaient contents que vous **arriviez.***

Récapitulation des différents emplois du subjonctif

- On emploie le subjonctif dans les propositions substantives après des verbes qui expriment des sentiments tels que la volonté, le désir, l'ordre, la défense et certains verbes impersonnels.

  *Je suis triste que tu n'**aies** pas **pu** venir en vacances avec nous.*
  *Je doute qu'ils **aient pensé** à prendre toutes les précautions en cas d'inondation.*
  *Nous craignions que vous **vous soyez perdus**.*
  *Pensez-vous qu'il m'**ait rapporté** un petit souvenir?*
  *Ils ne pensent pas qu'elle **soit** déjà **arrivée**.*

*Il est bon qu'Éda **ait survécu** à l'accident..*

- On emploie le subjonctif dans une proposition relative dans les cas suivants.

On emploie le subjonctif quand la proposition relative...	
suit un superlatif ou une expression équivalente à un superlatif.	*Ce sont les plus beaux parcs naturels que nous **ayons visités**.*
exprime un désir, une intention, un but.	*Ils cherchent un guide qui **ait** déjà **fait** cette excursion.*
suit une proposition principale négative, interrogative ou qui exprime un doute.	*Vous ne trouvez aucun randonneur qui **soit entré** dans le bois hier?*
dépend d'une proposition qui est déjà au subjonctif.	*Il est impossible que vous **ayez pris** le seul sentier qui **soit** ouvert.*

- On emploie le subjonctif dans les propositions adverbiales après certaines conjonctions.

  *Le guide nous a tout expliqué **bien que** nous ne lui **ayons posé** aucune question.*
  *Cédric nous a accompagnés **malgré qu'**il n'**ait** pas bien dormi la nuit dernière.*

*François était dans l'appartement **avant qu'**Éda **soit arrivée**.*

Mise en pratique

1 **Une catastrophe naturelle** Hamid et son copain Romain discutent d'un incendie de forêt qui a ravagé leur région. Mettez les verbes entre parenthèses au passé du subjonctif.

> HAMID Tu as lu les journaux? Tu ne penses pas que les médias (1) _____ (exagérer) l'ampleur de la catastrophe?
>
> ROMAIN Au contraire, je doute qu'on nous (2) _____ (dire) tout ce qui s'était réellement passé. Je crains que les secours (3) _____ (ne pas arriver) à temps pour sauver certaines personnes!
>
> HAMID Mais ils avaient pourtant prévenu les gens qu'il y avait des risques d'incendie dus à une trop grande sécheresse. La population devait en principe être hors de danger... à moins que les habitants (4) _____ (ne pas avoir) le temps d'évacuer les lieux.
>
> ROMAIN En tout cas, je regrette que tout cela (5) _____ (se passer)! C'est vraiment la plus grosse catastrophe naturelle que la région (6) _____ (connaître) ces dernières années.

2 **Sont-ils écolos?** Plusieurs de vos amis ont décidé de protéger l'environnement, mais d'autres ne sont pas encore de vrais écolos. Réagissez en utilisant diverses expressions de regret, de joie, d'étonnement ou de colère.

> Modèle Mégane a vendu sa voiture de sport.
> **Je suis étonné(e) qu'elle ne l'ait pas vendue plus tôt!**

1. Les parents de Matthieu lui ont offert une voiture hybride.
2. Julie a dépensé une fortune pour faire installer des panneaux solaires.
3. Albin a oublié d'éteindre les lumières chez lui avant de partir en week-end.
4. Yasmina n'a pas voulu abandonner l'utilisation de pesticides pour avoir de jolies fleurs dans son jardin.
5. Thomas et Tariq ont échangé leurs motos pour des vélos.
6. Patricia a pris l'habitude de prendre le bus pour aller travailler.
7. Éric et Isabelle sont devenus membres d'un parti écolo.
8. Loïc a signé une pétition pour sauver les espèces animales en voie de disparition.
9. Au bureau, Sylvain a refusé de participer au recyclage des canettes d'aluminium.
10. Alain a planté des légumes dans son jardin.

Communication

3 **Votre avis** Posez des questions à votre partenaire pour connaître son avis sur les grands problèmes écologiques actuels.

Modèle la plus grande catastrophe naturelle (la Terre / connaître)
—**Quelle est la plus grande catastrophe naturelle que la Terre ait connue?**
—**La plus grande catastrophe naturelle que la Terre ait connue, c'est le raz-de-marée de 2004.**

1. Les progrès les plus importants (on / faire) récemment pour lutter contre la pollution

2. La ressource naturelle la plus précieuse (les hommes / surexploiter)

3. La décision la plus importante (le gouvernement / prendre) pour éviter le gaspillage

4. Le document le plus controversé (les pays / signer) pour lutter contre les émissions de gaz à effet de serre

5. La solution la plus intelligente (les scientifiques / inventer) pour économiser l'énergie

6. Le meilleur moyen de protéger les espèces en voie d'extinction (on / trouver)

7. La principale cause de pollution (les hommes / avoir à combattre) ces dernières années

8. Les dommages les plus évidents (le réchauffement planétaire / causer)

4 **Nouvelles alarmantes** Avec un(e) partenaire, vous écoutez les informations à la radio et les nouvelles sont alarmantes. Vous n'êtes pas trop inquiet/inquiète mais votre partenaire est pessimiste. Créez une conversation en choisissant un des sujets donnés. Jouez cette scène devant la classe.

déforestation	inondation
disparition de la calotte glaciaire (*icecap*)	marée noire
	raz-de-marée (*tidal wave*)
disparition des abeilles	tremblement de terre
éruption	vague de chaleur
glissement de terrain	

Modèle vague de chaleur
—**Tu as entendu? Il y a une vague de chaleur sur le pays. Il a fait 70 degrés dans le sud hier!**
—**Je doute qu'il ait fait 70 degrés dans le sud.**
—**Moi, ça ne m'étonnerait pas qu'il ait fait 70 degrés à cause du réchauffement climatique!**

5 **Une grosse tempête** Il y a eu une grosse tempête qui a fait beaucoup de dégâts. Vous avez eu plus de chance que votre partenaire. Créez une conversation dans laquelle vous racontez ce qui vous est arrivé. Utilisez des conjonctions dans votre dialogue.

Modèle —**La grêle n'a pas fait de dégâts malgré que nous ayons oublié de rentrer la voiture dans le garage.**
—**Tu as eu de la chance ! Nous avons eu des dégâts bien que nous ayons fermé toutes les fenêtres! La grêle a cassé plusieurs vitres.**

Note CULTURELLE

En France, comme dans la plupart des pays, on utilise l'échelle Celsius pour mesurer la température. L'unité de cette échelle est le degré Celsius. Pour convertir les degrés Celsius en degrés Fahrenheit, il faut multiplier la température par $\frac{9}{5}$ et ajouter 32 au résultat. Pour convertir les degrés Fahrenheit en degrés Celsius, il faut soustraire 32 de la température et multiplier le résultat par $\frac{5}{9}$.

Practice more at **vhlcentral.com**.

5.2 ## La voix passive

Rappel

La voix active et la voix passive sont deux façons différentes de construire des phrases.
À la voix active, le sujet fait l'action. À la voix passive, le sujet subit (*is subjected to*) l'action.

—*Le déménagement n'est pas **fini**?*

- Pour former la voix passive, on utilise le verbe **être** suivi du participe passé du verbe. C'est la forme du verbe **être** qui indique le temps utilisé: le présent, le passé composé, l'imparfait, le futur, etc. Le participe passé s'accorde en genre et en nombre avec le sujet du verbe.

Voix active	Voix passive
On **plante** des arbres tous les ans.	Des arbres **sont plantés** tous les ans.
L'inondation ne **menaçait** pas mon quartier.	Mon quartier n'**était** pas **menacé** par l'inondation.
Un incendie **a détruit** leur maison.	Leur maison **a été détruite** par un incendie.

Coup de main

On emploie la préposition **de** plutôt que **par** après des verbes qui expriment un sentiment ou une émotion.

*Cette patronne était crainte **de** tous ses employés.*

*Il est aimé **du** peuple.*

- Seuls les verbes qui peuvent avoir un complément d'objet direct peuvent être utilisés à la voix passive. Le complément du verbe actif devient le sujet du verbe passif. Le sujet du verbe actif devient le complément d'agent du verbe passif. Ce complément d'agent est introduit par la préposition **par** ou **de**.

Un tremblement de terre sujet	*a détruit* verbe actif	*ce village.* complément objet direct
Ce village sujet	*a été détruit* verbe passif	***par** un tremblement de terre.* complément d'agent
Les touristes sujet	*apprécient* verbe actif	*cet endroit.* complément object direct
Cet endroit sujet	*est apprécié* verbe passif	***des** touristes.* complément d'agent

*Éda **est suivie par** le chien.*

- Dans certains cas, on ne précise pas qui fait l'action. Dans ces cas-là, il n'y a pas de complément d'agent.

    *Ce parc **a été inauguré** il y a deux ans.*

*Les cerfs **sont chassés** tous les ans.*

- Quand le pronom **on** est le sujet du verbe à la voix active, ce pronom n'apparaît pas comme complément d'agent dans la phrase à la voix passive.

    ***On a créé** une réserve naturelle.*
    *Une réserve naturelle **a été créée**.*

- En français, on utilise plus souvent la voix active que la voix passive. Pour éviter la voix passive dans une phrase sans complément d'agent, on peut soit utiliser le pronom **on**, soit utiliser une construction pronominale avec **se**.

    *L'aluminium **est** facilement **recyclé**.*
    ***On recycle** facilement l'aluminium.*
    *L'aluminium **se recycle** facilement.*

***On a saisi l'appartement**.*

- Il y a des cas où la transformation de la voix active à la voix passive ne peut pas se faire. C'est le cas des verbes intransitifs, des verbes pronominaux et des verbes qui demandent un complément d'objet indirect. C'est aussi le cas quand le verbe de la phrase est le verbe **avoir** ou le verbe **être** suivi d'un attribut.

    *Les plages **appartiennent** aux habitants de la région.*
    *Cette réserve **a** une surface de 30.000 hectares.*

Mise en pratique

1 **Préservons la nature** Dites si les phrases sont à la voix active ou à la voix passive.

1. De nos jours, le papier et l'aluminium se recyclent régulièrement.
2. On ne doit pas gaspiller les ressources naturelles.
3. L'énergie solaire est de plus en plus utilisée.
4. On ne devrait pas polluer.
5. On doit respecter l'habitat des animaux en voie de disparition.
6. Le trafic des animaux exotiques n'est plus permis dans beaucoup de pays.
7. La nature est protégée par des lois plus strictes.
8. Les ressources naturelles se raréfient.
9. Les pesticides ne sont pas utilisés dans les produits biologiques.
10. Ces mesures seront appréciées de tous les habitants de la région.

2 **Un incendie** À la radio, on parle d'un incendie qui a eu lieu dans la région. Formez des phrases avec les éléments donnés. Mettez les verbes à la voix passive au temps ou au mode indiqué entre parenthèses.

> **Modèle** la semaine dernière, une période de sécheresse / annoncer (passé composé)
> **La semaine dernière, une période de sécheresse a été annoncée.**

1. il y a quelques jours, un feu de forêt / allumer / par des campeurs imprudents (passé composé)
2. en début de semaine, tout un village / détruire / par l'incendie (passé composé)
3. les blessés / amener / dans plusieurs hôpitaux de la région (passé composé)
4. tous les habitants / évacuer (passé composé)
5. à l'heure actuelle, le feu / combattre / par des dizaines de pompiers (présent de l'indicatif)
6. demain, des canadairs (*airtankers*) / envoyer / pour aider à maîtriser le feu (futur)
7. le week-end prochain, de l'argent / collecter / pour aider les victimes (futur)
8. il faut que des précautions / prendre / pour que ce genre d'accident ne se reproduise plus (présent du subjonctif)
9. chaque été, des milliers d'hectares de forêts / détruire / par des incendies (présent de l'indicatif)
10. tous les ans, la vie de centaines de personnes / mettre en danger / par la négligence de quelques-uns (présent de l'indicatif)

 Practice more at **vhlcentral.com.**

Communication

3

Quelle aventure! Vous et votre partenaire êtes allé(e)s camper chacun de votre côté, mais vous avez tou(te)s les deux vécu catastrophe sur catastrophe. Inspirez-vous de ces éléments pour vous raconter ce qui vous est arrivé. Utilisez la voix passive.

> Modèle —**Notre campement a été complètement enseveli par un glissement de terrain.**
> —**Les plages ont été recouvertes par une marée noire.**

le campement	abîmer	une éruption
l'équipement de camping	brûler	une coulée de lave
l'hôtel	détruire	un glissement de terrain
les plages	emporter	un incendie
les routes	endommager	une inondation
la tente	ensevelir (*to bury*)	une marée noire
la voiture	recouvrir	un ouragan

4

Expérience personnelle Avec un(e) partenaire, posez-vous des questions pour savoir si vous, ou quelqu'un que vous connaissez, avez déjà été victimes des forces de la nature.

> Modèle saccager / une tornade
> —**Est-ce que la région où tu habites a été saccagée par une tornade?**
> —**Non, mais la région où habite ma tante a été saccagée par une tornade il y a deux ans.**

1. endommager / des intempéries (*bad weather*)
2. abîmer / la grêle
3. couper / un orage
4. déraciner (*uproot*) / un orage
5. emporter / le vent
6. frapper / la foudre

5

Visite guidée Vous faites un safari-photo dans une réserve naturelle en Afrique de l'Ouest. Votre partenaire est votre guide. Créez une conversation dans laquelle vous lui posez quatre questions en utilisant la voix passive.

> Modèle —Quand ce parc a-t-il été créé?
> —**Il a été créé en...**

Note CULTURELLE

Le parc du Niokolo-Koba est le plus grand parc national du Sénégal. Il est situé au sud-est de Dakar. Il a été créé en 1954 et est inscrit au patrimoine mondial de l'UNESCO depuis 1981. C'est une réserve où l'on peut voir plus de 70 espèces de mammifères, notamment des lions, des hippopotames et même quelques éléphants.

Vocabulary Tools

Préparation

À propos de l'auteur

Alexandre Lacroix, né en 1975, est un écrivain et journaliste français. Il passe son enfance à Paris et commence à écrire son premier conte *L'Orfelin* (publié en 2010) à l'âge de 6 ans. Très affecté par la mort précoce de son père, le jeune homme transcrit sa douleur dans son premier roman, *Premières volontés*, publié en 1998. Puis, suivent de nombreuses autres œuvres dont un roman sur un groupe de jeunes révolutionnaires (*La Mire*, 2003) et des essais existentialistes (*Comment vivre lorsqu'on ne croit en rien?*, 2014). Alexandre Lacroix est diplômé de l'Institut d'Études Politiques de Paris et titulaire d'une maîtrise de philosophie de la Sorbonne. Il est aujourd'hui rédacteur en chef de *Philosophie magazine* et président d'une école d'écriture, *Les Mots*, qu'il cofonde en 2017 à Paris.

Vocabulaire de la lecture		Vocabulaire utile	
bétonné(e) *paved*	**hors d'atteinte** *out of reach*	**aménager** *to set up*	**une grotte** *cave*
un caillou *small rock*	**un labour** *plot of plowed land*	**les déblais** (m.) *rubble*	**la spéléologie** *spelunking*
censé(e) *supposed to*		**l'émerveillement** (m.) *awe*	**verdoyant(e)** *lush, green*
une cité-dortoir *commuter town*	**malfamé(e)** *infamous*	**escalader** *to climb*	
un cliché *photo*	**une pousse** *sprout*	**faire de la varappe** *to go rock climbing*	
craquelé(e) *cracked*	**un saule** *willow tree*		
le dessein *intention*	**le travers** *trap*		
escarpé(e) *steep*			

1 **Texte à trous** Complétez chaque phrase avec le mot de vocabulaire qui convient.

> une cité-dortoir | les déblais | pousses | un saule

1. Évitons l'accumulation de déchets et utilisons _____ de ce terrain de construction pour faire une butte (*hill*).

2. Aujourd'hui, les habitants du quartier plantent de jeunes _____ de plantes et des fleurs dans le parc du coin.

3. Cet arbre s'appelle «_____ pleureur» parce que ses branches tombent vers le sol comme si l'arbre pleurait.

4. Le coût de la vie dans _____ est moins élevé que celui dans une grande ville.

2 **Parcs et jardins publics** À deux, répondez aux questions.

1. Y a-t-il des parcs et des jardins publics dans votre quartier? Si oui, est-ce que vous y allez souvent? Pourquoi ou pourquoi pas?

2. Est-ce que vous aimez pratiquer des activités de plein air? Si oui, lesquelles?

3. Pensez-vous que la nature est accessible à tout le monde? Donnez des exemples.

4. Quels éléments du monde naturel appréciez-vous le plus?

Practice more at **vhlcentral.com**.

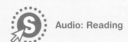

Devant la beauté de la nature

Alexandre Lacroix

1 En Europe occidentale—mais il en va ainsi désormais de nombreuses parties du globe—nous ne sommes plus confrontés à des forêts primaires, ni à la *frost* démesure géologique du désert, ni aux steppes craquelées de gel° du Nord. Les grands espaces, la *wilderness* ne sont pas pour nous. Ma thèse est cependant 5 que cela ne nous prive nullement de satisfactions esthétiques tout à fait valables. Il n'est pas exclu, à la limite, qu'on puisse s'émerveiller d'une feuille d'arbre ou même *to spring up/* d'une pousse d'herbe tenace qui a réussi à jaillir° de la fissure d'un trottoir°. Quoi *sidewalk* qu'il en soit, un essai sur la beauté de la nature ne saurait poser, dès l'abord, comme condition, que nous n'en faisons l'expérience authentique que dans des parcs 10 naturels, des sites aussi exceptionnels que les falaises de Santorin ou encore des terres que leur caractère hostile—toundras, jungles—a miraculeusement préservées.

Il existe, en particulier dans les magazines et les films documentaires d'aujourd'hui, une tendance à la magnification aristocratique de la nature: à grands renforts° d'expéditions coûteuses, de raids en 4x4° ou en hélicoptère vers *with a lot of/treks* *on ATVs* les régions les moins touristiques de la planète, jamais desservies° par les lignes *served* 15 d'aviation commerciales, les photoreporters rapportent des clichés merveilleux qui nous restituent° le spectacle d'une terre quitte de° toute intervention de *restore/free* *from* l'humanité. Qu'ils choisissent de parcourir les régions les plus escarpées et les plus malfamées à vélo, à cheval ou à pied, les écrivains de littérature de 20 voyage tombent dans le même travers et nous rapportent des descriptions de splendeurs auxquelles seule une solide constitution physique donne accès.

Mais c'est, à mon avis, placer la barre bien trop haut, et l'effet est contre-productif. Ces photographies, ces récits sont censés entretenir en nous l'amour de la nature, voire provoquer un sursaut° de conscience écologique, mais à rebours de° ce grand dessein, ils nous écrasent° en nous présentant une réalité que nous n'aurons jamais 25 les moyens d'aborder°, un monde dans lequel nous ne vivons pas et que nous savons hors d'atteinte. Je suis pour une conception plus démocratique et plus immédiate du contact avec la nature. Selon moi, même dans une plaine céréalière°, même en bordure d'une cité-dortoir, même en banlieue, la beauté naturelle est là, et nous avons des rendez-vous intermittents et secrets avec elle, si du moins nous savons lui 30 ouvrir nos yeux et notre cœur. Le soleil se couche aussi derrière les barres de HLM°.

jolt/contrary to

crush

to approach

field of grain

subsidized housing

«Le soleil se couche aussi derrière les barres de HLM.»

Ce n'est pas seulement par souci politique que je tiens cette position, mais parce que notre sensibilité fonctionne ainsi, me semble-t-il: il m'est 35 arrivé d'être en voyage dans quelque lieu privilégié, exotique, superbe, malheureusement à ce moment-là je n'étais pas dans les bonnes dispositions, les portes de ma perception étaient 40 fermées et je n'ai pas éprouvé le quart des émotions que m'ont offertes la Fosse-aux-Chats, ou le saule foudroyé° qui se dresse au bord de la route de Gizay, ou le brouillard° naissant des labours poitevins° en hiver, ou le son de la pluie crépitant° sur les aiguilles de la sapinière du bois des Cartes.

hit by lightning

fog near Poitiers/ pattering

Quand j'allais au square, à sept ou huit ans, dans le quinzième 45 arrondissement de Paris, j'avais remarqué un gros nodule de silex° fiché au milieu d'une allée. Les pieds des passants frappaient dessus°, comme les roues des vélos, sans jamais le déloger. Je l'adorais. J'ai essayé, à plusieurs reprises, de gratter avec des bâtons autour de ce nodule pour l'extraire, en vain. C'était le minuscule square° Desnouettes bétonné, nous étions à trois cents mètres du 50 périphérique°—et alors? Ce caillou

flint

on top

small urban park

freeway in Paris

était pour moi le Silex, je passais tous les matins et tous les soirs devant lui pour me rendre à l'école et me sentais attaché à lui par un lien spécial, affectif. Il ne correspondait pas au décor urbain qui l'entourait, il était bien plus ancien, il venait de loin, du fond des âges, et grâce à lui ou à travers lui, je me représentais la passion de nos ancêtres pour les silex. Il n'avait plus aucune utilité, mais un jour il avait été regardé comme un matériau à sculpter ou un porteur d'étincelles°. Il était un messager des temps préhistoriques, de l'époque antéhumaine même. ■

55

60

65 *sparks*

Analyse

1 **Compréhension** Indiquez si les phrases sont vraies ou fausses, selon la lecture. Corrigez les phrases fausses.

1. Il n'est pas possible d'admirer la nature en Europe occidentale parce qu'il n'y a plus beaucoup de grands espaces sauvages.

2. Les magazines et les films documentaires ont tendance à faire des reportages sur des lieux peu connus.

3. Pour les habitants de grandes villes, la nature est une réalité qu'ils n'auront jamais les moyens d'aborder, qui sera toujours hors d'atteinte.

4. L'auteur a ressenti beaucoup d'émotions quand il a visité des lieux superbes.

5. Les passants ont remarqué le silex au square Desnouettes et ont essayé de le déloger en frappant dessus.

6. L'auteur est attaché à ce silex parce qu'il lui fait penser aux temps préhistoriques, quand le silex était très apprécié en tant que (*as*) porteur d'étincelles.

2 **Omniprésence de la nature** Complétez les phrases suivantes.

1. L'herbe pousse...
   a. à la campagne.   b. parfois sur les trottoirs. c. a et b

2. C'est en cherchant la beauté naturelle à cœur ouvert qu'on la trouve dans...
   a. les grands espaces.   b. les cités-dortoirs.   c. les toundras.

3. Pour avoir un bon contact avec la nature, il faut être...
   a. sensible.   b. politisé.   c. sportif.

4. L'auteur a ressenti beaucoup d'émotions en voyant...
   a. les barres de HLM.   b. les photos de magazine. c. les labours poitevins.

5. Il s'est intéressé à un caillou dans le square Desnouettes parce qu'il lui rappelait...
   a. les documentaires.   b. la préhistoire.   c. le périphérique.

3 **Associations** À deux, associez les éléments de la colonne de droite avec ceux de la colonne de gauche.

Types d'éléments naturels	Exemples d'éléments naturels
1. éléments exceptionnels	a. l'herbe
2. éléments accessibles à tous	b. un caillou
	c. la jungle
	d. un désert
	e. le coucher du soleil
	f. la pluie
	g. une terre sauvage
	h. la toundra

4 **Vos impressions** Par groupes de trois, lisez la Note culturelle, puis trouvez une œuvre impressionniste sur Internet et analysez-la. Expliquez si l'œuvre choisie dépeint un site exceptionnel ou un contact quotidien avec la nature. Décrivez ce que vous ressentez en la regardant. Partagez vos réponses avec un autre groupe puis avec le reste de la classe.

Note CULTURELLE

L'impressionnisme est un mouvement artistique né en France au XIXe siècle et dont les œuvres dépeignent souvent des paysages naturels. Plusieurs peintres impressionnistes du XIXe siècle se sont inspirés des grands espaces en France, surtout en Île-de-France. C'est le tableau de Claude Monet intitulé *Impression, soleil levant* (1872) qui a donné son nom à ce style de peinture.

Practice more at **vhlcentral.com**.

 Vocabulary Tools

Préparation

À propos de l'auteur

Romancière et auteure Colette (1873–1954), née Sidonie-Gabrielle Colette, a commencé sa carrière de romancière en écrivant la série des quatre *Claudine* (*Claudine à l'école, Claudine à Paris, Claudine en ménage, Claudine s'en va*) de 1900 à 1905 (que son mari signait en fait de son surnom Willy). Dans ces livres, inspirés de sa vie d'adolescente et de jeune femme, Colette romance sa vie dans la campagne bourguignonne où elle passa son enfance. Plusieurs grands romans jalonnent sa carrière d'écrivaine comme *Chéri* (1920), *Le Blé en herbe* (1923) et *Gigi* (1943). Ces deux derniers ont été adaptés au cinéma. Colette a aussi fait carrière dans le music-hall et a tenu la rubrique dramatique dans le journal *Le Matin*. Colette s'est éteinte en pleine gloire à Paris le 3 août 1954. Elle a été présidente de l'Académie Goncourt et grand officier de la Légion d'honneur.

Vocabulaire de la lecture

l'aile (f.) *wing*
assommer *to knock unconscious*
brave *good; honest*
causer *to chat*
un collier *collar*
le coq *rooster*
étouffer *to suffocate*
faire un pas *to take a step*
le fauve *wild animal*
la fourrure *fur*

glapir *to yelp*
lâcher *to drop; to let go (of)*
la patte *paw; foot (of animal)*
picorer *to peck (at)*
le piège *trap*
la plume *feather*
la poule *hen; chicken*
la poussière *dust*
la queue *tail*
velouté(e) *velvety, soft*
vilain(e) *nasty*

Vocabulaire utile

l'animal (m.) de compagnie *pet*
la basse-cour *barnyard*
la maltraitance *mistreatment*
nourrir *to feed*
le prédateur *predator*
la proie *prey*
recueillir *to rescue*

1 **Parlons d'animaux** Complétez les descriptions avec les formes correctes des mots et des expressions du nouveau vocabulaire.

1. Les oiseaux peuvent voler grâce à leurs _____.
2. La Société protectrice des animaux _____ des animaux maltraités.
3. La poule _____ des grains avec son bec.
4. Le chat est un animal de _____.
5. Les poules sont des animaux de _____.
6. Le renard a une fourrure _____.

2 **Les animaux de compagnie** À deux, répondez à ces questions. Puis, échangez vos idées avec la classe.

1. D'après vous, quel genre d'animaux font les meilleurs animaux de compagnie? Avez-vous déjà connu quelqu'un qui avait un animal de compagnie inhabituel? Lequel?
2. Existe-t-il certains animaux qu'on ne devrait jamais prendre comme animal de compagnie? Lesquels?
3. En quoi les animaux de compagnie enrichissent-ils la vie de leurs propriétaires?
4. Quelles responsabilités les propriétaires d'animaux ont-ils envers leurs bêtes?

3

Sauvage ou domestique? Par petits groupes, choisissez pour chaque type d'animaux les lettres qui correspondent à ses caractéristiques. Certaines caractéristiques peuvent être attribuées aux deux types d'animaux. Ensuite, comparez vos choix avec ceux d'un autre groupe.

Animaux	Caractéristiques
• les animaux sauvages • les animaux domestiques	a. être fidèle b. aimer les caresses c. attaquer des proies d. manger des aliments en boîte e. se méfier des humains f. avoir sa liberté g. avoir son propre lit h. être menacé par les êtres humains i. être protégé des prédateurs j. dépendre des êtres humains k. vivre dans la nature

4

En voie d'extinction Un groupe de scientifiques décide de réintroduire une espèce animale disparue. Par groupes de trois, choisissez une espèce animale qui a existé dans votre région ou qui est en voie d'extinction. Puis, expliquez s'il faut vraiment la réintroduire et quels effets cela aurait pour l'environnement et pour les êtres humains.

- la chouette (*owl*)
- le dodo
- le loup (*wolf*)
- le mammouth
- le renard
- le tigre

5

Refuge pour animaux On a trouvé un coq et un renard abandonnés et malades dans la nature. Un refuge décide de les soigner. Imaginez que vous et votre partenaire êtes employé(e)s du refuge. Discutez de ce qu'il faudrait faire pour aider ces deux animaux. De quoi ont-ils besoin? En quoi est-ce que leurs besoins se ressemblent? En quoi est-ce qu'ils diffèrent? Présentez vos idées à la classe.

Practice more at **vhlcentral.com**.

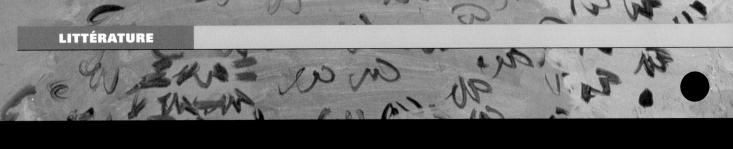

Le
RENARD
Colette

Audio: Dramatic Reading

1 L'homme qui mène promener son renard au Bois de
Boulogne est à coup sûr un brave homme. Il croit faire
plaisir au petit renard, qui fut peut-être son compagnon
trenches de tranchées°, et qu'il apprivoisa au son affreux
5 des bombardements. L'homme au renard, que son captif suit
caninement au bout d'une chaîne, ignore que le renard n'est, en
plein air, dans un décor qui peut lui rappeler sa forêt natale, qu'un
lost esprit égaré° et plein de désespoir, une bête aveuglée par la lumière
oubliée, enivrée d'odeurs, prête à s'élancer, à attaquer ou à fuir...
10 mais qui a le cou pris dans un collier... Sauf ces détails, le bon petit
back renard apprivoisé aime son maître et le suit en traînant son rein°
bas et sa belle queue couleur de pain un peu brûlé. Il rit volontiers
— un renard rit toujours. Il a de beaux yeux veloutés — comme
tous les renards, — et je ne vois
15 rien de plus à dire de lui.

L'autre brave homme,
l'homme aux poules, émergeait
vers onze heures et demie du
métro d'Auteuil. Il portait, rejeté
20 derrière l'épaule, un sac d'étoffe
sombre, assez ressemblant au
hobos sac à croûtes des chemineaux°,
et gagnait, d'un bon pas, les
forests tranquilles futaies° d'Auteuil.
25 La première fois que je le vis, il
avait posé son sac mystérieux
sur un banc et attendait que
je m'éloignasse avec mes chiennes. Je le rassurai, et il secoua avec
délicatesse son sac d'où tombèrent, lustrés, la crête rouge et le
30 plumage aux couleurs de l'automne, un coq et une poule qui
piquèrent du bec, grattèrent la mousse fraîche et l'humus forestier,
sans perdre un seul instant. Je ne posai pas de questions inutiles, et
l'homme aux poules me renseigna d'un mot:

«Je les sors tous les midis que je peux.
35 C'est juste, n'est-ce pas... Des bêtes qui
vivent en appartement...»

Je repliquai par un compliment
sur la beauté du coq, la vivacité de la
poule; j'ajoutai que je connaissais
40 bien aussi la petite fille qui emmène
«jouer» sa grosse tortue l'après-midi,
et l'homme au renard...

«Celui-là n'est pas une connaissance
pour moi», dit l'homme aux poules...
45 Mais le hasard devait mettre en présence
le maître du renard et celui des poules, dans un de ces sentiers que
cherche l'humeur solitaire des promeneurs guidés par la crainte
des gardes et la fantaisie d'un chien, d'un renard ou d'une poule.
D'abord, l'homme au renard ne se montra point.

> **Un petit renard, même privé, ne saurait fréquenter des poules sans en éprouver de graves désordres...**

Tiré en arrière, il s'assit sagement, et ses yeux étincelants n'exprimaient aucune pensée.

Assis dans le fourré°, il tenait 50 *thicket*
paternellement son renard par
le milieu de son corps serpentin
et s'attendrissait de le sentir
crispé° d'attention. Le rire *tense*
nerveux du renard découvrait ses 55
canines fines, un peu jaunies par
l'oisiveté° et la nourriture molle, *idleness*
et ses blanches moustaches, bien
aplaties contre les joues, avaient
l'air cosmetiquées. 60

À quelques pas, le coq et la
poule, rassasiés° de grain, prenaient leur bain de sable et de soleil. *satisfied*
Le coq passait les plumes de ses ailes au fer de son bec, et la poule,
gonflée en forme d'œuf, pattes invisibles et cou rengorgé°, se poudrait *puffed up*
d'une poussière jaune comme du pollen. Un cri léger et discordant, 65
proféré par le coq, l'éveilla. Elle s'ébroua et vint, d'un pas incertain,
demander à son époux:

«Qu'est-ce que tu as dit?»

Il dut l'avertir par signe, car elle ne discuta pas et se rangea avec
lui au plus près du sac — le sac, prison sans piège... 70

Cependant l'homme aux poules, étonné de ces façons, rassurait
ses bêtes par des «pettits! pettits!...» et des onomatopées familières.

Peu de jours après, l'homme au renard, qui, croyant bien faire,
donnait à son petit fauve ce plaisir de Tantale, jugea honnête de
révéler sa présence et celle de son renard. 75

«Ah! c'est curieux comme bête, dit l'homme aux poules.

—Et intelligent, renchérit l'homme au renard. Et pas pour deux sous° *not in the least*
de malice . Vous lui donneriez votre poule qu'il ne saurait quoi en faire.»

Mais le petit renard tremblait, d'un tremblement imperceptible
et passionné, sous sa fourrure, tandis que le coq et la poule, 80
rassurés par le son des voix amies, et d'ailleurs obtus, picoraient
et bavardaient sous l'œil velouté du renard.

Les deux amateurs de bêtes se lièrent, comme
on se lie au Bois ou dans une ville d'eaux°. On *health resort*
se rencontre, on cause, on raconte l'histoire que 85
l'on préfère, on verse, dans l'oreille inconnue,
deux ou trois confidences qu'ignorent vos amis
intimes, et puis on se sépare à la hauteur du
tramway 16 — on n'a livré ni le nom de la rue que
l'on habite, ni le numéro de la maison... 90

Un petit renard, même privé, ne saurait
fréquenter des poules sans en éprouver de graves désordres.
Celui-ci maigrit, rêva la nuit tout haut, en son langage
glapissant. Et son maître, en regardant le nez fin et fiévreux
du renard se détourner de la soucoupe de lait, vit venir à lui, 95
du fond d'un vert taillis° d'Auteuil, une vilaine pensée, à peine *underbrush*
distincte, pâle dans sa forme mouvante, mais déjà laide...

Ce jour-là, il causa de bonne amitié avec son ami l'homme aux
poules et donna distraitement un peu de jeu à la chaîne du
sliding 100 renard, qui fit un pas — appellerai-je un pas ce glissement°
qui ne montrait pas le bout des pattes et ne froissait nul brin
blade of grass d'herbe°? — vers la poule.

«Eh la! fit l'homme aux poules.

—Oh! dit l'homme au renard, il n'y toucherait pas.

105 —Je sais bien», dit l'homme aux poules.

Le renard ne dit rien. Tiré en arrière, il
glittering s'assit sagement, et ses yeux étincelants°
n'exprimaient aucune pensée.

Le lendemain, les deux amis
110 échangèrent leurs opinions sur la pêche
à la ligne.

«Si c'était moins cher, dit
l'homme aux poules, je prendrais
un permis sur le Lac Supérieur.
type of fish 115 Mais c'est cher. Ça met le gardon°
plus cher qu'aux Halles.

—Mais ça vaut la peine, repartit
l'homme au renard. Qu'est-ce qu'il a
pris, l'autre matin, un type, sur le petit lac!
120 Vingt-huit gardons et une brème plus large
que ma main.

—Voyez-vous!

—D'autant que, sans me vanter, je ne suis pas
I'm good with my hands manchot°. Vous me verriez lancer la ligne... J'ai le coup
125 de poignet, vous savez... Comme ça...»

Il se leva, lâcha la chaîne du renard et fit un magistral
twirl moulinet° de bras. Quelque chose de roux et de frénétique
sillonna l'herbe, dans la direction de la poule jaune, mais la
sharp stroke jambe de l'homme aux poules, d'une sèche détente°, brisa
130 l'élan, et on n'entendit qu'un petit aboiement étouffé. Le
renard revint aux pieds de son maître et se coucha.

«Un peu plus... dit l'homme aux poules.

—Vous m'en voyez tout ce qu'il y a de surpris! dit
l'homme au renard. Petit gosse, veux-tu faire
135 des excuses à monsieur, tout de suite? Qu'est-
ce que c'est, donc?...»

L'homme aux poules regarda son ami dans
les yeux et il y lut son secret, sa vilaine pensée
informe et pâle... Il toussa, étouffé d'un sang brusque
almost jumped 140 et coléreux, et faillit sauter° sur l'homme au renard, qui
se disait au même instant: «Je l'assomme, lui et sa basse-
cour...» Ils firent tous deux le même effort pour rentrer
dans la vie ordinaire, baissèrent la tête et s'écartèrent l'un
de l'autre, à jamais, avec leur prudence de braves gens qui
145 venaient de passer à deux doigts d'être des assassins. ∎

Analyse

1 **Résumé en désordre** Numérotez les phrases pour les remettre dans le bon ordre.

____ a. Le renard libéré s'élance vers la poule.

____ b. L'homme au renard et l'homme aux poules deviennent amis.

____ c. Les deux hommes ont envie de s'attaquer l'un à l'autre.

____ d. L'homme aux poules arrête le renard dans son élan.

____ e. L'homme au renard lâche la chaîne pour montrer comment il pêche à la ligne.

____ f. La narratrice voit un homme sortir un coq et une poule d'un sac.

____ g. L'homme au renard a une mauvaise pensée pour aider sa bête.

____ h. La narratrice rencontre un homme qui promène un renard au bout d'une chaîne.

2 **Associations** Choisissez le personnage ou l'animal qui correspond à chaque description.

1. _____ se roule dans la poussière.
   a. Le renard   b. La poule

2. _____ est un fauve au corps serpentin.
   a. Le renard   b. Le coq

3. _____ fait des moulinets avec ses bras.
   a. L'homme au renard   b. L'homme aux poules

4. _____ n'a plus envie de manger.
   a. Le coq   b. Le renard

5. _____ sont mis en confiance par des voix amies.
   a. Les deux hommes   b. La poule et le coq

6. _____ s'avance vers la poule.
   a. Le renard   b. Le coq

7. _____ avertit la poule du danger.
   a. Le coq   b. Le renard

8. _____ ont failli devenir des assassins.
   a. Les deux hommes   b. La poule et le coq

3 **Vrai ou faux?** Indiquez si les phrases suivantes sont vraies ou fausses et corrigez les fausses.

1. D'après la narratrice, l'homme au renard était peut-être soldat pendant la guerre.

2. La narratrice promenait sa tortue quand elle a vu l'homme aux poules pour la première fois.

3. L'homme aux poules habite avec ses bêtes en appartement.

4. L'homme au renard a mis un collier autour du cou de sa bête.

5. Le renard grossit après sa première rencontre avec les poules.

6. Le coq se précipite pour attaquer le renard.

7. L'homme aux poules ne se rend pas compte que l'homme au renard a fait exprès de lâcher la chaîne du renard.

8. À la fin, les deux hommes décident de ne plus jamais se revoir.

Practice more at
vhlcentral.com.

4 Pas naturel? Avec un(e) partenaire, identifiez au moins trois situations dans l'histoire de Colette qui montrent une relation typique entre les êtres humains et les animaux et trois situations qui montrent une relation inhabituelle.

> Modèle —Laisser des poules picorer du grain, ça, c'est quelque chose de typique.
> —**Oui, mais emmener des poules dans un parc public, ça, c'est quelque chose d'inhabituel.**

5 Le plaisir de Tantale Dans la mythologie grecque, Tantale est condamné à passer l'éternité au milieu d'un fleuve qui s'assèche à chaque fois qu'il veut s'abreuver et sous des arbres fruitiers dont les branches s'écartent quand il veut cueillir un fruit. Par groupes de trois, discutez des similarités entre la situation du renard et celle de Tantale. Citez des phrases du texte qui illustrent ces similarités. Quelle est la tentation qui tourmente le renard? Qu'est-ce qui l'empêche de se comporter comme il en a envie?

6 Sketch Imaginez que vous travaillez pour la SPA (Société protectrice des animaux) et que vous et votre partenaire êtes témoins de la scène décrite dans le texte de Colette. Écrivez une conversation entre vous et les deux hommes qui promènent leurs animaux dans le parc. Que leur expliquez-vous? Que leur proposez-vous?

7 Deux histoires de renard Avec un(e) partenaire, comparez la relation entre le renard et son propriétaire dans le récit de Colette à celle qui se développe entre le petit prince et son renard dans l'extrait du *Petit Prince* de Saint-Exupéry que vous avez lu dans la Leçon 1. En quoi est-ce que ces deux relations se ressemblent? En quoi sont-elles différentes? D'après vous, qu'est-ce que chaque auteur esssaie de communiquer au lecteur à propos de la nature humaine et de la nature des animaux? Donnez des exemples précis de chaque texte pour soutenir vos opinions. Soyez prêt(e)s à partager vos idées avec la classe.

8 Composition Écrivez une rédaction sur le thème suivant: Est-il éthique de garder des animaux en captivité? Considérez les questions suivantes et soutenez vos arguments avec des exemples tirés du récit de Colette, de vos propres expériences et d'événements historiques ou actuels.

- Est-il parfois acceptable de prendre un animal sauvage comme animal de compagnie? Si oui, dans quelles circonstances?

- Est-il cruel de mettre les animaux sauvages dans des zoos? Pourquoi ou pourquoi pas?

- Est-il acceptable d'élever en captivité des animaux qui sont menacés d'extinction? Pourquoi ou pourquoi pas?

- Est-il éthique d'élever des animaux uniquement pour le bénéfice des humains (comme source de nourriture, par exemple)? Pourquoi ou pourquoi pas?

Practice more at vhlcentral.com.

Vocabulary Tools

Toxic Planet

1

Préparez Répondez aux questions.

1. Qu'est-ce qui pollue l'atmosphère? Donnez des exemples.

2. Quels sont les effets de la pollution sur la santé des humains et des animaux?

À propos de l'auteur

David Ratte est né en 1970 à Besançon et vit aujourd'hui dans le sud de la France. Il a d'abord travaillé dans la métallurgie avant de se lancer dans la bande dessinée. Il est l'auteur des bandes dessinées *Toxic Planet* et *Le Voyage des Pères*. Le premier volume de *Toxic Planet* porte le titre ironique de «Milieu naturel». Cette série traite avec humour de problèmes écologiques, du nucléaire et de la pollution.

Vocabulaire utile	
un cauchemar *nightmare*	**un ouvrier/une ouvrière** *factory worker*
en sueur *sweating*	
frémir *to shudder*	**respirer** *to breathe*
la fumée *smoke*	**une usine** *factory*
un masque à gaz *gas mask*	**verdoyant(e)** *lush*
nocif/nocive *harmful*	

2

Regardez Avant de lire le texte, regardez les illustrations et répondez aux questions.

1. Où les scènes se passent-elles? Décrivez les deux cadres.

2. Combien de personnages y a-t-il? Que portent-ils? Pourquoi, à votre avis?

3

Interprétez Maintenant, lisez le texte et répondez aux questions. Justifiez vos réponses.

1. De quoi le personnage principal parle-t-il? Résumez l'histoire.

2. Quels éléments du milieu naturel dérangent l'ouvrier? Pourquoi?

4

Conversez Discutez de ces questions avec un(e) partenaire.

1. Discutez des différences stylistiques entre les scènes à l'usine et celles du cauchemar.

2. Quel est le message ou l'idée principale de cet extrait? Expliquez l'ironie.

3. Avez-vous déjà été terrifié(e) dans un milieu naturel? Décrivez les circonstances.

5

Présentez Inventez et rédigez un article de blog que le jeune ouvrier pourrait écrire sur son cauchemar. Montrez bien ce qui lui a fait peur et ce qui le soulage. Suivez ces instructions.

- **Introduction**   Le jeune homme explique qu'il a fait un rêve étrange.

- **Développement**   Il décrit le milieu où il se trouvait dans le cauchemar, la faune qu'il a vue, et les sentiments qu'il a éprouvés.

- **Conclusion**   Il explique pourquoi il préfère l'usine à la nature.

Practice more at
vhlcentral.com.

MAUVAISE NUIT

Extrait de la bande dessinée *Toxic Planet* 1, de David Ratte © 2007, Éditions Paquet, www.paquet.li

✍ Une brochure engagée

Vous allez créer une brochure sur un problème de l'environnement qui vous tient particulièrement à cœur ou qui vous paraît particulièrement grave. Votre but sera de convaincre vos lecteurs de changer leur comportement quotidien pour contribuer à la solution au problème.

Préparez

1 **Réfléchissez** Répondez aux questions suivantes. Prenez des notes.

1. Pensez à votre routine quotidienne. Est-ce que vous avez des habitudes qui pourraient être nuisibles à l'environnement? Expliquez.

2. Y a-t-il des problèmes environnementaux qui vous touchent personnellement? Lesquels?

3. À votre avis, quelles ressources naturelles faut-il absolument préserver? Pourquoi?

4. Quelles lois existent (au niveau local, national, ou international) pour protéger l'environnement?

2 **Notez** Après avoir choisi le problème de l'environnement que vous allez aborder comme sujet, utilisez un graphique pour noter vos idées. Commencez par réfléchir au sujet que vous avez choisi et, à l'aide du graphique, notez tous les problèmes liés au sujet qui vous viennent à l'esprit. Pour l'instant, il n'est pas nécessaire de les organiser de façon logique.

Modèle

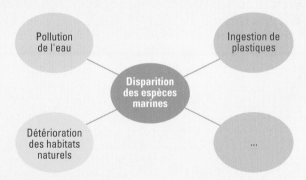

3 **Organisez** Maintenant, utilisez un tableau pour organiser toutes les informations que vous avez notées dans votre graphique de l'activité précédente. Vous allez noter les problèmes associés avec votre sujet et leurs causes. Pour le moment, il n'est pas nécessaire de remplir chaque cellule. Ça vous permettra d'identifier les trous dans vos connaissances.

Modèle

Disparition des espèces marines	
Problème	**Cause(s)**
pollution de l'eau	utilisation de produits chimiques
détérioration des habitats naturels	…
ingestion de plastiques	…

4 **Des recherches** Commencez à faire des recherches sur votre sujet pour remplir toutes les cellules dans votre tableau. Ajoutez une troisième colonne où vous suggérez des solutions. Utilisez les ressources de votre bibliothèque ou faites des recherches sur Internet. N'oubliez pas d'utiliser des sources fiables (*reliable*) et citez-les.

Modèle

Disparition des espèces marines		
Problème	**Cause(s)**	**Solutions possibles**
pollution de l'eau	utilisation de produits chimiques (détergents, pesticides, parfums, cosmétiques, etc.)	· acheter des produits biologiques · lire les étiquettes (*labels*) · s'informer
détérioration des habitats naturels	émission de CO_2, acidification	…
ingestion de plastiques	…	…

Écrivez

5 **Votre brochure** Préparez votre brochure engagée. N'oubliez pas que le but est de convaincre vos lecteurs de la gravité du problème et de les inciter à changer leur comportement. Expliquez les problèmes ainsi que les causes et solutions possibles. Ajoutez des photos, des illustrations ou d'autres éléments visuels pour rendre votre brochure plus intéressante. Employez le présent et le passé du subjonctif et la voix passive.

Modèle

Rien n'a été fait jusqu'à présent. Il est triste que nous n'ayons pas fait plus attention à notre consommation.

Révisez et lisez

6 **Révision** Demandez à un(e) camarade de lire votre brochure et de vous faire des suggestions pour l'améliorer. Révisez-la en incorporant ses suggestions et en faisant attention à ces éléments.

- Votre brochure explique-t-elle le problème de façon claire?
- Présente-t-elle des exemples concrets?
- Propose-t-elle des solutions?
- Est-elle convaincante?
- La grammaire et l'orthographe sont-elles correctes? Vérifiez bien l'emploi et les formes du subjonctif et de la voix passive.

Lecture Passez la version finale de votre brochure à vos camarades de classe. Ils/Elles vous diront si vous les avez convaincu(e)s de s'engager pour votre cause.

Discussion à deux

Vous allez lire *Le Rat de ville et le Rat des champs* de Jean de la Fontaine, puis discuter de la vie à la campagne et de la vie en ville avec un(e) partenaire. L'un(e) de vous sera le Rat de ville et l'autre le Rat des champs. Le Rat de ville devra essayer de convaincre son ami(e) de venir habiter à la ville et vice versa.

1 **Lisez** La révolution industrielle du XIXe siècle a provoqué la transition notable d'une société agraire vers une société industrielle et urbaine. En fait, le poète Jean de La Fontaine abordait déjà au XVIIe siècle le thème des différences entre la ville et la campagne. Lisez cette fable.

Le Rat de ville et le Rat des champs

1 Autrefois le Rat de ville
  Invita le Rat des champs,
  D'une façon fort civile,
gourmet leftovers   À des reliefs d'Ortolans°.
5 Sur un Tapis de Turquie
place setting   Le couvert° se trouva mis.
  Je laisse à penser la vie
  Que firent ces deux amis.
feast   Le régal° fut fort honnête,
10 Rien ne manquait au festin;
  Mais quelqu'un troubla la fête
  Pendant qu'ils étaient en train.
  À la porte de la salle
  Ils entendirent du bruit:
dashes off 15 Le Rat de ville détale°;
  Son camarade le suit.
  Le bruit cesse, on se retire:
  Rats en campagne aussitôt;
  Et le citadin de dire:
roast 20 Achevons tout notre rôt°.
  —C'est assez, dit le rustique;
  Demain vous viendrez chez moi:
I'm offended   Ce n'est pas que je me pique°
  De tous vos festins de Roi;
25 Mais rien ne vient m'interrompre:
  Je mange tout à loisir.
I don't care for   Adieu donc; fi du° plaisir
  Que la crainte peut corrompre.

Jean de La Fontaine

Jean de La Fontaine (1621-1695)

2 **L'histoire** Chaque étudiant(e) va commencer par faire deux listes:

- Le Rat de ville va préparer une liste des avantages de la ville et une liste des inconvénients de la campagne.
- Le Rat des champs va préparer une liste des avantages de la campagne et une liste des inconvénients de la ville.

Utilisez un tableau à deux colonnes pour organiser vos idées.

Modèle

Rat de ville		Rat des champs	
Avantages de la ville	**Inconvénients de la campagne**	**Avantages de la campagne**	**Inconvénients de la ville**
• proximité des services (hôpitaux, pompiers, etc.) • plus de magasins • ...	• ennuyeux • loin des activités culturelles • ...	• proche de la nature • pas de pollution • ...	• trop de bruit • dangereux • ...

3 **Discutez** Commencez votre discussion. Utilisez les arguments de vos tableaux pour, à tour de rôle, convaincre votre partenaire que la vie à la campagne ou à la ville est plus désirable. Employez le subjonctif et la voix passive dans votre conversation.

Modèle   —**Il faut absolument que tu viennes vivre à la campagne parce que...**
                    —**Mais il n'y a personne à la campagne qui puisse...**

4 **Le résultat** À la fin de la discussion, réfléchissez: Est-ce que votre partenaire a réussi à vous convaincre? Pourquoi? Expliquez votre décision à la classe.

la ville de Hanoï au Viêt-Nam

des rizières à la campagne au Viêt-Nam

6

La société

Une société est une communauté d'hommes et de femmes réunis sous le même gouvernement et partageant des lois communes. À travers les civilisations, on a vu se développer différents types de régimes politiques. Ils déterminent souvent les facteurs qui définissent notre qualité de vie et nos horizons.

1. Quel est le droit le plus important que vous avez, en tant que citoyen(ne)?

2. Comment pouvons-nous assurer la justice et l'égalité de nos sociétés?

3. Votez-vous quand il y a des élections?

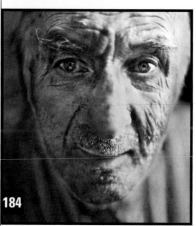
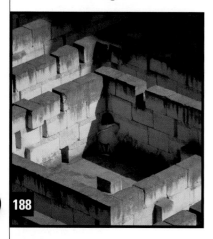

Vocabulary Tools

Préparation

Vocabulaire du court métrage

l'accordeur (m.) *tuner (of an instrument)*
l'agenda (m.) *appointment book*
arnaquer *to cheat*
aveugle *blind*
le carnet de commandes *order list*
le concours *competition*
échouer *to fail*
écœurant *nauseating*
les lentilles (f.) de contact *contact lenses*
non-voyant(e) *visually impaired*
prévenir *to warn*
un prodige *prodigy*
répéter *to rehearse*
virer *to fire*

Vocabulaire utile

la canne blanche *white cane*
choqué(e) *shocked*
duper *to fool*
le gérant *manager*
l'imposteur (m.) *impostor; fraud*
l'orgueil (m.) *pride*
porter plainte *to make a complaint*
se laisser aller *to let (oneself) go*
la supercherie *deception; trickery*

EXPRESSIONS

Ça t'étonne? *Are you surprised?*
de justesse *just barely*
Je m'en fous! (fam.) *I don't care!*
Je tiens à payer. *I insist on paying.*
pris(e) à son propre piège *caught in one's own trap*
se produire en public *to perform for an audience*
Vous pouvez facturer la visite. *You can charge for the visit.*

1 **Chassez l'intrus** Entourez le mot qui ne convient pas dans la liste.

1. un accordeur   un pianiste   un imposteur
2. l'aveugle   l'orgueil   le non-voyant
3. virer   arnaquer   duper
4. l'imposteur   la supercherie   le prodige
5. porter plainte   un concours   échouer
6. un carnet de commandes   des lentilles de contact   un agenda

2 **À compléter** Complétez chaque phrase avec la forme correcte d'un mot ou d'une expression du vocabulaire qui convient.

1. Je n'ai pas reçu de prix puisque j'ai _____ au concours.
2. Cet _____ nous a arnaqués!
3. J'ai essayé de vous _____ qu'il allait vous duper.
4. Au lieu de lunettes, elle préfère porter des _____.
5. Depuis que son patron l'a _____, il n'a pas réussi à trouver un nouvel emploi.
6. J'ai rendez-vous chez le médecin demain; c'est noté dans mon _____.
7. Ce piano sonne faux. Il faudrait trouver un bon _____.
8. Nous avons _____ pendant des semaines avant de nous produire en concert.

3 **Questions personnelles** Répondez aux questions.

1. Comment vous sentez-vous le jour avant un examen ou un concours? Comment réagissez-vous si vous échouez? Préférez-vous être seul(e) ou bien recherchez-vous la compagnie d'un(e) proche?

2. Avez-vous déjà menti pour obtenir la pitié des autres? Qu'avez-vous fait ou dit? Est-ce qu'on a cru à votre mensonge? A-t-il été découvert? Si oui, comment?

3. Est-ce que quelqu'un a déjà essayé de vous arnaquer? Qu'est-ce qu'il ou elle a fait et comment avez-vous réagi? Est-ce que la supercherie a réussi ou est-ce que vous vous êtes rendu compte qu'on voulait vous duper?

4. Aimeriez-vous porter des lentilles de contact pour changer la couleur de vos yeux? Pourquoi ou pourquoi pas?

4 **Citations du film** Avec un(e) partenaire, lisez ces trois citations tirées du court métrage *L'Accordeur* et donnez-en votre interprétation. Aidez-vous des photos ci-dessous. Ensuite, présentez vos idées à la classe.

> «Il m'arrive rarement de me produire en public. Il faut vraiment un événement ou une audience exceptionnel.»

> «On vit vraiment dans une société de voyeurs et d'exhibitionnistes.»

> «Les gens s'imaginent que la perte de quelque chose nous rend plus sensibles.»

5 **Anticipation** Avec un(e) partenaire, observez ces images du court métrage et répondez aux questions.

Image A

- Décrivez ce que vous voyez sur la photo. D'après vous, où se passe l'action? Que va faire le jeune homme?

Image B

- Où se trouve ce jeune homme? Quel objet tient-il à la main? Est-il non-voyant? Comment le savez-vous?

Practice more at **vhlcentral.com.**

24 25 **FILMS** PRÉSENTE

GRÉGORY
GADEBOIS

DANIÈLE
LEBRUN

GRÉGOIRE
LEPRINCE-RINGUET

L'ACCORDEUR

UN FILM DE
OLIVIER TREINER

PRIX DU PUBLIC
FESTIVAL INTERNATIONAL
DE CLERMONT-FERRAND
2011

CÉSAR
DU MEILLEUR
COURT MÉTRAGE
2012

PRIX DU PUBLIC
COURT MÉTRAGE
COLCOA FILM FESTIVAL
2011

FICHE Personnages l'accordeur, Simon, la cliente **Durée** 13 minutes **Pays** France **Année** 2010

SCÈNES Video

L'accordeur L'an dernier, j'étais considéré comme un prodige, et je me croyais promis à un brillant avenir. Tous mes efforts tendaient vers l'accomplissement auquel je me préparais depuis 15 ans: le concours Bernstein.

L'accordeur J'ai échoué. Et brutalement, ce jour-là, tout s'est écroulé[1]. On se retrouve seul, hanté[2] par le spectre de la défaite. Le trou noir. J'ai survécu de justesse. Je suis devenu accordeur de pianos.

Simon Ce que je veux savoir, c'est comment ton carnet de commandes a pu doubler depuis le mois dernier.
L'accordeur Tes clients doivent apprécier mon travail. Ça t'étonne?
Simon Un peu.
L'accordeur Quelqu'un s'est plaint?
Simon Pas encore.

L'accordeur J'ai décidé de devenir aveugle.
Simon C'est quoi, ça?
L'accordeur Des lentilles de contact. J'ai un accordage cet après-midi chez un nouveau client.

L'accordeur Je suis non-voyant, j'ai eu des difficultés pour parvenir jusque chez vous. Ni vous ni votre mari n'avez décommandé la visite. Je trouve choquant que vous ne preniez pas la peine d'ouvrir la porte pour vous expliquer.

L'accordeur Je suis aveugle. Je ne peux pas savoir ce qui se trame[3] dans mon dos. Et puisque je ne le sais pas, je dois me détendre. Je dois continuer à jouer.

[1] fell apart [2] haunted [3] what's happening

Note CULTURELLE

Les salons de thé, dans lesquels on peut déguster sur place du thé ou du café ainsi que des pâtisseries et des gâteaux, constituent une institution parisienne qui date du dix-septième siècle. Parmi les salons de thé les plus connus à Paris, on trouve Ladurée, établi en 1871 et renommé mondialement pour ses macarons, et Angelina, créé en 1903, apprécié pour ses pâtisseries et son ambiance élégante.

À L'ÉCRAN

Le bon ordre Numérotez ces événements dans l'ordre chronologique d'après le court métrage.

___ a. Simon demande à l'accordeur comment son carnet de commandes a pu doubler en un seul mois.

___ b. L'accordeur arrive chez une nouvelle cliente qui semble ne pas vouloir le laisser entrer.

___ c. Le jeune homme échoue au concours Bernstein.

___ d. La cliente se rend compte que l'accordeur n'est pas aveugle.

___ e. Le jeune homme commence à se faire passer pour un accordeur aveugle.

___ f. Le jeune homme propose à une femme âgée de l'aider à traverser la rue.

Analyse

1 **Correspondances** Faites correspondre les phrases avec les personnages.

___ 1. L'accordeur...

___ 2. La femme dans la rue...

___ 3. Simon...

___ 4. L'empereur Shâh Jâhân...

___ 5. Le serveur...

___ 6. La dernière cliente...

___ 7. La jeune femme...

___ 8. L'architecte...

a. ...a voulu que son architecte souffre comme lui de la perte de sa femme.

b. ...a peur qu'on l'accuse de complicité de fraude.

c. ...est étonnée qu'un non-voyant lui propose de l'aider à traverser.

d. ...ne s'attendait pas à la visite de l'accordeur.

e. ...porte des lentilles de contact pour paraître aveugle.

f. ...danse pendant que l'accordeur joue du piano.

g. ...essaie d'arnaquer l'accordeur non-voyant.

h. ...a dit qu'il aimait sa femme plus que tout.

2 **Vrai ou faux?** Indiquez si ces phrases sont vraies ou fausses, d'après le court métrage. Corrigez les phrases fausses.

	Vrai	Faux
1. Le jeune pianiste est hanté par son échec au concours Bernstein.		
2. L'accordeur est un personnage honnête.		
3. Simon reproche à l'accordeur de manger beaucoup de sucre.		
4. L'accordeur raconte à Simon une histoire qui concerne la construction du Taj Mahal.		
5. L'accordeur ne se rend pas compte que le serveur l'arnaque.		
6. Les clients se méfient de l'accordeur aveugle.		
7. La dernière cliente essaie d'éviter de payer l'accordeur.		
8. L'agenda de l'accordeur est la preuve qu'il est un imposteur.		

3 **Questions** Répondez aux questions par des phrases complètes et détaillées.

1. Que faisait le jeune homme avant de devenir accordeur? Qu'est-ce qui lui est arrivé?

2. Que fait-il pour reprendre goût à la musique? Comment justifie-t-il cette décision?

3. Qui est Simon? Pourquoi est-il en colère?

4. D'après l'accordeur, pourquoi l'empereur moghol a-t-il fait exécuter la femme de son architecte?

5. Pourquoi les clients se sentent-ils à l'aise avec l'accordeur?

6. Que fait l'accordeur pour prouver à Simon que tout le monde croit à son imposture?

7. Pourquoi la dernière cliente refuse-t-elle d'ouvrir sa porte?

8. Comment l'accordeur est-il finalement pris au piège de son imposture?

4 **Dialogues** Choisissez une des situations suivantes et avec un(e) partenaire, préparez un dialogue entre les personnages indiqués. Puis, présentez votre dialogue à la classe en jouant les rôles des deux personnages.

1. Imaginez la dispute entre la vieille dame et son mari qui a précédé l'arrivée de l'accordeur. Qu'est-ce qui a poussé la femme à commettre son crime?

2. Avant que l'accordeur n'entre dans l'appartement de sa dernière cliente, on voit ouvrir la porte du logement d'en face. La dame qui en sort fixe sa voisine d'un œil méfiant. Imaginez qu'ayant vu et entendu des activités suspectes, elle décide d'appeler la police. Que va-t-elle dire à l'agent de police à propos de ses voisins et du jeune homme qu'elle a vu dans le couloir? Quelles questions l'agent va-t-il lui poser?

3. Imaginez que l'accordeur, tout en jouant du piano pour la vieille dame, formule un plan pour échapper à la mort. Comment va-t-il convaincre la dame de le laisser en vie?

5 **Proverbes et citations** Par groupes de trois, lisez les citations suivantes et discutez de leur sens et de leur rapport au court métrage. Donnez des exemples précis pour illustrer en quoi les événements du film soutiennent ou contredisent les sentiments exprimés par chaque citation.

> «La fin justifie les moyens.»

> «L'arrogance précède la ruine et l'orgueil précède la chute.»

> «Les yeux sont le miroir de l'âme.»

6 **Les mensonges** L'accordeur semble penser que sa décision de se présenter en tant qu'aveugle ne fait de mal à personne. Êtes-vous d'accord avec son raisonnement? Pourquoi ou pourquoi pas? Existe-t-il parfois des circonstances dans la vie où les mensonges sont justifiés? Lesquelles? Connaissez-vous des exemples célèbres de gens qui ont menti au public? Quelles ont été les conséquences de leur supercherie?

7 **Critique cinématographique** Écrivez une critique du court métrage *L'Accordeur*. Considérez ces éléments: le sujet du film, l'importance des différentes scènes, les événements que le réalisateur ne montre pas à l'écran, les actions des différents personnages, la manière de filmer du réalisateur, la musique, etc. Organisez votre critique ainsi:

- Commencez par une introduction dans laquelle vous donnez le titre du film, le nom de son réalisateur, de ses acteurs et ses thèmes principaux.
- Résumez brièvement l'histoire sans, pour l'instant, parler de la fin.
- Décrivez les personnages et leurs relations.
- Décrivez le dénouement du film et expliquez votre réaction.
- Donnez votre opinion personnelle du film.
- Comparez brièvement le film à un autre film que vous avez vu.

6.1 Les comparatifs et les superlatifs

Rappel

Les comparatifs expriment le degré plus ou moins élevé d'une qualité avec une idée de comparaison. Il y a trois degrés de comparaison: l'égalité, la supériorité et l'infériorité. Les superlatifs, relatifs ou absolus, expriment la qualité au plus haut degré, avec ou sans comparaison.

Coup de main

Certains adjectifs ont des comparatifs irréguliers:

bon(ne)(s) → meilleur(e)(s)

mauvais(e)(s) → pire(s)

Certains adverbes ont des comparatifs irréguliers:

beaucoup → plus

bien → mieux

peu → moins

Les comparatifs

—Oui, Votre Majesté; elle est ma vie,
*je l'aime **plus que** tout.*

- Pour comparer des adjectifs ou des adverbes, on utilise les adverbes **aussi, plus** ou **moins** avant l'adjectif ou l'adverbe et **que** après l'adjectif ou l'adverbe.

comparatif d'égalité	**aussi** + adjectif/adverbe + **que**
comparatif de supériorité	**plus** + adjectif/adverbe + **que**
comparatif d'infériorité	**moins** + adjectif/adverbe + **que**

*Ce député est **aussi** sympathique **que** le ministre des affaires étrangères. Il parle*
***aussi** bien **que** lui.*
*Ces nouvelles lois sont **plus** strictes **que** les anciennes. Elles ne sont pas **pires que***
les anciennes.
*Cette candidate est **moins** intelligente **que** celles qui se sont adressées à nous hier.*
*Elle comprend **moins** vite **qu'**elles.*

Attention!

- Dans les comparaisons, on utilise les pronoms disjoints (**moi, toi, lui, elle, nous, vous, eux, elles**) après **que**.

Cet homme est plus
*courageux que **toi**.*

- Pour comparer des noms, on utilise **autant de**, **plus de** ou **moins de** avant le nom et **que** après le nom. Dans ce cas, on compare seulement **la quantité**.

comparatif d'égalité	**autant de** + nom + **que**
comparatif de supériorité	**plus de** + nom + **que**
comparatif d'infériorité	**moins de** + nom + **que**

*Mon candidat a obtenu **autant de** votes **que** le tien.*
*Ce parti écolo a **plus de** membres **que** celui-là.*

Les superlatifs

- Les superlatifs absolus expriment une qualité au plus haut degré sans idée de comparaison. Ils se forment au moyen d'adverbes tels que **très**, **extrêmement** et **fort**, placés devant l'adjectif.

    *Ces élections sont **extrêmement** importantes.*

- Les superlatifs relatifs expriment une qualité au plus haut degré avec une idée de comparaison.

	Adjectifs
	Si l'adjectif *précède* le nom
superlatif de supériorité	**le/la/les plus** + adjectif + **(de)**
superlatif d'infériorité	**le/la/les moins** + adjectif + **(de)**
	Si l'adjectif *suit* le nom
superlatif de supériorité	**le/la/les** + nom + **le/la/les plus** + adjectif + **(de)**
superlatif d'infériorité	**le/la/les** + nom + **le/la/les moins** + adjectif + **(de)**

*C'est **le plus** grand politicien (**du** parti).*
*C'est **la** députée **la plus** respectée (**du** pays).*

—*Tu pourrais bâtir à mon épouse **le plus** somptueux, **le plus** magnifique **des** tombeaux.*

	Adverbes
superlatif de supériorité	**le plus** + adverbe
superlatif d'infériorité	**le moins** + adverbe

*C'est le candidat qui participe **le plus souvent** aux débats.*

	Noms
superlatif de supériorité	**le plus de** + nom
superlatif d'infériorité	**le moins de** + nom

*Mais c'est celui qui a **le moins d'**idées!*

Coup de main

Certains adjectifs ont des superlatifs irréguliers:

bon(ne)(s) → **le/la/les meilleur(e)(s)**
mauvais(e)(s) → **le/la/les pire(s)**

Certains adverbes ont des superlatifs irréguliers:

beaucoup → **le plus**
bien → **le mieux**
peu → **le moins**

Attention!

- Le superlatif de **petit** est **le/la/les moindre(s)** quand **petit** est pris dans un sens abstrait.

    Il ne faut pas nous remercier. C'était la moindre des choses!

- Par contre, quand on parle de taille, on utilise **le/la/les plus petit(e)(s)**

    *Carine est **la plus petite** élève de la classe.*

Mise en pratique

1 **Mon candidat** Faites des phrases avec les éléments donnés.

1. ce candidat est / + jeune / que les autres de son parti
2. il a participé à / = émissions télévisées / que ton candidat
3. c'est le candidat / ++ dynamique / de notre parti
4. il a / = expérience / que les plus âgés
5. mais il est / - arrogant / que les autres candidats
6. il a / ++ bon / conseillers / de la capitale
7. il ne perd pas son calme / = souvent / que ses adversaires politiques
8. et surtout, c'est lui qui parle / ++ bien / en public

2 **Au contraire!** Votre partenaire a des idées politiques bien arrêtées (*fixed*) et vous êtes toujours de l'avis contraire. Réécrivez ces phrases en exprimant le contraire.

> Modèle   Cette chaîne de télévision est la moins impartiale de toutes.
> **Cette chaîne de télévision est la plus impartiale de toutes.**

1. La pire des choses qui puisse arriver, c'est que le candidat de l'opposition soit élu.
2. Le parti écolo aura le moins de votes aux prochaines élections.
3. L'augmentation du chômage, c'est le plus grand de mes soucis.
4. C'est le conservateur qui passe le moins bien à la télévision.
5. La meilleure des solutions pour éviter les fraudes, c'est d'adopter le scrutin électronique.
6. Les jeunes s'intéressent plus à la politique aujourd'hui qu'il y a vingt ans.

3 **Quelle est votre opinion?** Dites ce que vous pensez de ces personnes. Pour chacune, écrivez deux phrases: la première en utilisant un comparatif et la seconde en utilisant un superlatif.

**Le palais de l'Élysée, résidence officielle
du président de la République française**

1. le président français
2. le président ou premier ministre de votre pays
3. le gouverneur de votre état ou un député de votre province
4. le maire de votre ville
5. l'ancien président ou premier ministre de votre pays
6. le premier ministre de l'Angleterre

**Note
CULTURELLE**

La France est une république dont le président est élu au suffrage universel direct. Le mandat présidentiel est de cinq ans et le nombre de mandats est limité à deux. Les présidents de la République française résident au palais de l'Élysée.

Communication

4 **La politique et vous** Créez des questions avec ces éléments, en utilisant des superlatifs. Ensuite posez-les à votre partenaire.

> Modèle le reportage / complet / lire
> —**Quel est le reportage le plus complet que tu aies lu?**
> —**Le reportage le plus complet que j'aie lu, c'est celui du *Monde*.**

1. la campagne électorale / intéressant / suivre
2. le personnage politique / important / rencontrer
3. le débat télévisé / ennuyeux / regarder
4. les articles / sensationnel / lire
5. la promesse électorale / incroyable / entendre
6. l'affiche électorale / amusant / voir
7. le discours / émouvant / entendre
8. les émissions politiques / impartial / suivre

5 **Pour qui voter?** Vous et votre partenaire, vous ne savez pas pour qui voter. Comparez le programme électoral des deux candidats. Utilisez des comparatifs et des superlatifs.

> Modèle —**Si on vote pour Latour, on devra payer plus de taxes.**
> —**Seulement sur les produits de luxe, mais si on vote pour Khasimi, on devra payer moins de taxes sur les produits courants.**

Pierre Latour	Isabelle Khasimi
• **Agrandissement de l'Europe**	• **Allègement des taxes sur les produits de consommation courante**
• **Augmentation des taxes sur les produits de luxe**	• **Augmentation du revenu minimum légal**
• **Augmentation du budget de la Défense**	• **Création d'un demi-million d'emplois**
• **Création de 500.000 emplois**	• **Défense de l'environnement**
• **Protection des frontières**	• **Ouverture des frontières aux immigrants légaux**

6 **Opinions personnelles** Avec un(e) partenaire, vous discutez de votre politicien(ne) préféré(e). Votre partenaire n'est pas du tout de votre avis.

> Modèle —**L'ancien gouverneur de Californie avait autant d'expérience que n'importe quel autre homme politique.**
> —**Moi, je crois qu'il avait moins d'expérience que quelqu'un qui a fait de la politique toute sa vie et qu'il avait plus de talent comme acteur que comme politicien!**

Practice more at vhlcentral.com.

Les infinitifs compléments de verbe

Rappel

Vous avez déjà appris que certains verbes peuvent avoir un infinitif comme complément. Certains sont directement suivis d'un verbe à l'infinitif, d'autres se construisent avec une préposition.

—*Madame, souhaitez-vous que je vous* ***aide à traverser****?*

- Certains verbes et expressions verbales sont directement suivis d'un verbe à l'infinitif:

aimer *to like*	**falloir (il faut)** *must*
aller *to go*	**laisser** *to let*
avouer *to confess, to admit*	**penser** *to intend*
désirer *to wish, to desire*	**pouvoir** *to be able*
détester *to hate*	**préférer** *to prefer*
devoir *should, must*	**savoir** *to know how*
espérer *to hope*	**valoir (il vaut) mieux** *it's better to*
estimer *to consider*	**vouloir** *to want*

*Ils **aiment participer** aux réunions de leur parti.*
*Tout le monde **devrait voter**.*
*Ils ne pensent pas **assister** à la manifestation de demain.*
*Ils **estiment avoir** toujours raison.*

—*Mon mari n'est pas là. Il **faudra** **revenir** un autre jour.*

- Certains verbes et expressions verbales sont suivis d'un infinitif précédé de la préposition **de**:

accepter de *to agree to*	**décider de** *to decide to*
(s')arrêter de *to stop*	**finir de** *to finish*
avoir l'intention de *to intend to*	**mériter de** *to deserve to*
avoir peur de *to be afraid of*	**oublier de** *to forget to*
avoir raison de *to be right to*	**promettre de** *to promise to*
avoir tort de *to be wrong to*	**refuser de** *to refuse to*
choisir de *to choose to*	**regretter de** *to regret*
convaincre de *to convince to*	**remercier de** *to thank for*

*Ce candidat **a** vraiment **l'intention de gagner** les élections!*
*Nous **avions tort de croire** à toutes ses promesses électorales.*
*Ce sénateur **a accepté de répondre** à toutes nos questions.*

- Certains verbes et expressions verbales sont suivis d'un infinitif précédé de la préposition **à**:

aider à *to help to*	**continuer à** *to continue to*
s'amuser à *to enjoy oneself*	**hésiter à** *to hesitate to*
apprendre à *to learn how to*	**se mettre à** *to begin to*
arriver à *to manage to*	**parvenir à** *to manage to*
commencer à *to begin to*	**réussir à** *to succeed in*
consentir à *to consent to*	**tenir à** *to insist on*

*Ce candidat **est parvenu à** nous **convaincre** de voter pour lui.*
*Nous **avons réussi à voir** le président lors des cérémonies du 14 juillet.*
*Nous **tenons à** vous **accompagner** à cette manifestation.*

- Certaines prépositions ou locutions prépositives sont suivies d'un verbe à l'infinitif:

afin de *in order to*   **au lieu de** *instead of*   **pour** *in order to*
après *after*   **avant de** *before*   **sans** *without*

*Étudiez le programme des différents candidats **avant de faire** votre choix.*
*En France, il faut avoir la nationalité française **afin de voter.***

- On utilise l'infinitif passé pour indiquer une action qui a eu lieu *avant* l'action du verbe conjugué. On le forme avec l'infinitif de l'auxiliaire **avoir** ou **être** suivi du participe passé du verbe. Le participe passé qui suit l'auxiliaire **être** s'accorde en genre et en nombre avec le sujet. Le participe passé qui suit l'auxiliaire **avoir** s'accorde en genre et en nombre avec le complément d'objet direct si celui-ci le précède.

*Nous avons eu tort de lui **avoir fait** confiance.*
*Il nous a remercié d'**être venus**.*

Attention!

- Les verbes **commencer** et **finir** peuvent être suivis de la préposition **par**:

commencer par *to start with*
finir par *to end up*

*Nous **avons fini par** comprendre que ce candidat ne tiendrait pas ses promesses.*

Coup de main

La préposition **après** est toujours suivie d'un infinitif passé.

***Après avoir gagné** les élections, il a pris quelques jours de vacances.*

Mise en pratique

1

Que le meilleur gagne! Demain, c'est le jour des élections. Choisissez la bonne préposition, si nécessaire.

1. Tous les candidats ont fini _____ mener leur campagne électorale.
   a. à   b. —   c. de

2. Les électeurs pourront commencer _____ voter demain dès huit heures du matin.
   a. à   b. —   c. de

3. Chaque citoyen a l'intention _____ voter pour le candidat ou la candidate qu'il préfère.
   a. à   b. —   c. de

4. Je suis sûr que certains hésitent encore _____ se prononcer.
   a. à   b. —   c. de

5. J'espère que mon parti réussira _____ sortir vainqueur de ces élections.
   a. à   b. —   c. de

6. Malheureusement, je doute que les candidats parviennent _____ tenir toutes les promesses faites pendant leur campagne.
   a. à   b. —   c. de

7. Théoriquement, tous les bulletins de vote devraient _____ être comptés vers dix heures du soir.
   a. à   b. —   c. de

8. Est-ce que tu as finalement décidé _____ venir à la soirée «élections» que Patrick organise demain soir?
   a. à   b. —   c. de

2

Élections européennes C'est bientôt les élections européennes. Complétez l'e-mail de Julienne par les prépositions **à, après, de/d', par** et **pour,** si nécessaire.

De:	Julienne@mail.be
À:	Yasmina@mail.ft
Sujet:	Les élections

Salut,

Comme il faut (1) _____ avoir dix-huit ans (2) _____ voter, cette année je vais enfin pouvoir (3) _____ voter pour la première fois! Et aux élections européennes, en plus! J'avoue (4) _____ ne pas connaître le programme de tous les candidats qui se présentent, mais je vais (5) _____ me mettre (6) _____ lire les journaux et (7) _____ écouter les émissions politiques à la télé (8) _____ en savoir plus. Je tiens (9) _____ voter intelligemment! Je dois commencer (10) _____ m'inscrire sur la liste électorale. J'ai décidé (11) _____ ne pas dire quel candidat je pense (12) _____ choisir. Je le dirai (13) _____ avoir voté. J'ai trop peur (14) _____ être influencée si j'en parle.

À +,
Julienne

Note CULTURELLE

L'Union européenne est composée de 28 États membres dont trois États francophones: la France, la Belgique et le Luxembourg. Dix-neuf de ces pays ont adopté une monnaie commune, l'euro. Les élections européennes ont lieu tous les cinq ans et nomment les députés du Parlement européen, qui siège à Strasbourg et Bruxelles.

Practice more at vhlcentral.com.

Communication

Sondage Formez des questions avec ces éléments et posez-les à votre partenaire. Faites tous les changements nécessaires. Attention! Un des verbes est à la forme passive.

1. est-ce que / tu / regretter / ne pas assister au débat télévisé d'hier soir

2. est-ce que / les électeurs / devoir / être âgés de plus de 18 ans pour voter

3. est-ce que / suivre la campagne / aider / choisir un candidat

4. est-ce que / tu / avoir l'intention / voter pour un parti écolo

5. quel candidat / mériter / élire / à ton avis

6. est-ce que / les candidats / toujours accepter / répondre aux questions des journalistes

7. est-ce que / tu / croire que / les gens / finir un jour / comprendre qu'il est important de voter

8. est-ce que / tu / décider / plus tard / faire de la politique

Le témoin Vous avez été témoin d'un accident (ou d'un vol, d'un incendie, etc.) et vous avez appelé la police. Votre partenaire vous pose des questions pour savoir ce qui s'est passé. Utilisez ces prépositions dans votre dialogue.

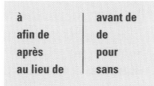

à	avant de
afin de	de
après	pour
au lieu de	sans

Modèle
—Qu'est-ce que la police a fait?
—Un policier a demandé à voir mes papiers d'identité.
—Qu'est-ce qu'il a fait après avoir vu tes papiers?
—Il m'a demandé de raconter ce que j'avais vu afin de…

Élection présidentielle Votre partenaire et vous discutez du candidat pour lequel vous avez voté lors des dernières élections présidentielles. Expliquez votre choix. Utilisez des prépositions dans votre dialogue.

Modèle
—Après avoir écouté le discours du candidat démocrate, j'ai décidé de voter pour lui.
—Moi, j'ai voté pour son opposant parce qu'il promettait de ne pas augmenter les impôts.

Préparation

À propos de l'auteur

Abdelkader Djemaï est né à Oran, en Algérie, en novembre 1948 et vit aujourd'hui en France. L'écriture le passionne depuis toujours, et bien avant de commencer sa carrière de journaliste à Oran, il écrit déjà de la poésie. Encore adolescent, il apprend le français, langue dans laquelle il continue à écrire, même lorsqu'il évoque ses origines algériennes. Djemaï maîtrise (*masters*) des genres littéraires variés, y compris le roman et le théâtre. Parmi ses œuvres se trouvent *Un été de cendres* (1995), *Le Nez sur la vitre* (2005) et *La Dernière Nuit de l'Emir* (2012). Djemaï est aussi chevalier des Arts et des Lettres et lauréat du prix Tropiques.

Vocabulaire de la lecture		Vocabulaire utile
une affiche *poster*	**enfler** *to swell*	**une agence pour l'emploi** *employment office*
un beignet *donut*	**un four** *oven*	**les affaires (f.)** *belongings*
un carton *cardboard box*	**les gencives (f.)** *gums*	**un(e) assistant(e) social(e)** *social worker*
un chantier *construction site*	**une mâchoire** *jaw*	**un chariot** *cart*
couler à flots *to earn a lot of money*	**une marque** *brand*	**démuni(e)** *penniless*
une couverture *blanket*	**un marteau-piqueur** *pneumatic drill*	**un foyer d'accueil** *homeless shelter*
creuser *to dig*	**mendier** *to beg*	**un outil** *tool*
croquer *to bite into*	**un panneau** *sign*	**précaire** *precarious*
une échelle *ladder*	**une perceuse électrique** *drill*	**un(e) SDF (sans domicile fixe)** *homeless person*
emballer *to pack*	**plier** *to fold*	
	une tribune *platform*	

1 **Dialogues** Complétez ces phrases avec les mots du nouveau vocabulaire écrits à la forme qui convient.

1. —Je dois aller chez le dentiste parce que j'ai les _____ enflées.

2. —Quand tu iras à la Nouvelle-Orléans, n'oublie pas d'aller au Café du Monde manger des _____. Ils sont délicieux.
   —Ah bon! Ils les sortent du _____ juste avant de les servir?

3. —Le président de la République regardait le défilé militaire, debout dans la _____.

4. —Ma mère refuse de m'acheter des vêtements de _____. Elle trouve que c'est trop cher.

2 **Les SDF** À deux, posez-vous ces questions.

1. Qu'est-ce qui peut amener certaines personnes à vivre dans la rue?
2. Quelles sont les conditions de vie des SDF? À quel moment de l'année ce style de vie devient-il plus difficile? Pourquoi?
3. Y a-t-il beaucoup de SDF dans votre ville? Pourquoi? Que fait la commune pour les aider?
4. Si vous étiez assistant(e) social(e), que feriez-vous pour aider les SDF de votre ville?

L'AFFICHE

 Audio: Reading

Abdelkader Djemaï

1 **S**a bouche le torturait depuis deux jours. Il lui semblait que ses dents, ses gencives, ses lèvres et son cou enflaient indéfiniment. C'était *embers* 5 comme si on le forçait à croquer des braises° *filled with/* ou des bonbons fourrés au° plomb fondu°. *molten lead* Et pourtant, malgré la douleur qui le dévorait, il avait rêvé cette nuit de beignets *plump* chauds et bien dodus°. Il les déchirait 10 voluptueusement avec les sept ou huit dents qui lui restaient avant de retomber dans *boiling* l'huile bouillante° de la fièvre.

Depuis presque cinq ans, il vivait dans la rue. Changeant souvent de lieu, il avait 15 campé au bas des marches du Trésor public, *bus station* à la gare routière°, à l'entrée du port et près

du stade olympique jusqu'à ce qu'il trouve ce coin-là, à trois cents mètres de l'Arche de la Victoire construite toute en marbre et dédiée à la gloire des héros. Chaque année, 20 on dressait°, sous son ombre tutélaire°, *set up/* l'immense tribune officielle devant laquelle *protecting* défilaient°, au milieu des banderoles et des *shadow* mots d'ordre enflammés, des centaines de *paraded* soldats, de paysans et de travailleurs. 25

Aujourd'hui, les temps avaient changé. Ils étaient devenus plus durs, plus confus. Avec l'argent qui coulait à flots pour quelques-uns seulement, les défilés étaient plus maigres et plus discrets que 30 celui des luxueuses voitures qui passaient à toute allure devant son nez.

Un été, il avait vécu près de l'un des chantiers des innombrables villas qui poussaient, elles aussi, à toute allure.

Pour délimiter son territoire, il posait ses gros sacs, son petit bidon d'eau, ses deux vieilles couvertures et ses cartons que l'un des gardiens de nuit des Nouvelles Galeries lui avait vendus. Il les dépliait par terre et sur les côtés comme s'il voulait être à l'intérieur d'une boîte dont il rabattait°, le sommeil venu, la partie supérieure.

Depuis trois mois, il habitait dans ses cartons qui avaient servi à emballer un réfrigérateur géant et une machine à laver. Avant il avait utilisé ceux d'une cuisinière°, d'un sèche-linge et d'un téléviseur à l'écran aussi large que le terrain du stade olympique. Leurs marques et le type d'appareils y étaient inscrits, en grandes lettres noires et droites. Il ne savait ni lire ni écrire mais il prenait plaisir à feuilleter° les vieux journaux et les revues qui gonflaient° toujours l'un de ses sacs.

Tout autour de l'Arche de la Victoire avec ses soixante-cinq mètres de haut et ses panneaux en lettres dorées qui continuaient de chanter la justice sociale et le sacrifice pour la patrie, le soleil était toujours là. Rien ne pouvait entraver° sa course, sa présence. C'était lui qui le réveillait parfois. Hier, en plus de sa bouche qui ressemblait à un four incandescent, le bruit d'un marteau-piqueur avait perforé ses mâchoires. Une camionnette était stationnée juste en face de lui. Deux ouvriers avaient descendu des plaques en zinc, un sac de ciment, une truelle, une échelle et une perceuse électrique. Ils commencèrent par mesurer le sol° avant de creuser deux trous dans lesquels ils plantèrent deux piliers° ronds et gris. Dès que le ciment sécha, ils fixèrent avec application les plaques qui formèrent un grand panneau dont ils peignirent° les bordures en blanc. Leur travail fini, ils ramassèrent lentement leur matériel et repartirent dans leur camionnette.

Cette nuit-là, la fièvre avait continué à secouer° ses maigres épaules. Elle l'obligeait à rester dans ses cartons comme une vieille chaussure trouée par les ornières° de la vie et déformée par les pluies de l'âge. Il avait presque la soixantaine. Demain non plus, il ne pourrait pas aller mendier quelques sous° pour atténuer la faim qui commençait à vriller° ses entrailles. Plus que parler—il avait toujours été silencieux—, ce qui lui manquait le plus, c'était de pouvoir ouvrir la bouche pour sentir une soupe odorante et bienfaisante couler dans sa gorge.

Le matin, vers huit heures, deux autres hommes vêtus de salopettes bleu pétrole étaient venus dans une fourgonnette° ornée de dessins fantaisistes. Ils sortirent des seaux°, une échelle métallique et de larges brosses aux manches longues. L'un d'eux tenait sous son bras un paquet de feuilles de papier pliées comme des nappes. Il les tendit une par une à son camarade qui, juché° sur l'échelle, les collait° avec dextérité. Peu à peu le visage d'un adolescent bien coiffé, bien propre et au tee-shirt bariolé°, occupa toute la surface de l'affiche aux couleurs vives et joyeuses. Avec ses sourcils de jeune fille, ses dents resplendissantes et ses gencives éclatantes de santé, il mordait, avec des yeux pétillants°, dans un copieux et délicieux sandwich dont le nom s'étalait au milieu d'une gerbe d'étincelles° au-dessus de sa tête.

En voyant l'affiche qui le fit saliver, l'estomac de l'homme aux cartons se creusa encore plus. C'est à ce moment-là qu'il s'aperçut que le panneau lui cachait aussi le soleil. ■

folded back

stove

thumb through
swelled

hinder

ground
poles

painted

shake

ruts

pennies

pierce

van
buckets

perched/
glued

many-colored

sparkling

shower of
sparks

Analyse

1

Vrai ou faux? Indiquez si ces phrases sont vraies ou fausses. Corrigez les fausses.

1. La bouche de l'homme lui fait mal parce qu'il s'est brûlé en buvant une soupe chaude.

2. Il se sent mieux parce qu'on lui a servi des beignets.

3. Il n'a pas de domicile fixe depuis cinq ans.

4. Les quelques objets qu'il possède lui servent à se créer un espace personnel.

5. Il a obtenu tous ces objets gratuitement.

6. Les cartons sont petits.

7. L'homme garde dans son sac les journaux qu'il aime lire.

8. Le bruit des outils des ouvriers l'empêche de dormir.

9. Il ne peut plus se lever pour mendier parce qu'il est trop malade.

10. Les ouvriers ont collé des affiches près de lui pour le protéger du soleil.

2

Compréhension À deux, répondez à ces questions.

1. Qui est le personnage principal dans cette histoire? Où vit-il? Que fait-il?

2. D'après vous, pourquoi ce personnage choisit-il de camper près de l'Arche de la Victoire? Cet endroit est-il plus confortable que les autres? Pourquoi? Que se passe-t-il à cet endroit tous les ans? Pourquoi cet événement a-t-il de l'importance pour le personnage?

3. Quel est l'âge du personnage principal? Relevez les détails qui renseignent sur son état de santé. Par quel moyen l'auteur accentue-t-il sa déchéance (*decline*)?

4. Qu'est-ce qui perturbe la vie du personnage un jour en particulier? Comment l'auteur montre-t-il que le modernisme gêne même les personnes sans domicile fixe?

5. Quel est le ton du dernier paragraphe? Dans quel but l'auteur utilise-t-il ce ton?

3

Mes affaires À deux, faites une liste des affaires que le SDF de la nouvelle porte dans son chariot. Ensuite, faites une deuxième liste de cinq objets qu'il lui faudrait dans le chariot pour vivre moins difficilement. Expliquez comment il les obtiendra.

4

Au secours des SDF Par groupes de trois, écrivez un dialogue entre un(e) SDF et deux employé(e)s de l'assistance sociale. Les employé(e)s lui posent des questions sur sa vie et essaient de le/la convaincre de se réintégrer dans la société. Utilisez ce vocabulaire.

- chercher un logement
- chercher du travail
- écrire une lettre de présentation
- s'inscrire à l'Agence pour l'emploi
- recevoir des allocations-logement
- voir un médecin

5

SOS pauvreté Vous travaillez pour une association de charité et vous créez une affiche pour faire appel à l'aide internationale contre la pauvreté. Écrivez un slogan d'environ dix lignes sous la forme d'un poème et faites des rimes pour mieux attirer l'attention du public. Utilisez ces suggestions pour vous aider.

- Aider les fermiers à augmenter leurs récoltes.
- Demander de l'aide pour construire des maisons.
- Donner des conseils pour ne pas gaspiller la nourriture ni l'eau.
- Trouver des remèdes aux causes de famine et de pauvreté.

Practice more at
vhlcentral.com.

Vocabulary Tools

Préparation

À propos de l'auteur

Maïssa Bey est une femme de lettres algérienne née en 1950 en Algérie. Elle suit des études universitaires de lettres à Alger puis elle enseigne le français à Sidi Bel Abbès dans l'ouest algérien, où elle anime l'association culturelle «Paroles et écritures» (2000). De son vrai nom Samia Benameur, Maïssa Bey est l'une des figures de l'écriture féministe algérienne. Elle devient écrivaine au moment de la guerre civile qui a débuté en 1991 et commence à écrire sur la femme algérienne. Elle a obtenu le Prix des Libraires Algériens en 2005 pour l'ensemble de son œuvre.

Vocabulaire de la lecture		Vocabulaire utile	
une aigue-marine *aquamarine (blue-green stone)*	**une décharge** *landfill*	**un bidonville** *slum*	**l'isolement (m.)** *isolation*
balbutier *to stammer*	**un dédale** *labyrinth*	**la crèche** *child care*	**la maternelle** *kindergarten*
une baraque *shack*	**éclairer** *to light up*	**déscolarisé(e)** *under-educated*	**un(e) mineur(e)** *minor*
chahuter *to horse around*	**une luciole** *firefly*	**étroit(e)** *narrow*	**la précarité** *instability*
la cité *low-cost housing neighborhood*	**se taire** *to become quiet*	**l'illettrisme (m.)** *illiteracy*	**la tâche** *task*
	la tôle *piece of sheet metal*	**inaperçu(e)** *unnoticed*	**le travail des enfants** *child labor*
	la tuile *tile*		

1 **Habitat pour l'humanité** Choisissez le mot qui convient pour compléter ces phrases.

baraques	cité	éclairer
bidonville	dédale	tuiles

1. Il faut améliorer les habitations dans cette _____ qui ressemble à un _____.

2. Les rues sont étroites comme dans un _____ et les _____ ne sont pas solides.

3. Il faut mettre des _____ sur les toits (*roofs*). C'est plus résistant.

4. On va aussi installer l'électricité pour _____ les maisons et les rues.

2 **L'enfance** À deux, répondez à ces questions. Puis, échangez vos idées avec le reste de la classe.

1. Quel est le rapport entre la pauvreté et l'exclusion?

2. Que signifie le mot «marginalisation»?

3. Quels facteurs font qu'un enfant soit déscolarisé? Faites une liste. Est-ce que certains de ces problèmes existent dans votre communauté?

4. Quels obstacles pourraient exister pour les enfants qui ont besoin d'un enseignement spécialisé et pour ceux en situation de handicap?

3

Comparez Par groupes de trois, dites si chaque phrase décrit un milieu aisé ou un milieu pauvre et expliquez pourquoi.

1. un milieu aisé	a. Les enfants doivent rester à la maison ou travailler.
2. un milieu pauvre	b. Les maisons sont solides.
	c. On va chercher de l'eau tous les jours.
	d. Il y a de bons hôpitaux.
	e. On mange du gâteau au chocolat.
	f. Il n'y a pas toujours l'eau courante.

4

Apprentissage scolaire Par groupes de trois, lisez ces étapes de l'apprentissage scolaire de l'enfant en France. Pour chaque étape, donnez un exemple de ce que l'enfant fait et/ou apprend à cet âge. Ensuite, comparez ce système éducatif avec celui dans votre pays et dans d'autres pays francophones.

- la crèche: avant 2 ans
- la maternelle: de 2 à 6 ans
- l'école primaire: de 6 à 11 ans
- le collège: de 11 à 15 ans
- le lycée: de 15 à 18 ans

École maternelle (1898), Henri Jules Jean Geoffroy

5

Examinez Avec un partenaire, regardez le tableau et répondez aux questions.

1. Décrivez la scène. Qui est présent? Où sont-ils?
2. Quels sentiments sont représentés dans ce tableau? Faites une liste.
3. Comment sont les enfants? Que font-ils?
4. Les enfants ont-ils l'air heureux? Pensez-vous qu'ils aiment aller à l'école?
5. Expliquez le rôle de l'institutrice (*school teacher*) dans le tableau. Que fait-elle?
6. Quel milieu social est représenté dans cette scène, à votre avis?

6

Fonction de l'école Émile Durkheim décrivait l'education comme «une socialisation méthodique de la jeune génération» (*Éducation et sociologie*, 1922). Autrement dit, il pensait que la fonction de l'école devait aller au-delà de l'apprentissage de matières académiques. Par groupes de trois, faites une liste d'au moins cinq activités scolaires et extra-scolaires qui permettent aux enfants de devenir des individus socialisés et autonomes.

Note CULTURELLE

Jean Geoffroy (1853-1924) est un peintre et illustrateur français. Au début de sa carrière, il habite chez un couple d'instituteurs au-dessus d'une école et commence à peindre les visages de l'enfance.

Note CULTURELLE

On considère généralement qu'Émile Durkheim (1858-1917) est le fondateur de la sociologie française de l'éducation parce qu'il affirmait que l'école a pour finalité de produire des individus socialisés et autonomes.

Practice more at vhlcentral.com.

La petite fille de la cité sans nom

Maïssa Bey

Audio: Dramatic Reading

1 Elle aurait pu s'appeler Ariane. Pourquoi Ariane? À cause de son nom, et aussi des labyrinthes. De ceux qu'on doit parcourir dès l'enfance, pendant longtemps, jusqu'à ce qu'on trouve la lumière.

5 Elle aurait pu naître dans une vraie maison, avec des murs blancs, de grandes fenêtres toujours ouvertes sur un jardin
overflowing débordant° de roses et de lilas, des lits recouverts de toile fleurie et partout une odeur de gâteau au chocolat. Avoir des cheveux-algues,
interwoven entremêlés° de ces fleurs blanches plus transparentes que des
10 immortelles, des yeux-lucioles pour éclairer les jours trop sombres
vine-like fingers et des doigts-lianes° pour s'enrouler autour de ceux qu'elle aurait aimé. Elle aurait pu saisir dans le regard de sa mère des petites flammes dorées et dansantes à chaque fois qu'elle aurait posé les yeux sur elle. Avoir un père plus grand que les arbres là-bas, plus
roots 15 solide encore, avec des milliers de racines° pour s'enfoncer dans la terre et ne jamais être emporté.

Elle aurait pu naître dix ans plus tôt ou cent vingt ans plus tard et continuer à vivre longtemps, très longtemps après sa mort, ne jamais disparaître, comme les étoiles qui continuent de briller alors
20 même qu'elles sont mortes; car les étoiles meurent aussi. Seule leur lumière s'accroche infiniment, là-haut, tout là-haut pour ne pas faire du ciel un autre désert.

Et puis, un peu plus tard, elle aurait appris à marcher, d'abord en titubant puis pas à pas, en tombant souvent pour pouvoir
doted on 25 être relevée, dorlotée°, consolée. Lever les bras pour être portée, et montrer du doigt chaque chose avant de la nommer. Et puis balbutier, d'abord pour s'exercer, puis être entendue, puis être écoutée, être comprise. Apprendre tout ce que les adultes veulent qu'on apprenne pour devenir une vraie petite fille avec de longs
30 cheveux coiffés chaque matin par des mains légères et douces, des robes à corolles blanches sentant le propre et des chaussures rouges,
whims avec de vrais caprices° parfois contentés, de vrais chagrins toujours
calmed apaisés° et des émerveillements plus grands que le ciel, plus grands que la mer, sans cesse renouvelés.

35 Puis elle aurait découvert, seule peut-être, lentement peut-être, mais sûrement, ô oui, sûrement, quelques-uns des éléments qui font la vie: l'eau, la lumière confiante des jours, les mots écrits dans les livres et la musique.

Ainsi, elle aurait grandi. Peut-être pas très vite pour garder le
40 plus longtemps possible le pouvoir que l'on a, enfant, sur tous ceux qui nous aiment. Mais elle aurait grandi avec les yeux grands ouverts
morsel pour ne pas laisser échapper la moindre miette° de bonheur.

Mais alors, comment faire pour grandir quand on naît dans une baraque de tôles et de planches, posée sur un terrain vague, au
45 milieu de la cité sans nom?

Elle, elle s'appelle Rania.

Elle est née un jour de grand vent, et personne ce jour-là n'a entendu les gémissements° de sa mère. Personne n'a entendu son premier cri. Mais peut-être n'a-t-elle pas crié.

moaning

Elle ne connaît pas son père. Il s'en est allé sur un bateau 50 chercher l'oubli dans un autre pays, depuis si longtemps qu'elle a, elle aussi, oublié son visage, sa voix, son nom.

La mer n'est pas si loin. Et les mouettes° viennent souvent se poser sur la décharge aux abords de la cité. Elle ne l'a jamais vue

seagulls

mais elle en entend les vagues 55 dans sa tête, chaque fois qu'elle ferme les yeux pour s'endormir. Quelquefois, les jours d'orage, la houle° est tellement forte qu'elle arrive presque à recouvrir le 60 tambourinement° de la pluie sur le toit de zinc et dans les baquets° posés devant la porte. Tous ces bruits d'eau en rythme syncopé, c'est sa musique, une musique qui 65 bat longtemps pour elle au cœur de la nuit.

swell

drumming

buckets

...elle aurait grandi avec les yeux grands ouverts pour ne pas laisser échapper la moindre miette de bonheur.

Tout ce qu'elle veut, c'est pouvoir un jour s'en aller à son tour. Elle regarde autour 70 d'elle, sans cesse, elle regarde les femmes, les hommes, les autres enfants. Elle les écoute aussi, mais elle n'arrive pas à comprendre ce qu'ils disent, à quoi ils jouent, à quoi ils rêvent; elle ne sait même pas s'ils rêvent d'ailleurs. Et leurs mots ne ressemblent pas à ceux qu'elle invente pour elle toute seule. 75 Alors elle a décidé de se taire.

Personne ne sait pourquoi, au fur et à mesure qu'elle grandit, ses yeux prennent la couleur des aigues-marines. Deviennent de plus en plus transparents. Mais personne dans la cité n'a vu d'aigues-marines. Les pierres alentour ont la couleur des pierres, de 80 la rouille°, simplement.

rust

Elle non plus ne sait pas pourquoi elle rêve souvent de labyrinthes. D'immenses galeries sombres et humides inlassablement parcourues en allers et retours inutiles. Toutes les nuits, elle court, dérive°, s'égare dans d'inextricables dédales, 85 parce que personne n'a tendu de fil pour elle, pour qu'elle puisse déboucher sur la lumière.

drifts

Le matin, au réveil, la lumière est là, qui passe à travers les interstices des planches mal clouées° et grésille sur les toits de tôle. Elle n'a même pas besoin d'ouvrir les yeux pour savoir que le soleil 90 est là, qui embrase l'air qu'elle respire dans la pièce sans fenêtre. Elle doit se lever très vite pour aller chercher de l'eau.

nailed

Avec elle, sa mère n'a même pas besoin de crier pour être obéie. Rania prend toujours les mêmes jerricans de plastique: le bleu et
95 le vert. Elle a parfois plusieurs kilomètres à faire et doit frapper à plusieurs portes avant de trouver où les remplir. Le gardien de *factory* l'usine° de raffinerie d'huile à côté, en a quelquefois assez de tous les enfants turbulents qui viennent de la cité sans nom, les uns après les autres, demander de l'eau, et se disputent chaque jour devant les
100 grilles. Parfois il ne répond pas à leurs appels. Elle sait qu'elle doit à tout prix rapporter de l'eau à la maison, sinon ils n'auront pas de quoi préparer à manger et laver leur linge. Alors, jour après jour, elle va un peu plus loin, de plus en plus loin. Elle a un peu mal aux *complain* bras quand elle revient, mais elle ne se plaint° pas. A qui irait-elle *water lapping* 105 se plaindre? Et puis il y a le clapotis° de l'eau qui rythme ses pas tout au long du chemin. Cela lui suffit. C'est un peu comme les premières notes de sa musique de nuit.

Rania va de temps en temps à l'école de l'autre côté des murs de la cité. Pour faire comme les autres. Elle n'a ni cahier ni *school bag/slips in* 110 cartable°. Mais elle se faufile° au milieu des enfants et elle entre sans se faire remarquer. Il y a tellement d'enfants dans les salles de classe, tellement de bruit et de turbulences qu'on ne s'aperçoit même pas qu'elle est là. Assise au fond d'une classe, elle écoute et *collects* regarde; les mots prononcés arrivent jusqu'à elle, elle en recueille°
115 quelques-uns pour plus tard, on ne sait jamais, mais une fois qu'ils *made their way* se sont frayés° le chemin jusqu'à sa connaissance, jusqu'au sens, *hidden* ils restent blottis° dans sa gorge et refusent de sortir. Les autres enfants répètent, écrivent, récitent et chahutent en même temps. Dans tout ce tumulte, on ne la regarde pas, on ne l'appelle pas.
120 Parce qu'on croit qu'elle est emprisonnée dans son silence. C'est comme si elle n'existait pas. De temps en temps, elle prend un livre, *flip through* le feuillette°, regarde longuement les images. Il y a des petites filles avec des robes à corolles blanches et des maisons avec des grandes fenêtres ouvertes et des toits de tuiles rouges. Des pères immobiles,
125 qui, debout sur le pas de la porte, posent la main sur la tête de leur *meander* enfant. Les mots dans les livres sont noirs et silencieux, ils sinuent° comme des serpents et ne résonnent pas dans sa tête, même quand elle en trace les contours sur la terre, parfois, lorsqu'elle est seule sous l'arbre derrière la baraque.
130 Elle aurait pu continuer à vivre longtemps dans la cité sans nom, avec des yeux de plus en plus transparents et, de plus en plus forte, la musique de l'eau dans la tête. Mais c'est peut-être à force de tracer des signes dans la poussière qu'elle a trouvé le
135 chemin. Ou à force de regarder les étoiles disparues depuis longtemps. Personne dans la cité ne sait pourquoi, un matin, elle n'était plus là. ■

Analyse

1

Rêve ou réalité? Indiquez si, pour Rania, chacune des choses suivantes est un rêve ou une réalité.

	Rêve	Réalité
1. Elle se sent isolée depuis le jour de sa naissance.		
2. Son père est parti en bateau.		
3. Il y a une décharge près de chez elle.		
4. Elle écoute la mer avant de s'endormir.		
5. Elle court dans des labyrinthes.		
6. Elle va chercher de l'eau pour les besoins de la famille.		
7. À l'école, elle reste silencieuse.		
8. Elle porte une robe à corolle blanche.		
9. Elle vit dans une maison au toit de tuiles rouges.		
10. Son père l'attend debout sur le pas de la porte.		

Note CULTURELLE

Ariane est une princesse mortelle dans la mythologie grecque. Elle aide Thésée, dont elle est amoureuse, à s'échapper du labyrinthe où est enfermé une créature monstrueuse, le Minotaure. Elle lui donne une pelote de fil qu'il dévide derrière lui pour retrouver son chemin.

2

Vrai ou faux? Dites si les phrases sont vraies ou fausses. Corrigez les phrases fausses.

1. Le personnage principal s'appelle Ariane.
2. Elle habite dans une maison avec un grand jardin.
3. Elle rêve de partir un jour.
4. Elle est bien intégrée dans son mileu social.
5. Elle se sent emprisonnée et perdue comme dans un labyrinthe.
6. Elle ne va pas souvent à l'école parce qu'elle doit accomplir des tâches familiales.
7. Quand elle va à l'école, les autres enfants se moquent d'elle.

3

Phrases incomplètes Choisissez le mot qui convient pour compléter chaque phrase.

1. Rania est née dans _____ pauvre où la vie est difficile.
   a. un hôpital   b. une cité   c. une maison avec des murs blancs

2. La petite fille a des yeux qui ressemblent à des _____.
   a. labyrinthes   b. aigues-marines   c. vagues

3. Les autres enfants _____ autour d'elle mais elle ne participe pas.
   a. chahutent   b. chantent   c. se plaignent

4. Elle rêve d'avoir un père _____ comme un arbre.
   a. silent   b. disparu   c. solide

5. Elle se sent _____ dans son silence.
   a. éclairée   b. emprisonée   c. confortable

6. Pour Rania, les mots dans les livres sinuent comme des _____ sans qu'elle les comprenne.
   a. arbres   b. serpents   c. bateaux

4 **Les parents de Rania** Par groupes de trois, faites un portrait de ce que vous savez sur les parents de Rania et de ce que le texte laisse entendre sur eux. Expliquez s'ils contribuent ou non à l'éducation de leur fille et justifiez vos réponses. Puis, imaginez d'autre détails sur eux. Ont-ils eu une enfance heureuse? À quels obstacles ont-ils dû faire face? Écrivez un paragraphe de six à huit phrases, puis partagez vos idées avec la classe.

5 **Compréhension** À deux, répondez aux questions suivantes. Partagez vos réponses avec le reste de la classe.

1. Dans quel milieu est-ce que Rania vit? Est-ce qu'elle vit bien dans ce milieu? Donnez des exemples précis tirés du texte.

2. D'après vous, pourquoi l'auteur écrit une grande partie du texte au conditionnel passé? Qu'est-ce que ce temps verbal indique au sujet de la vie de Rania?

3. L'enfance de Rania est comparée à un labyrinthe. Quels élements de sa vie se rapportent à cette image?

4. Décrivez le monde intérieur que Rania se crée. À quoi pense-t-elle? Quelle en est la signification?

5. À votre avis, pourquoi ses yeux prennent-ils la couleur des aigues-marines, c'est-à-dire, pourquoi deviennent-ils de plus en plus transparents?

6. Qu'est-ce qui la différencie des autres enfants à l'école? À votre avis, est-ce qu'elle a un problème d'apprentissage?

7. D'après vous, pourquoi Rania disparaît-elle? Est-ce qu'elle s'enfuit ou se perd? Où? Pourquoi?

6 **Les droits de l'enfant** À deux, imaginez que vous devez faire un discours aux Nations Unies sur les droits de l'enfant. Écrivez un discours où vous expliquez pourquoi il faut leur donner les moyens d'étudier, de faire du sport, de devenir socialisés, etc. N'oubliez pas d'inclure les enfants handicapés, pauvres et marginalisés. Que proposez-vous? Quels arguments allez-vous utiliser pour convaincre votre audience? Soyez précis(e) dans vos exemples.

7 **Rédaction: Le destin d'Ariane** Le prénom de la princesse «Ariane» est similaire à «Rania». Pourquoi Maïssa Bey décrit-elle deux versions de la vie de la petite fille? Rédigez une rédaction sur la vie et le destin de Rania.

- Expliquez en quoi la vie de Rania est différente de la vie qu'elle «aurait pu» avoir. Comment l'auteur souligne-t-elle l'enfance malheureuse de Rania? Donnez des exemples précis du texte.

- Décrivez par quels moyens Rania pourrait échapper à son enfance malheureuse, en parlant de l'importance de l'éducation et des droits de l'enfant.

- Imaginez ce qui s'est passé dans la vie de Rania après sa disparition. Dites s'il est trop tard maintenant pour que sa vie s'améliore ou bien si, au contraire, son destin peut changer.

Practice more at
vhlcentral.com.

Vocabulary Tools

L'Enragé

1

Préparez Répondez aux questions.

1. La liberté d'expression est-elle un droit universel? Y a-t-il des limites à ce droit?

2. Connaissez-vous des personnes qui ont fui leur pays natal? Quels facteurs ont obligé ces personnes à quitter leur pays?

À propos de l'auteur

Georges Wolinski est un dessinateur français né le 28 juin 1934 en Tunisie. Il se tourne rapidement vers le dessin après avoir fait des études d'architecture. En 1960, il publie ses premiers travaux dans le journal satirique *Hara-Kiri*, où il développe sa fibre protestataire et satirique. En 1968, Wolinski fonde le périodique politique *L'Enragé* puis collabore à deux autres journaux engagés (*socially conscious*) bien connus des Français: *Charlie Hebdo* et *Charlie Mensuel*. En 2005, Wolinski reçoit le Grand Prix de la ville d'Angoulême, lors du Festival international de la bande dessinée d'Angoulême. Il meurt le 7 janvier 2015 dans l'attentat contre *Charlie Hebdo*.

Vocabulaire utile

un accueil chaleureux *warm welcome*

ailleurs *elsewhere*

la censure *censorship*

un crime haineux *hate crime*

des tas de *tons of*

expulser *to deport*

mériter *to deserve*

la xénophobie *fear of foreigners*

2

Regardez Avant de lire le texte, regardez les illustrations et répondez aux questions.

1. Combien de personnages y a-t-il? Où sont-ils?

2. Comment sont-ils? Que font-ils en même temps qu'ils bavardent?

3

Interprétez Maintenant, lisez le texte et répondez aux questions. Justifiez vos réponses.

1. De quoi les personnages parlent-ils? Ils sont de quelle nationalité?

2. Quel est le ton de la bande dessinée? Qu'est-ce que Wolinski cherche à critiquer?

3. Expliquez l'hypocrisie présente dans le dialogue.

4

Conversez Discutez de ces questions avec un(e) partenaire.

1. Pourquoi le second personnage parle-t-il moins que le premier? Quelles sont ses opinions sur le sujet de la conversation, à votre avis?

2. D'après vous, cet extrait a-t-il un ton humoristique? Est-ce que Wolinski fait une critique constructive?

3. Remarquez que cet extrait a été créé en 1997. À votre avis, les thèmes abordés sont-ils toujours pertinents? Pourquoi?

5

Présentez Par petits groupes, improvisez une scène où une troisième personne se joint à la conversation pour exprimer des opinions opposées. Présentez vos dialogues à la classe.

Practice more at
vhlcentral.com.

Cause Toujours! by Wolinski © Glénat Éditions / Drugstore / 1997

⚭ Un essai comparatif

Vous allez choisir un pays ou une région francophone et préparer un essai dans lequel vous comparerez son système politique avec celui de votre pays de résidence.

Préparez

1

Décrivez Répondez aux questions sur votre pays. Faites des recherches si nécessaire. Prenez des notes.

1. Décrivez l'organisation et le fonctionnement (origines, partis politiques, rôles, etc.) de l'État dans votre pays de résidence. Précisez son organisation politique, y compris ses origines et partis politiques.

2. Y a-t-il une constitution ou ensemble de principes qui déterminent son organisation et son fonctionnement? Expliquez.

2

Stratégie Faites des recherches générales sur le système politique en place dans le pays ou la région francophone que vous avez choisi(e). Le but de votre rédaction étant d'écrire un essai comparatif, assurez-vous bien de trouver des informations qui vous permettront de comparer les deux systèmes. Utilisez un tableau pour organiser les résultats de vos recherches de façon logique en vue d'une comparaison.

Modèle

France	États-Unis	Mes observations
Président(e), Premier ministre	Président(e)	• Le/La Président(e) français(e) nomme le chef du gouvernement qui s'appelle le Premier ministre
Sénat, Assemblée nationale	Sénat, Chambre des représentants	• Structure similaire • L'Assemblée nationale compte 577 membres tandis que la Chambre des représentants a 435 membres
…	…	•

Emmanuel Macron

Écrivez

3

Votre essai comparatif Maintenant, composez votre essai. Suivez ce plan et utilisez les informations de votre tableau. N'oubliez pas que le but est de comparer certains aspects des deux systèmes politiques.

aussi	moindre(s)
autant	moins
bon(ne)(s)	peu
mauvais(e)(s)	pire(s)
meilleur(e)(s)	plus
mieux	

A. **Introduction** Expliquez en termes généraux ce dont vous allez parler.

B. **Développement** Décrivez et comparez en détails plusieurs aspects des deux systèmes et donnez vos observations personnelles.

C. **Conclusion** Résumez vos observations les plus importantes, puis terminez en donnant votre opinion personnelle sur ces deux systèmes.

Révisez et lisez

4

Révision Demandez à un(e) camarade de lire votre essai et de vous faire des suggestions pour l'améliorer. Révisez-le en incorporant ses suggestions et en faisant attention à ces éléments.

- Votre introduction explique-t-elle de façon claire ce dont vous allez parler?
- Votre développement est-il organisé logiquement et présente-t-il une comparaison de certains aspects des deux systèmes?
- Votre conclusion donne-t-elle votre opinion personnelle sur les systèmes comparés?
- La grammaire et l'orthographe sont-elles correctes? Vérifiez bien l'emploi du comparatif et du superlatif.

5

Lecture Mettez-vous en petits groupes et, à tour de rôle, lisez vos essais. Vos camarades vous poseront des questions puis ils résumeront deux ou trois choses intéressantes qu'ils ont apprises en vous écoutant.

le Palais de la République à Dakar au Sénégal

Deuxième discussion en groupes

Vous allez travailler par petits groupes pour comparer le contexte social dans votre pays à celui en France, en vous basant sur les informations et les statistiques données.

1 **Réfléchissez** Répondez aux questions suivantes. Prenez des notes.

1. Quels facteurs contribuent à l'identité d'une personne? Faites une liste.

2. Y a-t-il des groupes de personnes pour qui la vie est moins juste? Lesquels?

3. Êtes-vous (ou connaissez-vous quelqu'un qui est) victime d'une injustice sociale? Expliquez.

2 **Lisez** Lisez les informations sur la France. Est-ce que ces chiffres vous frappent? Y a-t-il des perspectives ou des problèmes sociaux qui manquent dans cette liste, à votre avis? Faites des recherches sur les Français d'aujourd'hui et ajoutez les informations qui vous semblent les plus importantes ou frappantes à la liste. N'oubliez-pas de citer vos sources.

«En 2015, 14% de la population française avait un niveau de vie inférieur au seuil de pauvreté.»
SOURCE: INSEE

«Entre 2000 et 2018, neuf mesures ou lois en faveur de l'égalité hommes-femmes ont été adoptées en France.»
SOURCE: L'ADN

«En 2016, les personnes qui rapportaient au moins une discrimination liée à leurs origines, à leur couleur de peau ou à leur(s) nom et/ou prénom représentent 77% des femmes et 88% des hommes.»
SOURCE: Défenseur des droits

...

...

...

3 **Et chez vous?** Maintenant, faites des recherches sur les mêmes sujets dans le contexte de votre pays de résidence. Trouvez des informations sur la population de votre pays dans des sondages, des études et des recensements officiels. Utilisez un tableau pour organiser vos idées.

Modèle

Sujet	Dans mon pays
pauvreté	· 40 millions d'Américains sont pauvres
(in)égalité hommes-femmes	
discrimination ethnique	
…	
…	
…	

4 **Discutez** Par groupes de quatre, analysez les différentes remarques notées dans vos tableaux pour en tirer des conclusions. Y a-t-il des chiffres qui vous choquent? Lesquels? Choisissez, dans vos tableaux, les informations les plus frappantes. Puis, préparez-en un résumé et présentez-le oralement à la classe, en comparant les données à celles trouvées pour la France dans l'activité précédente.

Modèle — **Dans l'ensemble, nous avons trouvé que le nombre de délits (*crimes*) à caractère raciste en France a diminué entre 2015 et 2016.**
— **Par contre, aux États-Unis…**

5 **Conclusions** Pensez-vous que ces données vous donnent une idée globale des problèmes qui existent aujourd'hui? Comparez l'utilité des données scientifiques par rapport à des expériences personnelles. Lequel, parmi ces deux types d'information, influence votre point de vue le plus? Discutez-en avec vos camarades de classe.

La France

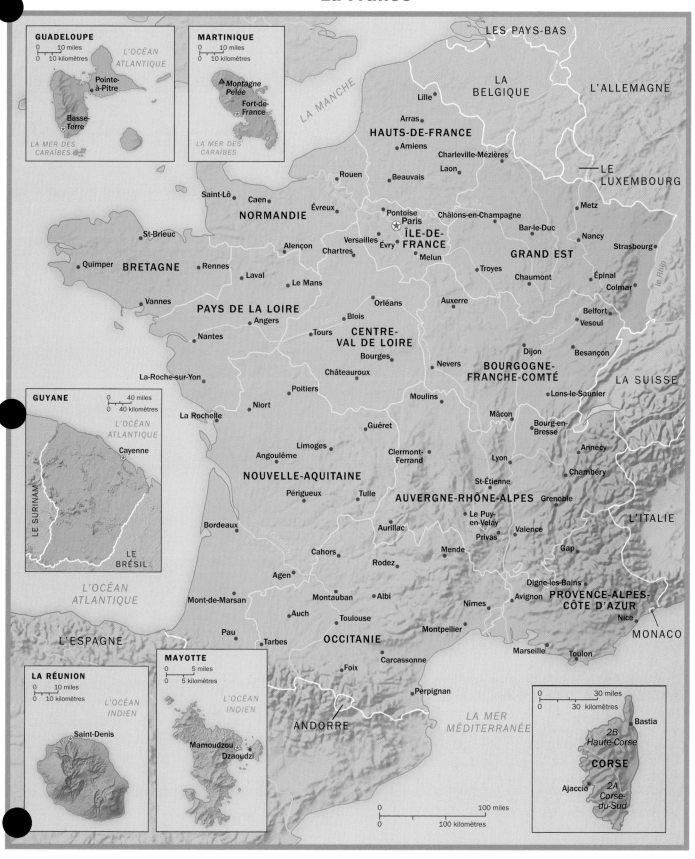

GUADELOUPE
0   10 miles
0   10 kilomètres
L'OCÉAN ATLANTIQUE
Pointe-à-Pitre
Basse-Terre
LA MER DES CARAÏBES

MARTINIQUE
0   10 miles
0   10 kilomètres
Montagne Pelée
Fort-de-France
LA MER DES CARAÏBES

GUYANE
0   40 miles
0   40 kilomètres
L'OCÉAN ATLANTIQUE
LE SURINAM
Cayenne
LE BRÉSIL

LA RÉUNION
0   10 miles
0   10 kilomètres
L'OCÉAN INDIEN
Saint-Denis

MAYOTTE
0   5 miles
0   5 kilomètres
L'OCÉAN INDIEN
Mamoudzou
Dzaoudzi

LES PAYS-BAS
LA BELGIQUE
L'ALLEMAGNE
LA MANCHE
Lille
Arras
HAUTS-DE-FRANCE
Amiens
Charleville-Mézières
Laon
LE LUXEMBOURG
Rouen
Beauvais
Metz
Saint-Lô
Caen
Évreux
Pontoise
Paris
Châlons-en-Champagne
Bar-le-Duc
Nancy
NORMANDIE
Versailles
ÎLE-DE-FRANCE
Évry
GRAND EST
Strasbourg
St-Brieuc
Alençon
Chartres
Melun
Troyes
Épinal
Colmar
BRETAGNE
Rennes
Laval
Le Mans
Chaumont
Quimper
Auxerre
Belfort
Vesoul
Vannes
PAYS DE LA LOIRE
Orléans
Blois
le Rhin
Angers
CENTRE-VAL DE LOIRE
Dijon
Besançon
Nantes
Tours
Bourges
Nevers
BOURGOGNE-FRANCHE-COMTÉ
LA SUISSE
La-Roche-sur-Yon
Châteauroux
Lons-le-Saunier
Poitiers
Moulins
Niort
Mâcon
Bourg-en-Bresse
La Rochelle
Guéret
Annecy
Limoges
Clermont-Ferrand
Lyon
Chambéry
Angoulême
St-Étienne
NOUVELLE-AQUITAINE
AUVERGNE-RHÔNE-ALPES
Grenoble
L'ITALIE
Périgueux
Tulle
Le Puy-en-Velay
Bordeaux
Aurillac
Privas
Valence
Gap
Cahors
Rodez
Mende
Digne-les-Bains
Agen
Avignon
PROVENCE-ALPES-CÔTE D'AZUR
Mont-de-Marsan
Montauban
Albi
Nîmes
Nice
Auch
Toulouse
MONACO
Pau
Tarbes
OCCITANIE
Montpellier
Marseille
Toulon
Carcassonne
Foix
ANDORRE
Perpignan
LA MER MÉDITERRANÉE
L'ESPAGNE
L'OCÉAN ATLANTIQUE

0   100 miles
0   100 kilomètres

0   30 miles
0   30 kilomètres
Bastia
2B Haute-Corse
CORSE
Ajaccio
2A Corse-du-Sud

203

Le monde francophone

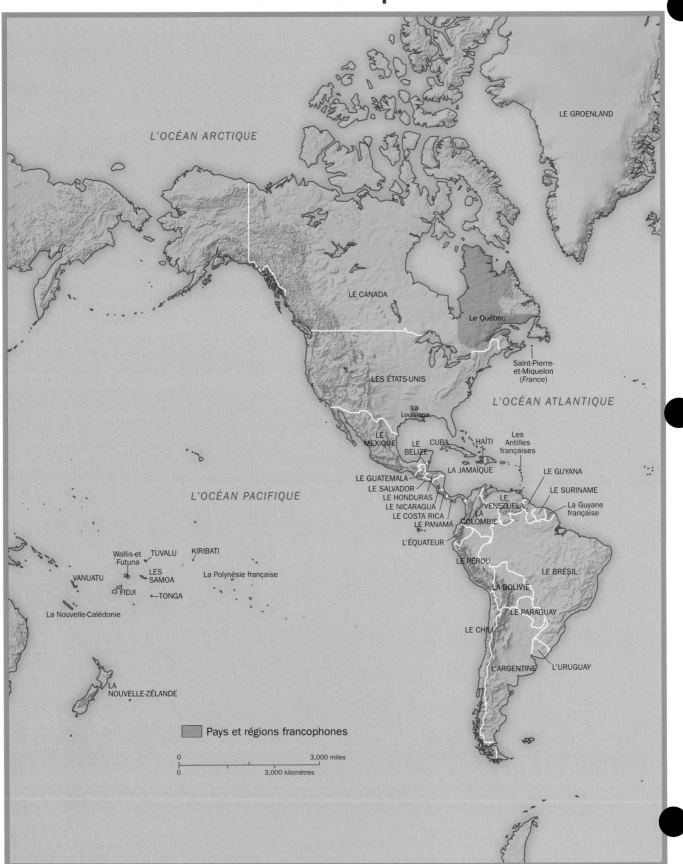

LE GROENLAND

L'OCÉAN ARCTIQUE

LE CANADA

Le Québec

Saint-Pierre-
et-Miquelon
(*France*)

LES ÉTATS-UNIS

L'OCÉAN ATLANTIQUE

La
Louisiane

LE
MEXIQUE

LE
BELIZE

CUBA

HAÏTI

Les
Antilles
françaises

LA JAMAÏQUE

LE GUYANA

LE SURINAME

LE GUATEMALA

LE SALVADOR

LE HONDURAS

LE NICARAGUA

LE COSTA RICA

LE PANAMÁ

L'OCÉAN PACIFIQUE

LE
VENEZUELA

La Guyane
française

LA
COLOMBIE

L'ÉQUATEUR

Wallis-et
-Futuna

TUVALU

KIRIBATI

LE PÉROU

LE BRÉSIL

VANUATU

LES
SAMOA

La Polynésie française

FIDJI

TONGA

LA BOLIVIE

La Nouvelle-Calédonie

LE PARAGUAY

LE CHILI

L'ARGENTINE

L'URUGUAY

LA
NOUVELLE-ZÉLANDE

Pays et régions francophones

0   3,000 miles

0   3,000 kilomètres

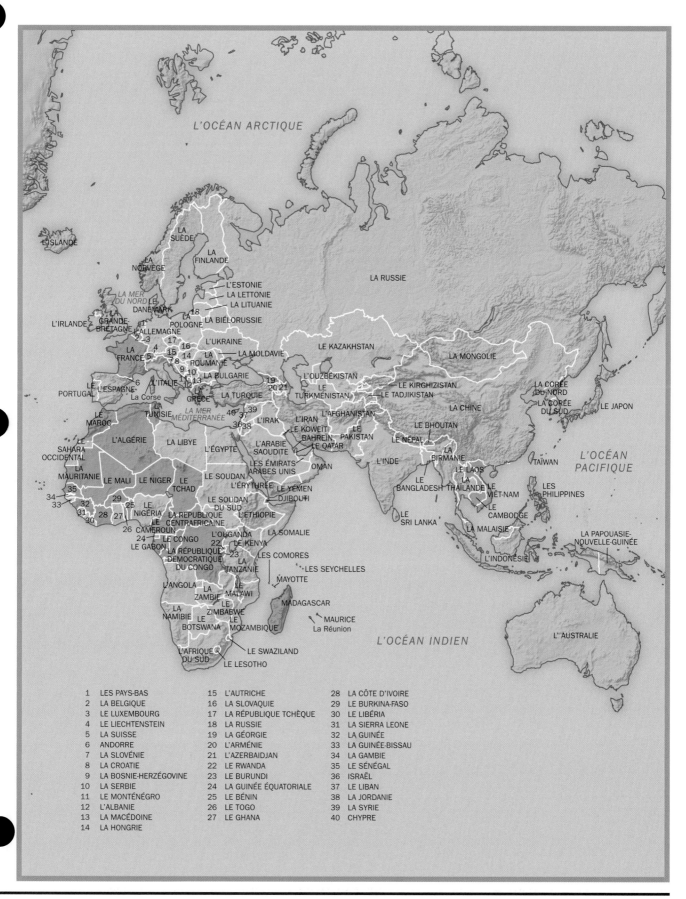

L'OCÉAN ARCTIQUE

L'ISLANDE

LA SUÈDE

LA NORVÈGE

LA FINLANDE

LA MER DU NORD

L'ESTONIE
LA LETTONIE
LA LITUANIE

LA RUSSIE

L'IRLANDE

LA GRANDE-BRETAGNE

LE DANEMARK

18 LA POLOGNE

LA BIÉLORUSSIE

1 L'ALLEMAGNE
2 3
4 17 16
15 14
7 8
9 10
11 12 13

L'UKRAINE

LE KAZAKHSTAN

LA MOLDAVIE

LA ROUMANIE

LA FRANCE 5

LA BULGARIE

L'OUZBÉKISTAN

LA MONGOLIE

LE TURKMÉNISTAN

LE KIRGHIZISTAN

LE TADJIKISTAN

LA CHINE

LA CORÉE DU NORD
LA CORÉE DU SUD

LE JAPON

PORTUGAL

L'ESPAGNE 6

L'ITALIE

La Corse

LA GRÈCE

LA TURQUIE

19 20 21

LE MAROC

LA TUNISIE

LA MER MÉDITERRANÉE

40 37 39
36 38

L'IRAK

L'IRAN

L'AFGHANISTAN

LE BHOUTAN

LE NÉPAL

LA BIRMANIE

TAÏWAN

L'OCÉAN PACIFIQUE

LE SAHARA OCCIDENTAL

L'ALGÉRIE

LA LIBYE

L'ÉGYPTE

L'ARABIE SAOUDITE

LE KOWEÏT
BAHREÏN
LE QATAR

LE PAKISTAN

L'INDE

LE LAOS

LE VIÊT-NAM

LES PHILIPPINES

LA MAURITANIE

LE MALI

LE NIGER

LE TCHAD

LE SOUDAN

LES ÉMIRATS ARABES UNIS

OMAN

LA THAÏLANDE

LE CAMBODGE

35

29

25

LE NIGÉRIA

L'ÉRYTHRÉE

LE YEMEN

DJIBOUTI

LE BANGLADESH

LE SRI LANKA

LA MALAISIE

LA PAPOUASIE-NOUVELLE-GUINÉE

34
33
31 32
30 28 27
26
24

LE CAMEROUN

LA RÉPUBLIQUE CENTRAFRICAINE

LE SOUDAN DU SUD

L'ÉTHIOPIE

L'INDONÉSIE

LE GABON

LE CONGO

LA RÉPUBLIQUE DÉMOCRATIQUE DU CONGO

L'OUGANDA

LE KENYA

22

23

LA SOMALIE

LES COMORES

LES SEYCHELLES

LA TANZANIE

MAYOTTE

L'ANGOLA

LA ZAMBIE

LE MALAWI

MADAGASCAR

MAURICE
La Réunion

L'OCÉAN INDIEN

L'AUSTRALIE

LA NAMIBIE

LE ZIMBABWE

LE BOTSWANA

LE MOZAMBIQUE

L'AFRIQUE DU SUD

LE SWAZILAND

LE LESOTHO

1	LES PAYS-BAS	15	L'AUTRICHE	28	LA CÔTE D'IVOIRE
2	LA BELGIQUE	16	LA SLOVAQUIE	29	LE BURKINA-FASO
3	LE LUXEMBOURG	17	LA RÉPUBLIQUE TCHÈQUE	30	LE LIBÉRIA
4	LE LIECHTENSTEIN	18	LA RUSSIE	31	LA SIERRA LEONE
5	LA SUISSE	19	LA GÉORGIE	32	LA GUINÉE
6	ANDORRE	20	L'ARMÉNIE	33	LA GUINÉE-BISSAU
7	LA SLOVÉNIE	21	L'AZERBAIDJAN	34	LA GAMBIE
8	LA CROATIE	22	LE RWANDA	35	LE SÉNÉGAL
9	LA BOSNIE-HERZÉGOVINE	23	LE BURUNDI	36	ISRAËL
10	LA SERBIE	24	LA GUINÉE ÉQUATORIALE	37	LE LIBAN
11	LE MONTÉNÉGRO	25	LE BÉNIN	38	LA JORDANIE
12	L'ALBANIE	26	LE TOGO	39	LA SYRIE
13	LA MACÉDOINE	27	LE GHANA	40	CHYPRE
14	LA HONGRIE				

L'Europe

LA MER
DE BARENTS

500 miles

500 kilomètres

☐ Pays francophones

LA MER
DE NORVÈGE

L'ISLANDE

Reykjavik

LA SUÈDE

LA FINLANDE

LA RUSSIE

LA NORVÈGE

Helsinki

Oslo

Stockholm

Tallinn

L'ESTONIE

Moscou

Riga

LA
LETTONIE

LA MER
DU NORD

LE
DANEMARK

Copenhague

LA MER BALTIQUE

LA LITUANIE

Vilnius

Minsk

LA RUSSIE

LA
BIÉLORUSSIE

L'IRLANDE

Dublin

LES
PAYS-BAS

LA
GRANDE
BRETAGNE

La Haye

Berlin

Varsovie

Kiev

Londres

Bruxelles

L'ALLEMAGNE

LA POLOGNE

L'UKRAINE

LA BELGIQUE

L'OCÉAN
ATLANTIQUE

LE LUXEMBOURG

Paris

Luxembourg

LA RÉPUBLIQUE
TCHÈQUE

Prague

LA SLOVAQUIE

LA MOLDAVIE

LE
LIECHTENSTEIN

Bratislava

Vienne

Budapest

Chisinau

Berne

LA SUISSE

L'AUTRICHE

LA
HONGRIE

LA ROUMANIE

LA MER NOIRE

LA FRANCE

LA SLOVÉNIE

Ljubljana

Zagreb

Belgrade

Bucarest

LA CROATIE

LA BOSNIE-
HERZÉGOVINE

LA SERBIE

Monte Carlo

Sarajevo

LA BULGARIE

Andorre-la-Vieille

L'ITALIE

Podgorica

Sofia

LE
PORTUGAL

LE
MONTÉNÉGRO

Skopje

MONACO

LA
MACÉDOINE

ANDORRE

Madrid

La Corse

Rome

Tirana

Lisbonne

L'ESPAGNE

L'ALBANIE

LA GRÈCE

LA TURQUIE

La Sardaigne

Athènes

Nicosie

La Sicile

CHYPRE

MALTE

La Valette

LA MER MÉDITERRANÉE

LE MAROC

LA
TUNISIE

L'ALGÉRIE

LA LIBYE

L'ÉGYPTE

L'Afrique

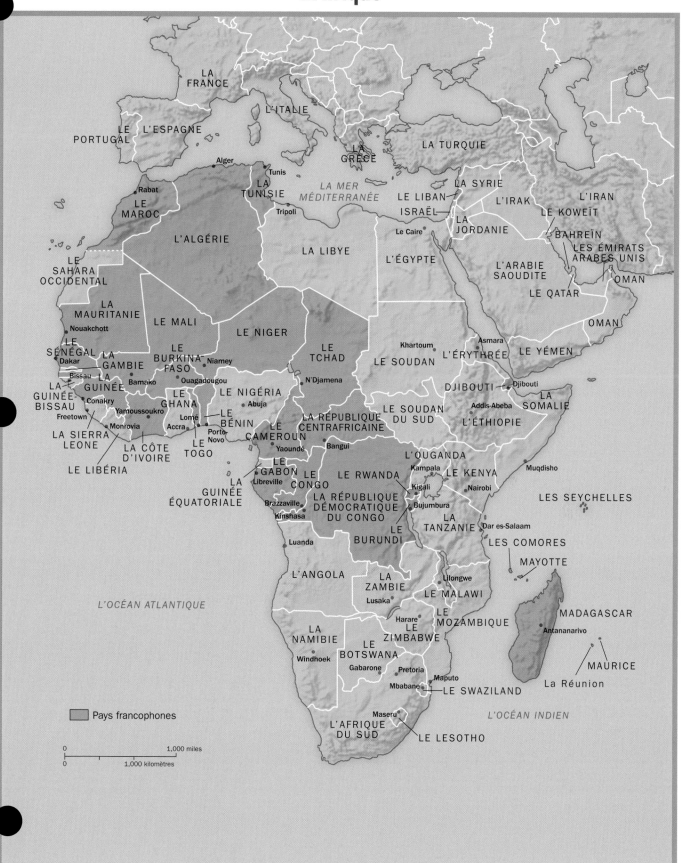

LA FRANCE

LE PORTUGAL

L'ESPAGNE

L'ITALIE

LA GRÈCE

LA TURQUIE

Alger

Tunis

LA MER MÉDITERRANÉE

LA SYRIE

LE LIBAN

L'IRAN

Rabat

LA TUNISIE

ISRAËL

LE MAROC

Tripoli

LE KOWEÏT

L'ALGÉRIE

Le Caire

LA JORDANIE

BAHREÏN

LES ÉMIRATS ARABES UNIS

LA LIBYE

L'ÉGYPTE

L'ARABIE SAOUDITE

OMAN

LE SAHARA OCCIDENTAL

LE QATAR

OMAN

LA MAURITANIE

LE MALI

LE NIGER

Khartoum

Asmara

LE YÉMEN

Nouakchott

L'ÉRYTHRÉE

LE SÉNÉGAL

LA GAMBIE

LE BURKINA FASO

Niamey

LE TCHAD

LE SOUDAN

DJIBOUTI

Djibouti

Dakar

Bissau

Bamako

Ouagadougou

N'Djamena

LA GUINÉE

LA GUINÉE-BISSAU

Conakry

LE GHANA

LE NIGÉRIA

Abuja

LE SOUDAN DU SUD

Addis-Abeba

LA SOMALIE

Freetown

Yamoussoukro

Lomé

LE BÉNIN

LE CAMEROUN

LA RÉPUBLIQUE CENTRAFRICAINE

L'ÉTHIOPIE

LA SIERRA LEONE

Accra

Porto Novo

Yaoundé

Bangui

Monrovia

LA CÔTE D'IVOIRE

LE TOGO

L'OUGANDA

LE LIBÉRIA

LE GABON

LE CONGO

LE RWANDA

Kampala

LE KENYA

Muqdisho

LA GUINÉE ÉQUATORIALE

Libreville

Kigali

Nairobi

LES SEYCHELLES

Brazzaville

LA RÉPUBLIQUE DÉMOCRATIQUE DU CONGO

Bujumbura

Kinshasa

LE BURUNDI

LA TANZANIE

Dar es-Salaam

Luanda

LES COMORES

MAYOTTE

L'ANGOLA

LA ZAMBIE

Lilongwe

L'OCÉAN ATLANTIQUE

Lusaka

LE MALAWI

MADAGASCAR

Harare

LE MOZAMBIQUE

Antananarivo

LE ZIMBABWE

LA NAMIBIE

LE BOTSWANA

MAURICE

Windhoek

Gabarone

Pretoria

Maputo

La Réunion

Mbabane

LE SWAZILAND

L'OCÉAN INDIEN

Maseru

L'AFRIQUE DU SUD

LE LESOTHO

Pays francophones

0   1,000 miles

0   1,000 kilomètres

L'Amérique du Nord et du Sud

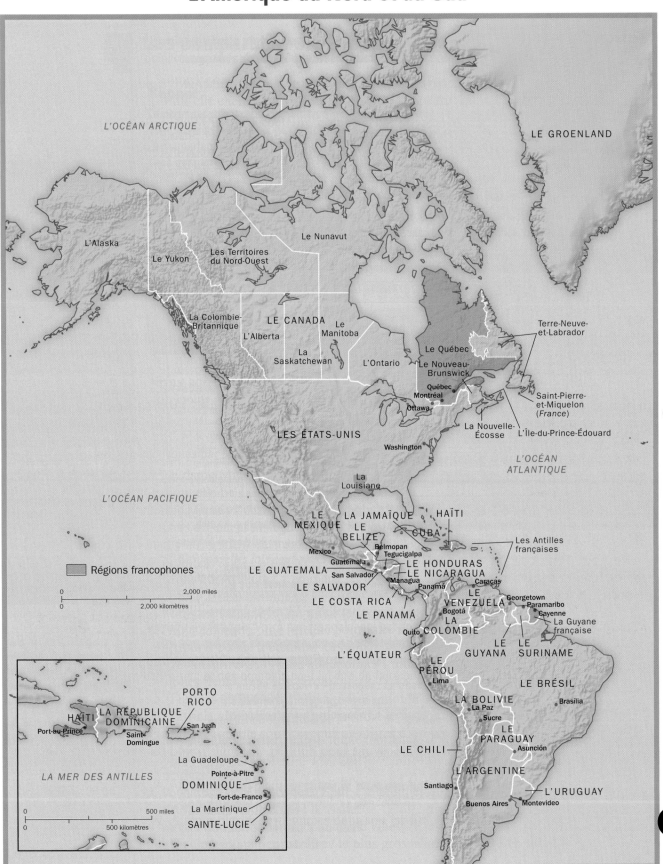

L'OCÉAN ARCTIQUE

LE GROENLAND

L'Alaska

Le Yukon

Les Territoires
du Nord-Ouest

Le Nunavut

La Colombie-
Britannique

L'Alberta

LE CANADA

Le
Manitoba

La
Saskatchewan

L'Ontario

Le Québec

Terre-Neuve-
et-Labrador

Le Nouveau-
Brunswick

Québec
Montréal

Ottawa

Saint-Pierre-
et-Miquelon
(France)

La Nouvelle-
Écosse

L'Île-du-Prince-Édouard

LES ÉTATS-UNIS

Washington

L'OCÉAN
ATLANTIQUE

L'OCÉAN PACIFIQUE

La
Louisiane

LE
MEXIQUE

LA JAMAÏQUE

LE
BELIZE

HAÏTI

CUBA

Régions francophones

Mexico

Belmopan
Tegucigalpa

Guatemala

LE HONDURAS

Les Antilles
françaises

0   2,000 miles

0   2,000 kilomètres

LE GUATEMALA

San Salvador

LE NICARAGUA

LE SALVADOR

Managua
Panamá

Caracas

LE COSTA RICA

LE
VENEZUELA

Georgetown
Paramaribo

Cayenne

LE PANAMÁ

Bogotá

LA
COLOMBIE

La Guyane
française

Quito

LE
GUYANA

LE
SURINAME

L'ÉQUATEUR

LE
PÉROU

Lima

LE BRÉSIL

LA BOLIVIE

La Paz

Sucre

Brasília

PORTO
RICO

HAÏTI

LA RÉPUBLIQUE
DOMINICAINE

San Juan

LE
PARAGUAY

Port-au-Prince

Saint
Domingue

LE CHILI

Asunción

LA MER DES ANTILLES

La Guadeloupe

Pointe-à-Pitre

L'ARGENTINE

Santiago

L'URUGUAY

DOMINIQUE

Fort-de-France

0   500 miles

La Martinique

Buenos Aires

Montevideo

0   500 kilomètres

SAINTE-LUCIE

Tables de conjugaison

Guide to the Verb Lists and Tables

The list of verbs below includes common regular, irregular, reflexive, and spelling-change verbs. Each verb is followed by a model verb that has the same conjugation pattern. The number in parentheses indicates where in the verb tables (pages 211–219) you can find the model verb. Regular **-er**, **-ir**, and **-re** verbs are conjugated like **parler** (1), **finir** (2) and **vendre** (3), respectively. The phrase **p.c. with être** after a verb means that it is conjugated with **être** in the **passé composé** and other compound tenses. (See page 212.) Reminder: All reflexive (pronominal) verbs use **être** as their auxiliary verb, and they are alphabetized under the non-reflexive infinitive.

accueillir like ouvrir (34)

s'acharner like se laver (4)

acheter (7)

s'adapter like se laver (4)

s'adresser like se laver (4)

agacer like commencer (9)

aller (13); **p.c. with être**

s'améliorer like se laver (4)

amener like acheter (7)

s'amuser like se laver (4)

apercevoir like recevoir (40)

s'apercevoir like recevoir (40)
except **p.c. with être**

appartenir like tenir (48)

appeler (8)

apprendre like prendre (39)

s'appuyer like employer (10)
except **p.c. with être**

s'arrêter like se laver (4)

arriver like parler (1) *except* **p.c. with être**

s'asseoir (14); **p.c. with être**

s'assimiler like se laver (4)

s'associer like se laver (4)

atteindre like éteindre (26)

s'attendre like vendre (3)
except **p.c. with être**

avancer like commencer (9)

avoir (5)

se balancer like commencer (9)
except **p.c. with être**

balayer like employer (10)

except **y** to **i** change optional

se battre (15); **p.c. with être**

se blesser like se laver (4)

boire (16)

se brosser like se laver (4)

se casser like se laver (4)

célébrer like préférer (12)

se coiffer like se laver (4)

combattre like se battre (15)
except **p.c. with avoir**

commencer (9)

se comporter like se laver (4)

comprendre like prendre (39)

conduire (17)

connaître (18)

se connecter like se laver (4)

se consacrer like se laver (4)

considérer like préférer (12)

construire like conduire (17)

convaincre like vaincre (49)

se coucher like se laver (4)

se couper like se laver (4)

courir (19)

couvrir like ouvrir (34)

craindre like éteindre (26)

croire (20)

se croiser like se laver (4)

déblayer like essayer (10)

se débrouiller like se laver (4)

se décourager like manger (11) *except* **p.c. with être**

découvrir like ouvrir (34)

décrire like écrire (23)

se demander like se laver (4)

déménager like manger (11)

se dépasser like se laver (4)

se dépêcher like se laver (4)

se déplacer like commencer (9)

déranger like manger (11)

se dérouler like se laver (4)

descendre like vendre (3)
except **p.c. with être**; **p.c. w/ avoir** if takes a direct object

se déshabiller like se laver (4)

se détendre like vendre (3)
except **p.c. with être**

détruire like conduire (17)

devenir like venir (51); **p.c. with être**

devoir (21)

dire (22)

diriger like manger (11)

disparaître like connaître (18)

se disputer like se laver (4)

se divertir like finir (2) *except* **p.c. with être**

divorcer like commencer (9)

dormir like partir (35) *except* **p.c. with avoir**

se douter like se laver (4)

écrire (23)

effacer like commencer (9)

élever like acheter (7)

élire like lire (30)

s'embrasser like se laver (4)

emménager like manger (11)

emmener like acheter (7)

émouvoir (24)

employer (10)

s'endormir like partir (35); **p.c. with être**

enlever like acheter (7)

s'énerver like se laver (4)

s'enfoncer like commencer (9)
except **p.c. with être**

s'engager like manger (11)
except **p.c. with être**

ennuyer like employer (10)

s'ennuyer like employer (10)
except **p.c. with être**

s'enrichir like finir (2) *except* **p.c. with être**

s'entendre like vendre (3)
except **p.c. with être**

s'étonner like se laver (4)

s'entourer like se laver (4)

entreprendre like prendre (39)

entrer like parler (1) *except* **p.c. with être**

entretenir like tenir (48)

s'entretenir like tenir (48)
except **p.c. with être**

envoyer (25)

épeler like appeler (8)

espérer like préférer (12)

essayer like employer (10)
except **y** to **i** change optional

essuyer like employer (10)

s'établir like finir (2) *except* **p.c.** with **être**

éteindre (26)

s'étendre like vendre (3) *except* **p.c.** with **être**

être (6)

s'excuser like se laver (4)

exiger like manger (11)

se fâcher like se laver (4)

faire (27)

falloir (28)

se fiancer like commencer (9) *except* **p.c.** with **être**

finir (2)

forcer like commencer (9)

se fouler like se laver (4)

fuir (29)

s'habiller like se laver (4)

s'habituer like se laver (4)

harceler like acheter (7)

s'informer like se laver (4)

s'inquiéter like préférer (12) *except* **p.c.** with **être**

s'inscrire like écrire (23) *except* **p.c.** with **être**

s'installer like se laver (4)

interdire like dire (22) *except* **vous interdisez** (present) and **interdisez** (imperative)

s'intégrer like préférer (12) *except* **p.c.** with **être**

s'intéresser like se laver (4)

s'investir like finir (2) *except* **p.c.** with **être**

jeter like appeler (8)

lancer like commencer (9)

se lancer like commencer (9) *except* **p.c.** with **être**

se laver (4)

lever like acheter (7)

se lever like acheter (7) *except* **p.c.** with **être**

se libérer like se laver (4)

lire (30)

loger like manger (11)

maintenir like tenir (48)

manger (11)

se maquiller like se laver (4)

se marier like se laver (4)

se méfier like se laver (4)

menacer like commencer (9)

mener like acheter (7)

mentir like partir (35) *except* **p.c.** with **avoir**

mettre (31)

se mettre like mettre (31) *except* **p.c.** with **être**

monter like parler (1) *except* **p.c.** with **être**; **p.c.** w/**avoir** if takes a direct object

se moquer like se laver (4)

mourir (32); **p.c.** with **être**

nager like manger (11)

naître (33); **p.c.** with **être**

nettoyer like employer (10)

nuire like conduire (17)

obtenir like tenir (48)

s'occuper like se laver (4)

offrir like ouvrir (34)

s'orienter like se laver (4)

ouvrir (34)

paraître like connaître (18)

parcourir like courir (19)

parler (1)

partager like manger (11)

partir (35); **p.c.** with **être**

parvenir like venir (51)

passer like parler (1) *except* **p.c.** with **être**

payer like employer (10) *except* **y** to **i** change optional

se peigner like se laver (4)

percevoir like recevoir (40)

permettre like mettre (31)

peser like acheter (7)

placer like commencer (9)

se plaindre like éteindre (26) *except* **p.c.** with **être**

plaire (36)

pleuvoir (37)

plonger like manger (11)

posséder like préférer (12)

pouvoir (38)

prédire like dire (22) *except* **vous prédisez** (present) and **prédisez** (imperative)

préférer (12)

prendre (39)

prévenir like venir (51) *except*

p.c. with **avoir**

prévoir like voir (53)

produire like conduire (17)

projeter like appeler (8)

se promener like acheter (7) *except* **p.c.** with **être**

promettre like mettre (31)

protéger like préférer (12) *except* takes **e** between **g** and vowels **a** and **o**

provenir like venir (51)

ranger like manger (11)

rappeler like appeler (8)

se rappeler like appeler (8) *except* **p.c.** with **être**

se raser like se laver (4)

se rassurer like se laver (4)

se rebeller like se laver (4)

recevoir (40)

se réconcilier like se laver (4)

reconnaître like connaître (18)

réduire like conduire (17)

régner like préférer (12)

rejeter like appeler (8)

rejoindre (41)

se relever like acheter (7) *except* **p.c.** with **être**

remplacer like commencer (9)

renouveler like appeler (8)

rentrer like parler (1) *except* **p.c.** with **être**

renvoyer like envoyer (25)

répéter like préférer (12)

se reposer like se laver (4)

reprendre like prendre (39)

résoudre (42)

ressentir like partir (35) *except* **p.c.** with **avoir**

rester like parler (1) *except* **p.c.** with **être**

retenir like tenir (48)

retourner like parler (1) *except* **p.c.** with **être**

se retourner like se laver (4)

retransmettre like mettre (31)

se réunir like finir (2) *except* **p.c.** with **être**

se réveiller like se laver (4)

revenir like venir (51); **p.c.** with **être**

revoir like voir (53)

se révolter like se laver (4)

rire (43)

rompre (44)

savoir (45)

se sécher like préférer (12) *except* **p.c.** with **être**

séduire like conduire (17)

sentir like partir (35) *except* **p.c.** with **avoir**

servir like partir (35) *except* **p.c.** with **avoir**

se servir like partir (35); **p.c.** with **être**

sortir like partir (35); **p.c.** with **être**

se soucier like se laver (4)

souffrir like ouvrir (34)

soulager like manger (11)

soulever like acheter (7)

sourire like rire (43)

soutenir like tenir (48)

se souvenir like venir (51); **p.c.** with **être**

subvenir like venir (51) *except* **p.c.** with **avoir**

suffire like lire (30)

suggérer like préférer (12)

suivre (46)

surprendre like prendre (39)

survivre like vivre (52)

se taire (47)

télécharger like manger (11)

tenir (48)

tomber like parler (1) *except* **p.c.** with **être**

traduire like conduire (17)

se tromper like se laver (4)

se trouver like se laver (4)

vaincre (49)

valoir (50)

vendre (3)

venir (51); **p.c.** with **être**

vivre (52)

voir (53)

vouloir (54)

voyager like manger (11)

Regular verbs

Infinitive		INDICATIVE				CONDITIONAL	SUBJUNCTIVE	IMPERATIVE
Present participle Past participle Past infinitive	Subject Pronouns	Present	Passé simple	Imperfect	Future	Present	Present	
1 parler	je	parle	parlai	parlais	parlerai	parlerais	parle	
(to speak)	tu	parles	parlas	parlais	parleras	parlerais	parles	parle
	il/elle/on	parle	parla	parlait	parlera	parlerait	parle	
parlant	nous	parlons	parlâmes	parlions	parlerons	parlerions	parlions	parlons
parlé	vous	parlez	parlâtes	parliez	parlerez	parleriez	parliez	parlez
avoir parlé	ils/elles	parlent	parlèrent	parlaient	parleront	parleraient	parlent	
2 finir	je	finis	finis	finissais	finirai	finirais	finisse	
(to finish)	tu	finis	finis	finissais	finiras	finirais	finisses	finis
	il/elle/on	finit	finit	finissait	finira	finirait	finisse	
finissant	nous	finissons	finîmes	finissions	finirons	finirions	finissions	finissons
fini	vous	finissez	finîtes	finissiez	finirez	finiriez	finissiez	finissez
avoir fini	ils/elles	finissent	finirent	finissaient	finiront	finiraient	finissent	
3 vendre	je	vends	vendis	vendais	vendrai	vendrais	vende	
(to sell)	tu	vends	vendis	vendais	vendras	vendrais	vendes	vends
	il/elle/on	vend	vendit	vendait	vendra	vendrait	vende	
vendant	nous	vendons	vendîmes	vendions	vendrons	vendrions	vendions	vendons
vendu	vous	vendez	vendîtes	vendiez	vendrez	vendriez	vendiez	vendez
avoir vendu	ils/elles	vendent	vendirent	vendaient	vendront	vendraient	vendent	

Reflexive (Pronominal)

Infinitive		INDICATIVE				CONDITIONAL	SUBJUNCTIVE	IMPERATIVE
Present participle Past participle Past infinitive	Subject Pronouns	Present	Passé simple	Imperfect	Future	Present	Present	
4 se laver	je	me lave	me lavai	me lavais	me laverai	me laverais	me lave	
(to wash oneself)	tu	te laves	te lavas	te lavais	te laveras	te laverais	te laves	lave-toi
	il/elle/on	se lave	se lava	se lavait	se lavera	se laverait	se lave	
se lavant	nous	nous lavons	nous lavâmes	nous lavions	nous laverons	nous laverions	nous lavions	lavons-nous
lavé	vous	vous lavez	vous lavâtes	vous laviez	vous laverez	vous laveriez	vous laviez	lavez-vous
s'être lavé(e)(s)	ils/elles	se lavent	se lavèrent	se lavaient	se laveront	se laveraient	se lavent	

Auxiliary verbs: *avoir* and *être*

Infinitive		INDICATIVE				CONDITIONAL	SUBJUNCTIVE	IMPERATIVE
Present participle Past participle Past infinitive	Subject Pronouns	Present	Passé simple	Imperfect	Future	Present	Present	
5 avoir	j'	ai	eus	avais	aurai	aurais	aie	
(to have)	tu	as	eus	avais	auras	aurais	aies	aie
	il/elle/on	a	eut	avait	aura	aurait	ait	
ayant	nous	avons	eûmes	avions	aurons	aurions	ayons	ayons
eu	vous	avez	eûtes	aviez	aurez	auriez	ayez	ayez
avoir eu	ils/elles	ont	eurent	avaient	auront	auraient	aient	
6 être	je (j')	suis	fus	étais	serai	serais	sois	
(to be)	tu	es	fus	étais	seras	serais	sois	sois
	il/elle/on	est	fut	était	sera	serait	soit	
étant	nous	sommes	fûmes	étions	serons	serions	soyons	soyons
été	vous	êtes	fûtes	étiez	serez	seriez	soyez	soyez
avoir été	ils/elles	sont	furent	étaient	seront	seraient	soient	

Compound tenses

	INDICATIVE						CONDITIONAL		SUBJUNCTIVE	
Subject pronouns	Passé composé		Pluperfect		Future perfect		Past		Past	
j'	ai		avais		aurai		aurais		aie	
tu	as		avais		auras		aurais		aies	
il/elle/on	a	parlé	avait	parlé	aura	parlé	aurait	parlé	ait	parlé
nous	avons	fini	avions	fini	aurons	fini	aurions	fini	ayons	fini
vous	avez	vendu	aviez	vendu	aurez	vendu	auriez	vendu	ayez	vendu
ils/elles	ont		avaient		auront		auraient		aient	
je (j')	suis		étais		serai		serais		sois	
tu	es		étais		seras		serais		sois	
il/elle/on	est	allé(e)(s)	était	allé(e)(s)	sera	allé(e)(s)	serait	allé(e)(s)	soit	allé(e)(s)
nous	sommes		étions		serons		serions		soyons	
vous	êtes		étiez		serez		seriez		soyez	
ils/elles	sont		étaient		seront		seraient		soient	

Verbs with spelling changes

Infinitive		INDICATIVE				CONDITIONAL	SUBJUNCTIVE	IMPERATIVE
Present participle Past participle Past infinitive	Subject Pronouns	Present	Passé simple	Imperfect	Future	Present	Present	
7 acheter	j'	achète	achetai	achetais	achèterai	achèterais	achète	
(to buy)	tu	achètes	achetas	achetais	achèteras	achèterais	achètes	achète
	il/elle/on	achète	acheta	achetait	achètera	achèterait	achète	
achetant	nous	achetons	achetâmes	achetions	achèterons	achèterions	achetions	achetons
acheté	vous	achetez	achetâtes	achetiez	achèterez	achèteriez	achetiez	achetez
avoir acheté	ils/elles	achètent	achetèrent	achetaient	achèteront	achèteraient	achètent	
8 appeler	j'	appelle	appelai	appelais	appellerai	appellerais	appelle	
(to call)	tu	appelles	appelas	appelais	appelleras	appellerais	appelles	appelle
	il/elle/on	appelle	appela	appelait	appellera	appellerait	appelle	
appelant	nous	appelons	appelâmes	appelions	appellerons	appellerions	appelions	appelons
appelé	vous	appelez	appelâtes	appeliez	appellerez	appelleriez	appeliez	appelez
avoir appelé	ils/elles	appellent	appelèrent	appelaient	appelleront	appelleraient	appellent	
9 commencer	je	commence	commençai	commençais	commencerai	commencerais	commence	
(to begin)	tu	commences	commenças	commençais	commenceras	commencerais	commences	commence
	il/elle/on	commence	commença	commençait	commencera	commencerait	commence	
commençant	nous	commençons	commençâmes	commencions	commencerons	commencerions	commencions	commençons
commencé	vous	commencez	commençâtes	commenciez	commencerez	commenceriez	commenciez	commencez
avoir commencé	ils/elles	commencent	commencèrent	commençaient	commenceront	commenceraient	commencent	
10 employer	j'	emploie	employai	employais	emploierai	emploierais	emploie	
(to use; to employ)	tu	emploies	employas	employais	emploieras	emploierais	emploies	emploie
	il/elle/on	emploie	employa	employait	emploiera	emploierait	emploie	
employant	nous	employons	employâmes	employions	emploierons	emploierions	employions	employons
employé	vous	employez	employâtes	employiez	emploierez	emploieriez	employiez	employez
avoir employé	ils/elles	emploient	employèrent	employaient	emploieront	emploieraient	emploient	
11 manger	je	mange	mangeai	mangeais	mangerai	mangerais	mange	
(to eat)	tu	manges	mangeas	mangeais	mangeras	mangerais	manges	mange
	il/elle/on	mange	mangea	mangeait	mangera	mangerait	mange	
mangeant	nous	mangeons	mangeâmes	mangions	mangerons	mangerions	mangions	mangeons
mangé	vous	mangez	mangeâtes	mangiez	mangerez	mangeriez	mangiez	mangez
avoir mangé	ils/elles	mangent	mangèrent	mangeaient	mangeront	mangeraient	mangent	
12 préférer	je	préfère	préférai	préférais	préférerai	préférerais	préfère	
(to prefer)	tu	préfères	préféras	préférais	préféreras	préférerais	préfères	préfère
	il/elle/on	préfère	préféra	préférait	préférera	préférerait	préfère	
préférant	nous	préférons	préférâmes	préférions	préférerons	préférerions	préférions	préférons
préféré	vous	préférez	préférâtes	préfériez	préférerez	préféreriez	préfériez	préférez
avoir préféré	ils/elles	préfèrent	préférèrent	préféraient	préféreront	préféreraient	préfèrent	

Irregular verbs

Infinitive		INDICATIVE				CONDITIONAL	SUBJUNCTIVE	IMPERATIVE
Present participle Past participle Past infinitive	Subject Pronouns	Present	Passé simple	Imperfect	Future	Present	Present	
13 aller	je (j')	vais	allai	allais	irai	irais	aille	
(to go)	tu	vas	allas	allais	iras	irais	ailles	va
	il/elle/on	va	alla	allait	ira	irait	aille	
allant	nous	allons	allâmes	allions	irons	irions	allions	allons
allé	vous	allez	allâtes	alliez	irez	iriez	alliez	allez
être allé(e)(s)	ils/elles	vont	allèrent	allaient	iront	iraient	aillent	
14 s'asseoir	je	m'assieds	m'assis	m'asseyais	m'assiérai	m'assiérais	m'asseye	
(to sit down,	tu	t'assieds	t'assis	t'asseyais	t'assiéras	t'assiérais	t'asseyes	assieds-toi
to be seated)	il/elle/on	s'assied	s'assit	s'asseyait	s'assiéra	s'assiérait	s'asseye	
s'asseyant	nous	nous asseyons	nous assîmes	nous asseyions	nous assiérons	nous assiérions	nous asseyions	asseyons-nous
assis	vous	vous asseyez	vous assîtes	vous asseyiez	vous assiérez	vous assiériez	vous asseyiez	asseyez-vous
s'être assis(e)(s)	ils/elles	s'asseyent	s'assirent	s'asseyaient	s'assiéront	s'assiéraient	s'asseyent	
15 se battre	je	me bats	me battis	me battais	me battrai	me battrais	me batte	
(to fight)	tu	te bats	te battis	te battais	te battras	te battrais	te battes	bats-toi
	il/elle/on	se bat	se battit	se battait	se battra	se battrait	se batte	
se battant	nous	nous battons	nous battîmes	nous battions	nous battrons	nous battrions	nous battions	battons-nous
battu	vous	vous battez	vous battîtes	vous battiez	vous battrez	vous battriez	vous battiez	battez-vous
s'être battu(e)(s)	ils/elles	se battent	se battirent	se battaient	se battront	se battraient	se battent	
16 boire	je	bois	bus	buvais	boirai	boirais	boive	
(to drink)	tu	bois	bus	buvais	boiras	boirais	boives	bois
	il/elle/on	boit	but	buvait	boira	boirait	boive	
buvant	nous	buvons	bûmes	buvions	boirons	boirions	buvions	buvons
bu	vous	buvez	bûtes	buviez	boirez	boiriez	buviez	buvez
avoir bu	ils/elles	boivent	burent	buvaient	boiront	boiraient	boivent	
17 conduire	je	conduis	conduisis	conduisais	conduirai	conduirais	conduise	
(to drive; to lead)	tu	conduis	conduisis	conduisais	conduiras	conduirais	conduises	conduis
	il/elle/on	conduit	conduisit	conduisait	conduira	conduirait	conduise	
conduisant	nous	conduisons	conduisîmes	conduisions	conduirons	conduirions	conduisions	conduisons
conduit	vous	conduisez	conduisîtes	conduisiez	conduirez	conduiriez	conduisiez	conduisez
avoir conduit	ils/elles	conduisent	conduisirent	conduisaient	conduiront	conduiraient	conduisent	
18 connaître	je	connais	connus	connaissais	connaîtrai	connaîtrais	connaisse	
(to know, to be	tu	connais	connus	connaissais	connaîtras	connaîtrais	connaisses	connais
acquainted with)	il/elle/on	connaît	connut	connaissait	connaîtra	connaîtrait	connaisse	
connaissant	nous	connaissons	connûmes	connaissions	connaîtrons	connaîtrions	connaissions	connaissons
connu	vous	connaissez	connûtes	connaissiez	connaîtrez	connaîtriez	connaissiez	connaissez
avoir connu	ils/elles	connaissent	connurent	connaissaient	connaîtront	connaîtraient	connaissent	
19 courir	je	cours	courus	courais	courrai	courrais	coure	
(to run)	tu	cours	courus	courais	courras	courrais	coures	cours
	il/elle/on	court	courut	courait	courra	courrait	coure	
courant	nous	courons	courûmes	courions	courrons	courrions	courions	courons
couru	vous	courez	courûtes	couriez	courrez	courriez	couriez	courez
avoir couru	ils/elles	courent	coururent	couraient	courront	courraient	courent	

Infinitive		INDICATIVE				CONDITIONAL	SUBJUNCTIVE	IMPERATIVE
Present participle Past participle Past infinitive	Subject Pronouns	Present	Passé simple	Imperfect	Future	Present	Present	
20 croire	je	crois	crus	croyais	croirai	croirais	croie	
(to believe)	tu	crois	crus	croyais	croiras	croirais	croies	crois
	il/elle/on	croit	crut	croyait	croira	croirait	croie	
croyant	nous	croyons	crûmes	croyions	croirons	croirions	croyions	croyons
cru	vous	croyez	crûtes	croyiez	croirez	croiriez	croyiez	croyez
avoir cru	ils/elles	croient	crurent	croyaient	croiront	croiraient	croient	
21 devoir	je	dois	dus	devais	devrai	devrais	doive	
(to have to;	tu	dois	dus	devais	devras	devrais	doives	dois
to owe)	il/elle/on	doit	dut	devait	devra	devrait	doive	
devant	nous	devons	dûmes	devions	devrons	devrions	devions	devons
dû	vous	devez	dûtes	deviez	devrez	devriez	deviez	devez
avoir dû	ils/elles	doivent	durent	devaient	devront	devraient	doivent	
22 dire	je	dis	dis	disais	dirai	dirais	dise	
(to say, to tell)	tu	dis	dis	disais	diras	dirais	dises	dis
	il/elle/on	dit	dit	disait	dira	dirait	dise	
disant	nous	disons	dîmes	disions	dirons	dirions	disions	disons
dit	vous	dites	dîtes	disiez	direz	diriez	disiez	dites
avoir dit	ils/elles	disent	dirent	disaient	diront	diraient	disent	
23 écrire	j'	écris	écrivis	écrivais	écrirai	écrirais	écrive	
(to write)	tu	écris	écrivis	écrivais	écriras	écrirais	écrives	écris
	il/elle/on	écrit	écrivit	écrivait	écrira	écrirait	écrive	
écrivant	nous	écrivons	écrivîmes	écrivions	écrirons	écririons	écrivions	écrivons
écrit	vous	écrivez	écrivîtes	écriviez	écrirez	écririez	écriviez	écrivez
avoir écrit	ils/elles	écrivent	écrivirent	écrivaient	écriront	écriraient	écrivent	
24 émouvoir	j'	émeus	émus	émouvais	émouvrai	émouvrais	émeuve	
(to move)	tu	émeus	émus	émouvais	émouvras	émouvrais	émeuves	émeus
	il/elle/on	émeut	émut	émouvait	émouvra	émouvrait	émeuve	
émouvant	nous	émouvons	émûmes	émouvions	émouvrons	émouvrions	émouvions	émouvons
ému	vous	émouvez	émûtes	émouviez	émouvrez	émouvriez	émouviez	émouvez
avoir ému	ils/elles	émeuvent	émurent	émouvaient	émouvront	émouvraient	émeuvent	
25 envoyer	j'	envoie	envoyai	envoyais	enverrai	enverrais	envoie	
(to send)	tu	envoies	envoyas	envoyais	enverras	enverrais	envoies	envoie
	il/elle/on	envoie	envoya	envoyait	enverra	enverrait	envoie	
envoyant	nous	envoyons	envoyâmes	envoyions	enverrons	enverrions	envoyions	envoyons
envoyé	vous	envoyez	envoyâtes	envoyiez	enverrez	enverriez	envoyiez	envoyez
avoir envoyé	ils/elles	envoient	envoyèrent	envoyaient	enverront	enverraient	envoient	
26 éteindre	j'	éteins	éteignis	éteignais	éteindrai	éteindrais	éteigne	
(to turn off)	tu	éteins	éteignis	éteignais	éteindras	éteindrais	éteignes	éteins
	il/elle/on	éteint	éteignit	éteignait	éteindra	éteindrait	éteigne	
éteignant	nous	éteignons	éteignîmes	éteignions	éteindrons	éteindrions	éteignions	éteignons
éteint	vous	éteignez	éteignîtes	éteigniez	éteindrez	éteindriez	éteigniez	éteignez
avoir étient	ils/elles	éteignent	éteignirent	éteignaient	éteindront	éteindraient	éteignent	

Irregular verbs (continued)

Infinitive		INDICATIVE				CONDITIONAL	SUBJUNCTIVE	IMPERATIVE
Present participle Past participle Past infinitive	Subject Pronouns	Present	Passé simple	Imperfect	Future	Present	Present	
27 faire	je	fais	fis	faisais	ferai	ferais	fasse	
(to do; to make)	tu	fais	fis	faisais	feras	ferais	fasses	fais
	il/elle/on	fait	fit	faisait	fera	ferait	fasse	
faisant	nous	faisons	fîmes	faisions	ferons	ferions	fassions	faisons
fait	vous	faites	fîtes	faisiez	ferez	feriez	fassiez	faites
avoir fait	ils/elles	font	firent	faisaient	feront	feraient	fassent	
28 falloir	il	faut	fallut	fallait	faudra	faudrait	faille	
(to be necessary)								
fallu								
avoir fallu								
29 fuir	je	fuis	fuis	fuyais	fuirai	fuirais	fuie	
(to flee)	tu	fuis	fuis	fuyais	fuiras	fuirais	fuies	fuis
	il/elle/on	fuit	fuit	fuyait	fuira	fuirait	fuie	
fuyant	nous	fuyons	fuîmes	fuyions	fuirons	fuirions	fuyions	fuyons
fui	vous	fuyez	fuîtes	fuyiez	fuirez	fuiriez	fuyiez	fuyez
avoir fui	ils/elles	fuient	fuirent	fuyaient	fuiront	fuiraient	fuient	
30 lire	je	lis	lus	lisais	lirai	lirais	lise	
(to read)	tu	lis	lus	lisais	liras	lirais	lises	lis
	il/elle/on	lit	lut	lisait	lira	lirait	lise	
lisant	nous	lisons	lûmes	lisions	lirons	lirions	lisions	lisons
lu	vous	lisez	lûtes	lisiez	lirez	liriez	lisiez	lisez
avoir lu	ils/elles	lisent	lurent	lisaient	liront	liraient	lisent	
31 mettre	je	mets	mis	mettais	mettrai	mettrais	mette	
(to put)	tu	mets	mis	mettais	mettras	mettrais	mettes	mets
	il/elle/on	met	mit	mettait	mettra	mettrait	mette	
mettant	nous	mettons	mîmes	mettions	mettrons	mettrions	mettions	mettons
mis	vous	mettez	mîtes	mettiez	mettrez	mettriez	mettiez	mettez
avoir mis	ils/elles	mettent	mirent	mettaient	mettront	mettraient	mettent	
32 mourir	je	meurs	mourus	mourais	mourrai	mourrais	meure	
(to die)	tu	meurs	mourus	mourais	mourras	mourrais	meures	meurs
	il/elle/on	meurt	mourut	mourait	mourra	mourrait	meure	
mourant	nous	mourons	mourûmes	mourions	mourrons	mourrions	mourions	mourons
mort	vous	mourez	mourûtes	mouriez	mourrez	mourriez	mouriez	mourez
être mort(e)(s)	ils/elles	meurent	moururent	mouraient	mourront	mourraient	meurent	
33 naître	je	nais	naquis	naissais	naîtrai	naîtrais	naisse	
(to be born)	tu	nais	naquis	naissais	naîtras	naîtrais	naisses	nais
	il/elle/on	naît	naquit	naissait	naîtra	naîtrait	naisse	
naissant	nous	naissons	naquîmes	naissions	naîtrons	naîtrions	naissions	naissons
né	vous	naissez	naquîtes	naissiez	naîtrez	naîtriez	naissiez	naissez
être né(e)(s)	ils/elles	naissent	naquirent	naissaient	naîtront	naîtraient	naissent	

Infinitive		INDICATIVE				CONDITIONAL	SUBJUNCTIVE	IMPERATIVE
Present participle Past participle Past infinitive	Subject Pronouns	Present	Passé simple	Imperfect	Future	Present	Present	
34 ouvrir	j'	ouvre	ouvris	ouvrais	ouvrirai	ouvrirais	ouvre	
(to open)	tu	ouvres	ouvris	ouvrais	ouvriras	ouvrirais	ouvres	ouvre
	il/elle/on	ouvre	ouvrit	ouvrait	ouvrira	ouvrirait	ouvre	
ouvrant	nous	ouvrons	ouvrîmes	ouvrions	ouvrirons	ouvririons	ouvrions	ouvrons
ouvert	vous	ouvrez	ouvrîtes	ouvriez	ouvrirez	ouvririez	ouvriez	ouvrez
avoir ouvert	ils/elles	ouvrent	ouvrirent	ouvraient	ouvriront	ouvriraient	ouvrent	
35 partir	je	pars	partis	partais	partirai	partirais	parte	
(to leave)	tu	pars	partis	partais	partiras	partirais	partes	pars
	il/elle/on	part	partit	partait	partira	partirait	parte	
partant	nous	partons	partîmes	partions	partirons	partirions	partions	partons
parti	vous	partez	partîtes	partiez	partirez	partiriez	partiez	partez
être parti(e)(s)	ils/elles	partent	partirent	partaient	partiront	partiraient	partent	
36 plaire	je	plais	plus	plaisais	plairai	plairais	plaise	
(to please)	tu	plais	plus	plaisais	plairas	plairais	plaises	plais
	il/elle/on	plaît	plut	plaisait	plaira	plairait	plaise	
plaisant	nous	plaisons	plûmes	plaisions	plairons	plairions	plaisions	plaisons
plu	vous	plaisez	plûtes	plaisiez	plairez	plairiez	plaisiez	plaisez
avoir plu	ils/elles	plaisent	plurent	plaisaient	plairont	plairaient	plaisent	
37 pleuvoir	il	pleut	plut	pleuvait	pleuvra	pleuvrait	pleuve	
(to rain)								
pleuvant								
plu								
avoir plu								
38 pouvoir	je	peux	pus	pouvais	pourrai	pourrais	puisse	
(to be able)	tu	peux	pus	pouvais	pourras	pourrais	puisses	
	il/elle/on	peut	put	pouvait	pourra	pourrait	puisse	
pouvant	nous	pouvons	pûmes	pouvions	pourrons	pourrions	puissions	
pu	vous	pouvez	pûtes	pouviez	pourrez	pourriez	puissiez	
avoir pu	ils/elles	peuvent	purent	pouvaient	pourront	pourraient	puissent	
39 prendre	je	prends	pris	prenais	prendrai	prendrais	prenne	
(to take)	tu	prends	pris	prenais	prendras	prendrais	prennes	prends
	il/elle/on	prend	prit	prenait	prendra	prendrait	prenne	
prenant	nous	prenons	prîmes	prenions	prendrons	prendrions	prenions	prenons
pris	vous	prenez	prîtes	preniez	prendrez	prendriez	preniez	prenez
avoir pris	ils/elles	prennent	prirent	prenaient	prendront	prendraient	prennent	
40 recevoir	je	reçois	reçus	recevais	recevrai	recevrais	reçoive	
(to receive)	tu	reçois	reçus	recevais	recevras	recevrais	reçoives	reçois
	il/elle/on	reçoit	reçut	recevait	recevra	recevrait	reçoive	
recevant	nous	recevons	reçûmes	recevions	recevrons	recevrions	recevions	recevons
reçu	vous	recevez	reçûtes	receviez	recevrez	recevriez	receviez	recevez
avoir reçu	ils/elles	reçoivent	reçurent	recevaient	recevront	recevraient	reçoivent	

Irregular verbs (continued)

Infinitive		INDICATIVE				CONDITIONAL	SUBJUNCTIVE	IMPERATIVE
Present participle Past participle Past infinitive	Subject Pronouns	Present	Passé simple	Imperfect	Future	Present	Present	
41 rejoindre	je	rejoins	rejoignis	rejoignais	rejoindrai	rejoindrais	rejoigne	
(to join)	tu	rejoins	rejoignis	rejoignais	rejoindras	rejoindrais	rejoignes	rejoins
	il/elle/on	rejoint	rejoignit	rejoignait	rejoindra	rejoindrait	rejoigne	
rejoignant	nous	rejoignons	rejoignîmes	rejoignions	rejoindrons	rejoindrions	rejoignions	rejoignons
rejoint	vous	rejoignez	rejoignîtes	rejoigniez	rejoindrez	rejoindriez	rejoigniez	rejoignez
avoir rejoint	ils/elles	rejoignent	rejoignirent	rejoignaient	rejoindront	rejoindraient	rejoignent	
42 résoudre	je	résous	résolus	résolvais	résoudrai	résoudrais	résolve	
(to solve)	tu	résous	résolus	résolvais	résoudras	résoudrais	résolves	résous
	il/elle/on	résout	résolut	résolvait	résoudra	résoudrait	résolve	
résolvant	nous	résolvons	résolûmes	résolvions	résoudrons	résoudrions	résolvions	résolvons
résolu	vous	résolvez	résolûtes	résolviez	résoudrez	résoudriez	résolviez	résolvez
avoir résolu	ils/elles	résolvent	résolurent	résolvaient	résoudront	résoudraient	résolvent	
43 rire	je	ris	ris	riais	rirai	rirais	rie	
(to laugh)	tu	ris	ris	riais	riras	rirais	ries	ris
	il/elle/on	rit	rit	riait	rira	rirait	rie	
riant	nous	rions	rîmes	riions	rirons	ririons	riions	rions
ri	vous	riez	rîtes	riiez	rirez	ririez	riiez	riez
avoir ri	ils/elles	rient	rirent	riaient	riront	riraient	rient	
44 rompre	je	romps	rompis	rompais	romprai	romprais	rompe	
(to break)	tu	romps	rompis	rompais	rompras	romprais	rompes	romps
	il/elle/on	rompt	rompit	rompait	rompra	romprait	rompe	
rompant	nous	rompons	rompîmes	rompions	romprons	romprions	rompions	rompons
rompu	vous	rompez	rompîtes	rompiez	romprez	rompriez	rompiez	rompez
avoir rompu	ils/elles	rompent	rompirent	rompaient	rompront	rompraient	rompent	
45 savoir	je	sais	sus	savais	saurai	saurais	sache	
(to know)	tu	sais	sus	savais	sauras	saurais	saches	sache
	il/elle/on	sait	sut	savait	saura	saurait	sache	
sachant	nous	savons	sûmes	savions	saurons	saurions	sachions	sachons
su	vous	savez	sûtes	saviez	saurez	sauriez	sachiez	sachez
avoir su	ils/elles	savent	surent	savaient	sauront	sauraient	sachent	
46 suivre	je	suis	suivis	suivais	suivrai	suivrais	suive	
(to follow)	tu	suis	suivis	suivais	suivras	suivrais	suives	suis
	il/elle/on	suit	suivit	suivait	suivra	suivrait	suive	
suivant	nous	suivons	suivîmes	suivions	suivrons	suivrions	suivions	suivons
suivi	vous	suivez	suivîtes	suiviez	suivrez	suivriez	suiviez	suivez
avoir suivi	ils/elles	suivent	suivirent	suivaient	suivront	suivraient	suivent	
47 se taire	je	me tais	me tus	me taisais	me tairai	me tairais	me taise	
(to be quiet)	tu	te tais	te tus	te taisais	te tairas	te tairais	te taises	tais-toi
	il/elle/on	se tait	se tut	se taisait	se taira	se tairait	se taise	
se taisant	nous	nous taisons	nous tûmes	nous taisions	nous tairons	nous tairions	nous taisions	taisons-nous
tu	vous	vous taisez	vous tûtes	vous taisiez	vous tairez	vous tairiez	vous taisiez	taisez-vous
s'être tu(e)(s)	ils/elles	se taisent	se turent	se taisaient	se tairont	se tairaient	se taisent	

Infinitive		INDICATIVE				CONDITIONAL	SUBJUNCTIVE	IMPERATIVE
Present participle Past participle Past infinitive	**Subject Pronouns**	**Present**	**Passé simple**	**Imperfect**	**Future**	**Present**	**Present**	
48 tenir	je	tiens	tins	tenais	tiendrai	tiendrais	tienne	
(to hold)	tu	tiens	tins	tenais	tiendras	tiendrais	tiennes	tiens
	il/elle/on	tient	tint	tenait	tiendra	tiendrait	tienne	
tenant	nous	tenons	tînmes	tenions	tiendrons	tiendrions	tenions	tenons
tenu	vous	tenez	tîntes	teniez	tiendrez	tiendriez	teniez	tenez
avoir tenu	ils/elles	tiennent	tinrent	tenaient	tiendront	tiendraient	tiennent	
49 vaincre	je	vaincs	vainquis	vainquais	vaincrai	vaincrais	vainque	
(to defeat)	tu	vaincs	vainquis	vainquais	vaincras	vaincrais	vainques	vaincs
	il/elle/on	vainc	vainquit	vainquait	vaincra	vaincrait	vainque	
vainquant	nous	vainquons	vainquîmes	vainquions	vaincrons	vaincrions	vainquions	vainquons
vaincu	vous	vainquez	vainquîtes	vainquiez	vaincrez	vaincriez	vainquiez	vainquez
avoir vaincu	ils/elles	vainquent	vainquirent	vainquaient	vaincront	vaincraient	vainquent	
50 valoir	je	vaux	valus	valais	vaudrai	vaudrais	vaille	
(to be worth)	tu	vaux	valus	valais	vaudras	vaudrais	vailles	vaux
	il/elle/on	vaut	valut	valait	vaudra	vaudrait	vaille	
valant	nous	valons	valûmes	valions	vaudrons	vaudrions	valions	valons
valu	vous	valez	valûtes	valiez	vaudrez	vaudriez	valiez	valez
avoir valu	ils/elles	valent	valurent	valaient	vaudront	vaudraient	vaillent	
51 venir	je	viens	vins	venais	viendrai	viendrais	vienne	
(to come)	tu	viens	vins	venais	viendras	viendrais	viennes	viens
	il/elle/on	vient	vint	venait	viendra	viendrait	vienne	
venant	nous	venons	vînmes	venions	viendrons	viendrions	venions	venons
venu	vous	venez	vîntes	veniez	viendrez	viendriez	veniez	venez
être venu(e)(s)	ils/elles	viennent	vinrent	venaient	viendront	viendraient	viennent	
52 vivre	je	vis	vécus	vivais	vivrai	vivrais	vive	
(to live)	tu	vis	vécus	vivais	vivras	vivrais	vives	vis
	il/elle/on	vit	vécut	vivait	vivra	vivrait	vive	
vivant	nous	vivons	vécûmes	vivions	vivrons	vivrions	vivions	vivons
vécu	vous	vivez	vécûtes	viviez	vivrez	vivriez	viviez	vivez
avoir vécu	ils/elles	vivent	vécurent	vivaient	vivront	vivraient	vivent	
53 voir	je	vois	vis	voyais	verrai	verrais	voie	
(to see)	tu	vois	vis	voyais	verras	verrais	voies	vois
	il/elle/on	voit	vit	voyait	verra	verrait	voie	
voyant	nous	voyons	vîmes	voyions	verrons	verrions	voyions	voyons
vu	vous	voyez	vîtes	voyiez	verrez	verriez	voyiez	voyez
avoir vu	ils/elles	voient	virent	voyaient	verront	verraient	voient	
54 vouloir	je	veux	voulus	voulais	voudrai	voudrais	veuille	
(to want, to wish)	tu	veux	voulus	voulais	voudras	voudrais	veuilles	veuille
	il/elle/on	veut	voulut	voulait	voudra	voudrait	veuille	
voulant	nous	voulons	voulûmes	voulions	voudrons	voudrions	voulions	veuillons
voulu	vous	voulez	voulûtes	vouliez	voudrez	voudriez	vouliez	veuillez
avoir voulu	ils/elles	veulent	voulurent	voulaient	voudront	voudraient	veuillent	

Introduction au vocabulaire

Vocabulaire actif

Ce lexique contient les mots et les expressions présentés comme vocabulaire actif dans **FACE-À-FACE**.
Les numéros indiquent la leçon dans laquelle est présenté chaque mot ou expression.

Abréviations employées dans le lexique

adj.	adjectif	*interj.*	interjection	*pl.*	pluriel
adv.	adverbe	*inv.*	invariable	*prép.*	préposition
fam.	familier	*loc.*	locution	*sing.*	singulier
f.	féminin	*m.*	masculin	*v.*	verbe

Français-Anglais

A

à bout de souffle *loc.* breathless **2**
à fond *loc.* to the max **3**
à tombeau ouvert *loc.* at breakneck speed **4**
abonnement *m.* subscription **2**
aboyer *v.* to bark **2**
accueil chaleureux *m.* warm welcome **6**
acheter le silence de quelqu'un *v.* to pay someone hush money **4**
affaires *f. pl.* belongings **4, 6**
affiche *f.* poster **2**
affinités *f. pl.* compatibilities **2**
agence immobilière *f.* real estate agency **5**
agence pour l'emploi *f.* employment office **6**
agenda *m.* appointment book **6**
aigue-marine *f.* aquamarine (blue-green stone) **6**
aile *f.* wing **5**
ailleurs *adv.* elsewhere **6**; *m.* new horizon **4**
aimable *adj.* kind **1**
aller en boîte *v.* to go to a club **2**
ambigu/ambigüe *adj.* unclear **4**
âme *f.* soul **1**
aménager *v.* to set up **5**
amende *f.* fine **4**
amical(e) *adj.* friendly **1**
amitié *f.* friendship **1**
amour *m.* love **1**
âne *m.* donkey **3**
animal de basse-cour *m.* farmyard animal **1**
animal de compagnie *m.* pet **5**
animal domestique *m.* pet **1**
annuel(le) *adj.* yearly **2**
annuler *v.* to cancel **2**
apprivoiser *v.* to tame **1**
appuyer sur *v.* to press **2**

arnaquer *v.* to cheat; to con **6**
arroser *v.* to water **1, 3**
assistant(e) social(e) *m., f.* social worker **6**
assommer *v.* to knock unconscious **5**
atteindre *v.* to reach **2**
aveugle *adj.* blind **6**
avouer *v.* to confess **3**

B

bague *f.* ring **1**
baisser le son *v.* to turn down the sound **3**
balbutier *v.* to stammer **6**
baraque *f.* shack **6**
basse-cour *f.* barnyard **5**
bassesse *f.* baseness **3**
bâtons *m. pl.* ski poles **3**
battre *v.* to beat **1**
beignet *m.* donut **6**
bétonné(e) *adj.* paved **5**
bidon *m.* container **2**
bidonville *m.* slum **6**
bimensuel(le) *adj.* semimonthly **2**
bitume *m.* asphalt **1**
blessé(e) *adj.* injured **1**
blogueur/blogueuse *m., f.* blogger **4**
bois *m.* firewood **2**
bougonner *v.* to grumble **4**
bouleversement *m.* shift **2**
brave *adj.* good; honest **5**
bridage *m.* security **2**
se brouiller *v.* to become blurred **4**
bruit *m.* noise **3**
brûler *v.* to burn **3**
brume *f.* mist **4**
buisson *m.* bush **3**

C

caillou *m.* stone, pebble **5**
caméra cachée *f.* hidden camera **3**
camion-citerne *m.* tank truck **2**
canne blanche *f.* white cane **6**
capote *f.* convertible top **2**

carnet de commandes *m.* order list **6**
carrefour *m.* intersection **2**
carton *m.* cardboard box **6**
cauchemar *m.* nightmare **5**
causer *v.* to chat **5**
cendre *f.* ash **3**
censé(e) *adj.* supposed to **5**
censure *f.* censorship **6**
cerf *m.* stag (deer) **5**
c'est bien les humains *loc.* that's typical of humans **2**
chahuter *v.* to horse around **6**
chantier *m.* construction site **6**
chariot *m.* cart **6**
chasse-neige *m.* snow plow **3**
chasseur/chasseuse *m., f.* hunter **1**
chaussée *f.* road surface **2**
cher/chère *adj.* dear **1**
chômage *m.* unemployment **3**
chômeur/chômeuse *m., f.* unemployed person **3**
choqué(e) *adj.* shocked **6**
chuchoter *v.* to whisper **3**
cible *f.* target **2**
cicatrice *f.* scar **2**
circulation *f.* traffic **1**
cité *f.* low-cost housing neighborhood **6**
cité-dortoir *f.* commuter town **5**
claque *f.* slap in the face **4**
cliché *m.* photo **5**
clignotant *m.* turn signal **4**
coffre *m.* trunk **4**
coffret *m.* (treasure) box **4**
collier *m.* collar **2, 5**
se complaire dans *v.* to take pleasure in **4**
concours *m.* competition **6**
conduite *f.* behavior; driving **4**
conseiller *v.* to advise **1**
constater *v.* to notice **3**
conte *m.* tale **1, 5**
contrarié(e) *adj.* upset **3**
contravention *f.* traffic ticket **4**
coq *m.* rooster **5**

côtoyer *v.* to stand alongside **2**
coude *m.* elbow **3**
couler *v.* to flow **3**
couler à flots *v.* to earn a lot of
   money **6**
coup de feu *m.* gunshot **2**
coup de pied *m.* kick **2**
coutume *f.* custom **1, 5**
couture *f.* seam **1**
couvercle *m.* lid **2**
couvert *m.* place at the table **4**
couverture *f.* front cover **2**, blanket **6**
crado *adj. inv.* gross, nasty **1**
craquelé(e) *adj.* cracked **5**
crèche *f.* child care **6**
creuser *v.* to dig **6**
crever *v.* to die; to get a flat tire **4**
crime haîneux hate crime *m.* **6**
croiser *v.* to cross **3**
croix *f.* cross **3**
croquer *v.* to bite into **6**
culotte *f.* panties **1**

D

se débarrasser de *v.* to get rid of **4**
déblais *m., pl.* rubble **5**
déca *m.* decaffeinated coffee **2**
décharge *f.* landfill **6**
déçu(e) *adj.* disappointed **1**
dédale *m.* labyrinth **5**
défaillant(e) *adj.* ineffective; weak **2**
défaut *m.* defect **1**
déménagement *m.* move (out) **5**
demeure *f.* residence **3**
dépaysement *m.* culture shock **4**
dépendance *f.* addiction **2**
déranger *v.* disturb **3**
déraper *v.* to skid **5**
dérober *v.* to steal **1**
dès lors *loc.* since then **1**
des tas de *loc.* loads of **6**
désapprouver *v.* to disapprove **3**
déscolarisé(e) *adj.* under-educated **6**
désormais *adv.* from now on **2**
dessein *m.* intention **5**
douillet(te) *adj.* cozy **4**
doux/douce *adj.* sweet **1**
draguer *v.* to flirt (with someone) **2**
drapeau *m.* flag **3**
duper *v.* to fool; to trick **6**

E

échantillon *m.* sample **3**
échelle *f.* ladder **6**
échouer *v.* to fail **6**
éclairer *v.* to light up **6**
éclater *v.* to burst **3**
écœurant *adj.* nauseating **6**
écologie *f.* ecology **5**
écran tactile *m.* touchscreen **2**
effacer *v.* to erase **1**
s'effacer *v.* to fade **2**
emballer *v.* to pack **6**

émerveillement *m.* awe **5**
empoisonné(e) *adj.* poisoned **4**
empreinte *f.* stamp, mark **3**
en sanglots *loc.* sobbing **3**
en sueur *loc.* sweating **5**
enfler *v.* to swell **6**
englué(e) *adj.* sticky (with) **4**
ennemi(e) *m., f.* enemy **1**
enregistrer *v.* to record **2**
s'entendre bien *v.* to get along **1**
enterrer *v.* to bury **3**
entre la vie et la mort *loc.* between
   life and death **1**
entretenir *v.* to sustain **1**
éreinté(e) *adj.* exhausted **2**
erroné(e) *adj.* incorrect **4**
escalader *v.* to climb **5**
escarpé(e) *adj.* steep **5**
essor *m.* rapid expansion **2**
essuie-glaces *m. pl.* windshield
   wipers **4**
état des lieux *m.* inspection **5**
éteindre *v.* to extinguish **1**
étouffer *v.* to suffocate **5**
(ne pas) être dupé(e) *v.* (not) to be
   fooled **3**
étroit(e) *adj.* narrow **6**
évasion *f.* escape **4**
éveil *m.* awakening **3**

F

façonner *v.* to shape **4**
faille *f.* defect **2**; flaw **5**
se faire attaquer *v.* to be attacked **4**
se faire choper *v.* to get caught **2**
faire de la varappe *v.* to go rock
   climbing **5**
faire de l'autostop *v.* to hitchhike **4**
faire du chantage à *v.* to blackmail **4**
faire défiler *v.* to scroll **2**
faire l'innocent(e) *v.* to play dumb **3**
faire mine de *v.* to pretend to **4**
faire un pas *v.* to take a step **5**
faire plaisir à quelqu'un *v.* to make
   someone happy **3**
faire pousser *v.* to grow **3**
se faire prendre à son propre jeu
   v. to get caught in one's own lies **3**
faire sauter *v.* to unlock **2**
faire semblant *v.* to pretend **3**
fantasme *m.* fantasy **3**
fauve *m.* wild animal **5**
feu *m.* fire **3**
fidèle *adj.* faithful **1**
flaque *f.* puddle **5**
flottant(e) *adj.* floating; inconstant **2**
flou(e) *adj.* blurry, out of focus **1**
fort(e) *adj.* loud **3**
fossé des générations *m.* generation
   gap **3**
foule *f.* crowd **3**
four *m.* oven **6**
fourrure *f.* fur **5**

foyer d'accueil *m.* homeless shelter **6**
frapper au visage *v.* to hit in
   the face **4**
freiner *v.* to brake **4**
frémir *v.* to shudder; to quiver **3, 5**
se fréquenter *v.* to date **1**
frontière *f.* border **3**
fumée *f.* smoke **5**
fusil *m.* gun **1, 4**

G

gémir *v.* to moan; to whimper **3**
gencives *f. pl.* gums **6**
gêné(e) *adj.* embarrassed **1**
gérant *m.* manager **6**
gibier *m.* game (meat) **5**
gîte *m.* accommodations **4**
glapir *v.* to yelp **5**
glissant(e) *adj.* slippery **4**
glisser sous *v.* to slide under **4**
gonflable *adj.* inflatable **1**
gorgée *f.* sip **2**
goût *m.* taste **4**
gras(se) *adj.* boldface **2**
gratuit(e) *adj.* free (of cost) **2**
grotte *f.* cave **5**
guetter *v.* to lie in wait (for) **5**

H

haine *f.* hatred **3**
harcèlement *m.* harassment **2**
hebdomadaire *adj.* weekly **2**
heurter *v.* to collide with **4**
hors d'atteinte *loc.* out of reach **5**
hurler *v.* to yell **4**
hypothèques mortgage payments
   f. pl. **5**

I

illettrisme *m.* illiteracy **6**
imposteur *m.* impostor; fraud **6**
inaperçu(e) unnoticed *adj.* **6**
inciter à *v.* to encourage **4**
inconnu(e) *m., f.* stranger **4**
indemne *adj.* unscathed **4**
infraction *f.* traffic violation **4**
insolent(e) *adj.* rude **3**
interconnexion *f.* interconnectivity **2**
interface *f.* interface **2**
internaute *m., f.* internet user **2**
inutile *adj.* useless **1**
isolement *m.* isolation **6**

J

se joindre *v.* to join **1**

L

labour *m.* plot of plowed land **5**
lâcher *v.* to drop; to let go (of) **6**
se laisser aller *v.* to let (oneself) go **6**

se laisser faire *v.* to let oneself be taken advantage of **2**
languissant(e) *adj.* melancholic **1**
lentilles de contact *f. pl.* contact lenses **6**
lien *m.* link **1**
lieu commun *m.* popular belief **4**
luciole *f.* firefly **6**

M

mâchoire *f.* jaw **6**
maître-nageur *m.* swimming instructor **1**
maîtrise *f.* command **4**
malfamé(e) *adj.* infamous **5**
maltraitance *f.* mistreatment **5**
marée noire *f.* oil spill **4**
marque *f.* brand **6**
marteau-piqueur *m.* pneumatic drill **6**
masque à gaz *m.* gas mask **5**
maternelle *f.* kindergarten **6**
maturité *f.* maturity **3**
mazout *m.* fuel oil **4**
mec (fam.) *m.* guy, dude **1**
se mêler *v.* to mix **1**
mendier *v.* to beg **6**
mensuel(le) *adj.* monthly **2**
mériter *v.* to deserve **6**
mettre le son *v.* to turn the sound **3**
mineur(e) *m., f.* minor **3**
mode d'emploi *m.* user's guide **2**
mœurs *f. pl.* customs **2**
mon vieux *m.* buddy **2**
mordre *v.* to bite **1**

N

n'importe quand *loc.* anytime **1**
nocif/nocive *adj.* harmful **5**
nœud *m.* knot; hub **2**
non-voyant(e) *adj.* visually impaired **6**
nourrir *v.* to feed, to put food on the table **5**
nul(le) *adj.* dumb **3**
numérique *m.* digital technology **2**
nuque *f.* nape of the neck **2**

O

obéir (à) *v.* to obey **3**
odieux/odieuse *adj.* despicable **4**
offrir *v.* to give (as a gift) **1**
olivier *m.* olive tree **1**
ombre *f.* shadow; shade **3**
ordure *f.* filth, piece of trash **4**
s'orienter *v.* to find your way **4**
orgueil *m.* pride **6**
outil *m.* tool **6**
ouvrier/ouvrière *m., f.* factory worker **5**

P

panneau *m.* sign **6**
papa poule *m.* stay-at-home father **3**
paramétrage *m.* configuration **2**
partout *adv.* everywhere **1**
patron(ne) *m., f.* boss **3**
patte *f.* paw; foot (of animal) **2, 5**
paume *f.* palm (of hand) **2**
pensées vagabondes *f. pl.* wandering thoughts **1**
perceuse électrique *f.* drill **6**
perdurer *v.* to live on; to endure **3**
périple *m.* journey **4**
perte *f.* loss **1**
Petit Chaperon rouge *m.* Little Red Riding Hood **5**
phare *m.* headlight **4**
picorer *v.* to peck (at) **5**
piège *m.* trap **5**
piéton(ne) *m., f.* pedestrian **2**
pigiste *m., f.* freelancer **3**
se planter *v.* to screw up **2**
plaque *f.* license plate **4**
plier *v.* to fold **6**
plume *f.* feather **5**
poireauter *v.* to wait **1**
porter plainte *v.* to make a complaint **6**
porter secours *v.* to aid **1**
portière *f.* car door **4**
poule *f.* hen; chicken **5**
pourri(e) *adj.* outdated **1**
pousse *f.* sprout **5**
pousser *v.* to grow **3**
poussière *f.* dust **5**
précaire *adj.* unstable **4**, precarious **6**
précarité *f.* instability **6**
prédateur *m.* predator **5**
préjugé *m.* prejudice **4**
prendre les rênes *v.* to take over **5**
prévenir *v.* to warn **6**
prévoir *v.* to foresee **1**
proche *m., f.* loved one **1**
prodige *m.* prodigy **6**
proie *f.* prey **5**
proprio (propriétaire) *m., f.* owner **5**
puce *f.* chip **2**

Q

quai *m.* platform **4**
queue *f.* tail **5**
se quitter *v.* to leave one another **1**
quotidien *m.* daily newspaper **2**

R

racine *f.* root **3**
ralentir *v.* to slow down **4**
rame *f.* (subway) train **4**
rater *v.* to miss **4**
réaliser un rêve *v.* to realize a dream **3**
recoudre *v.* to sew up **1**

recroquevillé(e) *adj.* curled up **4**
recueillir *v.* to rescue **5**
réfléchir *v.* to think **2**
régénérescence *f.* regeneration **3**
relents *m. pl.* bad odors **2**
renard *m.* fox **1**
renoncement *m.* detachment **4**
renoncer à *v.* to give up **2**
renverser *v.* to knock over **4**
se répandre *v.* to spill **2**
répertoire *m.* phonebook **2**
répéter *v.* to rehearse **6**
respirer *v.* to breathe **3, 5**
rêve *m.* dream **1**
rien à faire *loc.* it's no use **3**
rocher *m.* rock **3**
rôder *v.* to prowl **5**
rouler *v.* to drive, to go **4**
routard(e) *m., f.* backpacker **4**

S

sac de couchage *m.* sleeping bag **4**
saisie judiciaire *f.* foreclosure **5**
Salam Aleikum (arabe) *loc.* hello **3**
sanglier *m.* boar **5**
sanglot *m.* sob **3**
sapeur(-pompier) *m.* firefighter **2**
sauf *prép.* except **1**
saule *m.* willow tree **5**
sauvage *adj.* wild **1**
sauvegarder *v.* to save **2**
SDF (sans domicile fixe) *m., f.* homeless person **6**
secours *m.* help, emergency personnel **1**
semblable *adj.* similar **1**
septante-neuf (Suisse) *loc.* seventy-nine **3**
siège *m.* seat **2**
siffler *v.* to whistle **5**
singe *m.* monkey **3**
soigner *v.* to take care **1**
somnifères *m. pl.* sleeping pills **3**
souffle *m.* breath **3**
soupir *m.* sigh **1**
spéléologie *f.* spelunking **5**
station de ski *f.* ski resort **3**
supercherie *f.* deception; trickery **6**

T

tâche *f.* task **6**
se taire *v.* to become quiet **1, 6**
témoin *m.* witness **1**
tendu(e) *adj.* tense **4**
terminus *m.* end of the line **4**
ticket de caisse *m.* receipt **2**
tireur *m.* sniper **2**
tison *m.* ember **3**
tôle *f.* piece of sheet metal **6**
ton manège *m.* your little game **4**
touche *f.* key (on keyboard) **2**
tousser *v.* to cough **1**
travail des enfants *m.* child labor **6**

travailleur/travailleuse indépendant(e) *m., f.* self-employed worker **3**
traquer *v.* to hunt down **5**
travers *m.* trap **5**
tribune *f.* platform **6**
tripoter *v.* to play with, to touch **1**
tromper *v.* to deceive **1**
truc *m.* thing **1**

U

une *f.* front page **2**

V

vagir *v.* to wail **3**
se vanter *v.* to brag **1**
veau *m.* calf **2**
velouté(e) *adj.* velvety, soft **5**
vengeance *f.* revenge **6**
se venger *v.* to take revenge **6**
venir chercher *v.* to pick up **3**
verdoyant(e) *adj.* lush, green **5**
verser des larmes *v.* to shed tears **3**
vexé(e) *adj.* upset, hurt **1**
victime *f.* victim **1**
vide *adj.* empty **1**
vidéaste *m., f.* videographer **4**
vieux-jeu *adj. inv.* old-fashioned **3**
vilain(e) *adj.* nasty **5**
virer *v.* to fire **6**
voir sa vie défiler devant ses yeux *v.* to see one's life flash before one's eyes **1**
vouloir bien faire *v.* to mean well **3**

X

xénophobie *f.* fear of foreigners **6**

Anglais-Français

A

accomodations gîte *m.* **4**
addiction dépendance *f.* **2**
advise conseiller *v.* **1**
aid porter secours *v.* **1**
anytime n'importe quand *loc.* **1**
appointment book agenda *m.* **6**
aquamarine (blue-green stone) aigue-marine *f.* **6**
ash cendre *f.* **3**
at breakneck speed à tombeau ouvert *loc.* **4**
asphalt bitume *m.* **1**
awakening éveil *m.* **3**
awe émerveillement *m.* **5**

B

backpacker routard(e) *m., f.* **4**
bad odors relents *m. pl.* **2**
bark aboyer *v.* **2**
barnyard basse-cour *f.* **5**
baseness bassesse *f.* **3**
be attacked se faire attaquer *v.* **4**
(not to) be fooled (ne pas) être dupe *v.* **3**
beat battre *v.* **1**
become blurred se brouiller *v.* **4**
become quiet se taire *v.* **1, 6**
beg mendier *v.* **6**
behavior conduite *f.* **4**
belongings affaires *f. pl.* **4, 6**
between life and death entre la vie et la mort *loc.* **1**
bite mordre *v.* **1**
bite into croquer *v.* **6**
blackmail faire du chantage (à) *v.* **4**
blanket couverture *f.* **6**
blind aveugle *adj.* **6**
blogger blogueur/blogueuse *m., f.* **4**
blurry flou(e) *adj.* **1**
boar sanglier *m.* **5**
boldface gras(se) *adj.* **2**
border frontière *f.* **3**
boss patron(ne) *m., f.* **3**
(treasure) box coffret *m.* **6**
brag se vanter *v.* **1**
brake freiner *v.* **4**
brand marque *f.* **6**
breath souffle *m.* **3**
breathe respirer *v.* **3, 5**
breathless à bout de souffle *loc.* **2**
buddy mon vieux *m.* **2**
burn brûler *v.* **3**
burst éclater *v.* **3**
bury enterrer *v.* **3**
bush buisson *m.* **3**

C

calf veau *m.* **2**
cancel annuler *v.* **2**
car door portière *f.* **4**
cardboard box carton *m.* **6**
cart chariot *m.* **6**
censorship censure *f.* **6**
chat causer *v.* **5**
cheat arnaquer *v.* **6**
chip puce *f.* **2**
child care crèche *f.* **6**
child labor travail des enfants *m.* **6**
climb escalader *v.* **5**
collar collier *m.* **2, 5**
collide with *v.* heurter **4**
command maîtrise *f.* **4**
commuter town cité-dortoir *f.* **5**
competition concours *m.* **6**
confess avouer *v.* **3**
configuration paramétrage *m.* **2**
construction site chantier *m.* **6**
contact lens lentille de contact *f.* **6**
container bidon *m.* **2**
contaminated vicié(e) *adj.* **4**
convertible top capote *f.* **4**
cough tousser *v.* **1**
court faire la cour *v.* **6**
cozy douillet(te) *adj.* **4**
cracked craquelé(e) *adj.* **5**
cross croix *f.* **3**
cross croiser *v.* **3**
crowd foule *f.* **3**
culture shock dépaysement *m.* **4**
curled up recroquevillé(e) *adj.* **4**
custom coutume *f.* **1**
customs mœurs *f. pl.* **2**

D

daily newspaper quotidien *m.* **2**
date se fréquenter *v.* **1**
decaffeinated coffee déca *m.* **2**
dear cher/chère *adj.* **1**
deceive tromper *v.* **1**
deception supercherie *f.* **6**
defect défaut *m.* **1**
deserve mériter *v.* **6**
die *v. fam.* crever **4**
despicable *adj.* odieux/odieuse **4**
detachment renoncement *m.* **4**
dig creuser *v.* **6**
digital technology numérique *m.* **2**
disappointed déçu(e) *adj.* **1**
disapprove désapprouver *v.* **3**
disturb déranger *v.* **3**
donkey âne *m.* **3**
donut beignet *m.* **6**
dream rêve *m.* **1**
drill perceuse électrique *f.* **6**
drive rouler *v.* **4**
driving conduite *f.* **4dude** mec *m.* **1**
dumb nul(le) *adj.* **3**
dust poussière *f.* **5**

E

earn a lot of money couler à flots *v.* **6**
elbow coude *m.* **3**
elsewhere ailleurs *adv.* **6**
embarrassed gêné(e) *adj.* **1**
ember tison *m.* **3**
emergency personnel secours *m. pl.* **1**
emit émettre *v.* **5**
employment office agence pour l'emploi *f.* **6**
empty vide *adj.* **1**
encourage inciter à *v.* **4**
end of the line terminus *m.* **4**
enemy ennemi(e) *m., f.* **1**
erase effacer *v.* **1**
everywhere partout *adv.* **1**
except sauf *prép.* **1**
exhausted éreinté(e) *adj.* **2**
extinguish éteindre *v.* **1**

F

factory worker ouvrier/ouvrière *m., f.* **5**
fade s'effacer *v.* **2**
fail échouer *v.* **6**
fairy fée *f.* **3**
faithful fidèle *adj.* **1**
famous renommé(e) *adj.* **6**
fantasy fantasme *m.* **2**
farmyard animal animal de basse-cour *m.* **1**
fear of foreigners xénophobie *f.* **6**
feather plume *f.* **5**
feed nourrir *v.* **5**
find your way s'orienter *v.* **4**
fine amende *f.* **4**
fire feu *m.* **3**; virer *v.* **6**
firefighter sapeur(-pompier) *m.* **2**
firewood bois *m.* **2**
flag drapeau *m.* **3**
flirt (with someone) draguer *v.* **2**
floating flottant(e) *adj.* **2**
flow couler *v.* **3**
fold plier *v.* **6**
fool duper *v.* **6**
foreclosure saisie judiciaire *f.* **5**
foresee prévoir *v.* **1**
fox renard *m.* **1**
free (of cost) gratuit(e) *adj.* **2**
freelancer pigiste *m., f.* **3**
friendly amical(e) *adj.* **1**
friendship amitié *f.* **1**
from now on désormais *adv.* **2**
front cover couverture *f.* **2**
front page une *f.* **2**
fuel oil mazout *m.* **4**
fur fourrure *v.* **5**

G

game (meat) gibier *m.* **5**
gas mask masque à gaz *m.* **5**
generation gap fossé des générations *m.* **3**
get a flat tire *v.* crever **4**
get along s'entendre bien *v.* **1**
get caught se faire choper *v.* **2**
get caught in one's own lies se faire prendre à son propre jeu *v.* **3**
get rid of se débarrasser de *v.* **4**
give (as a gift) offrir *v.* **1**
give up renoncer à *v.* **2**
go rouler *v.* **4**
go rock climbing faire de la varappe *v.* **5**
go to a club aller en boîte *v.* **2**
good brave *adj.* **5**
green verdoyant(e) *adj.* **5**
gross crado *adj. inv.* **1**
grow (faire) pousser *v.* **3**
grumble bougonner *v.* **4**
gums gencives *f. pl.* **6**
gun fusil *m.* **1**
gunshot coup de feu *m.* **2**
guy mec (fam.) *m.* **1**

H

harassment harcèlement *m.* **2**
harmful nocif/nocive *adj.* **5**
hate crime crime haineux *m.* **6**
hatred haine *f.* **3**
headlight phare *m.* **4**
hello Salam Aleikum (arabe) *loc.* **3**
help secours *m.* **1**
hen poule *f.* **5**
hidden camera caméra cachée *f.* **3**
hitchhike faire de l'autostop/du stop *v.* **4**
hit in the face frapper au visage *v.* **4**
homeless person SDF (sans domicile fixe) *m., f.* **6**
homeless shelter foyer d'accueil *m.* **6**
hub nœud *m.* **2**
hunt down traquer *v.* **5**
hunter chasseur/chasseuse *m., f.* **1**
hurt vexé(e) *adj.* **1**

I

illiteracy illetrisme *m.* **6**
impostor imposteur *m.* **6**
inconstant flottant(e) *adj.* **2**
incorrect erroné(e) *adj.* **4**
ineffective défaillant(e) *adj.* **2**
infamous malfamé(e) *adj.* **2**
infidelity infidélité *f.* **6**
inflatable gonflable *adj.* **1**
injured blessé(e) *adj.* **1**
inspection état des lieux *m.* **5**
instability précarité *f.* **6**
intention dessein *m.* **5**

interconnectivity interconnexion *f.* **2**
interface interface *f.* **2**
internet user internaute *m., f.* **2**
intersection carrefour *m.* **2**
isolation isolement *m.* **6**
it's no use rien à faire *loc.* **3**

J

jaw mâchoire *f.* **6**
join se joindre *v.* **1**
journey périple *m.* **4**

K

key (on keyboard) touche *f.* **2**
kick coup de pied *m.* **2**
kind aimable *adj.* **1**
kindergarten maternelle *f.* **6**
kneeling agenouillé(e) *adj.* **5**
knock over renverser *v.* **4**
knock unconscious assommer *v.* **5**
knot nœud *m.* **2**

L

labyrinth dédale *f.* **6**
ladder échelle *f.* **6**
landfill décharge *f.* **6**
let oneself be taken advantage of se laisser faire *v.* **2**
let (oneself) go se laisser aller *v.* **6**
license plate plaque *f.* **4**
lid couvercle *m.* **2**
lie in wait (for) guetter *v.* **5**
light up éclairer *v.* **6**
link lien *m.* **1**
live on perdurer *v.* **3**
loads of des tas de *loc.* **6**
loss perte *f.* **1**
loud fort(e) *adj.* **3**
love amour *m.* **1**
loved one proche *m., f.* **1**
low-cost housing neighborhood cité *f.* **6**
luciole firefly *f.* **6**
lush verdoyant(e) *adj.* **5**

M

make a complaint porter plainte *v.* **6**
make someone happy faire plaisir à quelqu'un *v.* **3**
manager gérant *m.* **3**
mark empreinte *f.* **3**
maturity maturité *f.* **3**
mean well vouloir bien faire *v.* **3**
melancholic languissant(e) *adj.* **1**
minor mineur(e) *m., f.* **6**
mist brume *f.* **4**
mistreatment maltraitance **5**
mix se mêler *v.* **1**
moan gémir *v.* **3**
monkey singe *m.* **3**

monthly mensuel(le) *adj.* **2**
mortgage payments hypothèques *f. pl.* **5**
move (out) déménagement *m.* **5**

N

nape of the neck nuque *f.* **2**
narrow étroit(e) *adj.* **6**
nasty crado *adj. inv.* **1**; vilain(e) **5**
nauseating écœurant(e) *adj.* **6**
net filet *m.* **6**
new horizon ailleurs *m.* **4**
nightmare cauchemar *m.* **5**
noise bruit *m.* **3**
notice constater *v.* **3**

O

obey obéir (à) *v.* **3**
oil spill marée noire *f.* **4**
old-fashioned vieux jeu *adj. inv.* **3**
olive tree olivier *m.* **1**
order list carnet de commandes *m.* **6**
out of focus flou(e) *adj.* **1**
out of reach hors d'atteinte *loc.* **5**
outdated pourri(e) *adj.* **1**
oven four *m.* **6**
overwhelming accablant(e) *adj.* **4**
owner proprio (propriétaire) *m., f.* **5**

P

pack emballer *v.* **6**
palm (of hand) paume *f.* **2**
panties culotte *f.* **1**
paved bétonné(e) *adj.* **5**
paw patte *f.* **2, 5**
pay someone hush money acheter le silence de quelqu'un *v.* **4**
peck picorer *v.* **5**
pedestrian piéton(ne) *m., f.* **2**
penniless démuni(e) *adj.* **6**
pet animal domestique *m.* **1**; animal de companie *m.* **5**
phonebook répertoire *m.* **2**
photo cliché *m.* **5**
pick up venir chercher *v.* **3**
piece of sheet metal tôle *f.* **6**
place at the table couvert *m.* **4**
platform quai *m.* **4**, tribune *f.* **6**
play dumb faire l'innocent(e) *v.* **3**
play footsie faire du pied *v.* **4**
play with tripoter *v.* **1**
plot of plowed land labour *f.* **5**
pneumatic drill marteau-piqueur *m.* **6**
poisoned empoisonné(e) *adj.* **4**
popular belief lieu commun *m.* **4**
poster affiche *f.* **6**
precarious précaire *adj.* **6**
predator prédateur *m.* **5**
predict prévoir *v.* **1**
prejudice préjugé *m.* **4**

press appuyer sur *v.* **2**
pretend (to) faire semblant *v.* **3**;
    faire mine de *v.* **4**
prey proie *f.* **5**
pride orgueil *m.* **6**
prodigy prodige *m.* **6**
produce émettre *v.* **5**
prowl rôder *v.* **5**
puddle flaque *f.* **5**
put food on the table nourrir *v.* **5**

R

rapid expansion essor *m.* **2**
reach atteindre *v.* **2**
real estate agency agence
    immobilière *f.* **5**
realize a dream réaliser un rêve *v.* **3**
receipt ticket de caisse *m.* **2**
reception accueil *m.* **6**
rehearse répéter *v.* **6**
regeneration régénérescence *f.* **3**
rescue recueillir *v.* **5**
residence demeure *f.* **3**
revenge vengeance *f.* **6**
ring bague *f.* **1**
road surface chaussée *f.* **2**
rock rocher *m.* **3**
rooster coq *m.* **5**
root racine *f.* **3**
rubble déblais *m., pl.* **5**
rude insolent(e) *adj.* **3**

S

sample échantillon *m.* **3**
sane sain(e) *adj.* **2**
save sauvegarder *v.* **2**
scar cicatrice *f.* **2**
screw up se planter *v.* **2**
scroll faire défiler *v.* **2**
seam couture *f.* **1**
seat siège *m.* **2**
security bridage *m.* **2**
see one's life flash before one's
    eyes voir sa vie défiler devant ses
    yeux *v.* **1**
self-employed worker travailleur/
    travailleuse indépendant(e) *m., f.* **3**
semimonthly bimensuel(le) *adj.* **2**
set up aménager *v.* **5**
seventy-nine septante-neuf *loc.* **3**
sew up recoudre *v.* **1**
shack baraque *f.* **6**
shade ombre *f.* **3**
shape façonner *v.* **4**
shed tears verser des larmes *v.* **3**
shift bouleversement *m.* **2**
shocked choqué(e) *adj.* **6**
shotgun fusil *m.* **5**
shudder frémir *v.* **3, 5**
sign panneau *m.* **6**
similar semblable *adj.* **1**
since then dès lors *loc.* **1**

sip gorgée *f.* **2**
ski poles bâtons *m. pl.* **3**
ski resort station de ski *f.* **3**
skid déraper *v.* **5**
slap in the face claque *f.* **4**
sleeping bag sac de couchage *m.* **4**
sleeping pills somnifères *m. pl.* **3**
slide under glisser sous *v.* **4**
slippery glissant(e) *f.* **4**
slow down ralentir *v.* **4**
slum bidonville *m.* **6**
small rock caillou *m.* **5**
smoke fumée *f.* **5**
sniper tireur *m.* **2**
snow plow chasse-neige *m.* **3**
sob sanglot *m.* **3**
sobbing en sanglots *loc.* **3**
social worker assistant(e) social(e)
    m., f. **6**
soul âme *f.* **1**
spelunking spéléologie *f.* **5**
spill se répandre *v.* **2**
sprout pousse *f.* **5**
stag (deer) cerf *m.* **5**
stammer balbutier *v.* **6**
stamp empreinte *f.* **3**
stand alongside côtoyer *v.* **2**
stay-at-home father papa poule *m.* **3**
steal dérober *v.* **1**
steep escarpé(e) *adj.* **5**
sticky (with) englué(e) *adj.* **4**
stone caillou *m.* **5**
stranger inconnu(e) *m., f.* **4**
subscription abonnement *m.* **2**
subway train rame *f.* **4**
suffocate étouffer *v.* **5**
supposed to censé(e) *adj.* **5**
sustain entretenir *v.* **1**
sweating en sueur *loc.* **5**
sweet doux/douce *adj.* **1**
swell enfler *v.* **6**
swimming instructor maître-nageur
    m. **1**

T

tail queue *f.* **5**
take care soigner *v.* **1**
take over prendre les rênes *v.* **5**
take pleasure in se complaire
    dans *v.* **4**
take revenge se venger *v.* **6**
take a step faire un pas *v.* **5**
tale conte *m.* **1**
tame apprivoiser *v.* **1**
tank truck camion-citerne *m.* **2**
target cible *f.* **2**
task tâche *f.* **6**
taste goût *m.* **4**
tense tendu(e) *adj.* **4**
that's typical of humans c'est bien
    les humains *loc.* **2**
thing truc *m.* **1**

think réfléchir *v.* **2**
tile tuile *f.* **6**
to the max à fond *loc.* **3**
tool outil *m.* **6**
touch tripoter *v.* **1**
touchscreen écran tactile *m.* **2**
tower donjon *m.* **6**
traffic circulation *f.* **1**
traffic ticket contravention *f.* **4**
traffic violation infraction *f.* **4**
(subway) train rame *f.* **4**
trap piège *m.*, travers *m.* **5, 6**
trick duper *v.* **6**
trickery supercherie *f.* **6**
trunk coffre *m.* **4**
tuner (of an instrument) accordeur
    m. **6**
turn down the sound baisser le son *v.* **3**
turn off éteindre *v.* **2**
turn on allumer *v.* **2**
turn the sound mettre le son *v.* **3**
type taper *v.* **2**

U

unclear ambigu/ambigüe *adj.* **4**
under-educated déscolarisé(e) *adj.* **6**
unemployed person
    chômeur/chômeuse *m., f.* **3**
unemployment chômage *m.* **3**
unfortunate funeste *adj.* **4**
unlock faire sauter *v.* **2**
unnoticed inaperçu(e) *adj.* **6**
unscathed indemne *adj.* **4**
unstable précaire *adj.* **4**
upset vexé(e) *adj.* **1**; contrarié(e) *adj.* **3**
useless inutile *adj.* **1**
user's guide mode d'emploi *m.* **2**

V

velvety velouté(e) *adj.* **5**
victim victime *f.* **1**
videographer vidéaste *m., f.* **4**
visually impaired non-voyant(e)
    adj. **6**

W

wail vagir *v.* **3**
wait poireauter *v.* **1**
wandering thoughts pensées
    vagabondes *f. pl.* **1**
warm welcome accueil chaleureux
    m. **6**
warn prévenir *v.* **6**
water arroser *v.* **1, 3**
weak défaillant(e) *adj.* **2**
weekly hebdomadaire *adj.* **2**
whisper chuchoter *v.* **3**
whistle siffler *v.* **5**
white cane canne blanche *f.* **6**
wild sauvage *adj.* **1**
wild animal fauve *f.* **5**

willow tree saule *m.* **5**
windshield wipers essuie-glaces
   m. pl. **4**
wing aile *f.* **5**
witness témoin *m.* **1**

Y

yearly annuel(le) *adj.* **2**
yell hurler *v.* **4**
yelp glapir *v.* **5**
your little game ton manège *m.* **4**

Photography and Art Credits

All images © by Vista Higher Learning unless otherwise noted.

Cover: Jin Chu Ferrer/Moment/Getty Images.

Front Matter (SE): iii: Andresr/Shutterstock; **x:** Guteksk7/Fotolia; **xx:** (both) Fancy Photography/Veer.

Front Matter (IAE): IAE-3: Andresr/Shutterstock.

Lesson 1: 2: Maskot/Getty Images; **3:** (b) JGI/Jamie Grill/Media Bakery; **5:** Pascal Pernix; **13:** Martin Norris/Alamy; **16:** VHL; **18:** *Portrait de Michel Eyquem de Montaigne* (19th century). Line and stipple engraving. The Granger Collection; **19–20:** Pablo Caridad/123RF; **22:** Bettmann/Getty Images; **23:** Annie Pickert Fuller; **30:** (t) AP Images; (b) Romuald Meigneux/SIPA/Newscom; **33:** Samuel Borges/Fotolia; **35:** JGI/Jamie Grill/Media Bakery.

Lesson 2: 36: Guido Mieth/Taxi/Getty Images; **37:** (m, background) SGrae/iStockphoto; (m, cup) Patrick Strattner/Getty Images; (m, boy) Tyler Stalman/iStockphoto; (b) T2 Images/Cultura Images/Media Bakery; **46:** Annie Pickert Fuller; **51:** Image Source/Corbis; **52:** Baltel/Sipa/Newscom; **53:** (faces) Vizerskaya/E+/Getty Images; (tech background) Dmitriy Rybin/Shutterstock; **54:** Eugenio Marongiu/Cultura/Getty Images; **56:** Courtesy of André Berthiaume; **57:** Vanessa Bertozzi; **58:** (background) SGrae/iStockphoto; (cup) Patrick Strattner/Getty Images; (boy) Tyler Stalman/iStockphoto; **60–61:** (background) Matthew Cole/Shutterstock; **60:** (jug) M. Claudio/Fotolia; **61:** (blood) Montenegro/Shutterstock; **63:** (l) Marco Di Lauro/Getty Images; (r) Anne Loubet; **64:** Jean Luc Vallet/Opale/Bridgeman Images; **67:** Adrianhancu/123RF; **68:** (tl) Fuse/Getty Images; (tr) T2 Images/Cultura Images/Media Bakery; (bl) Stefan Dahl Langstrup/Alamy; (br) Dunning/Photographer's Choice/Getty Images.

Lesson 3: 70: Andersen Ross/Blend Images/Getty Images; **71:** (m) Sozaijiten/Datacraft/Getty Images; (b) Jack Hollingsworth/Media Bakery; **86:** Baltel/Sipa/Newscom; **87:** Sozaijiten/Datacraft/Getty Images; **88:** Image Source/Getty Images; **90:** Courtesy of Patrice Birago Neveu; **91:** Olga Nikonova/123RF; **92–93:** Kim Schandorff/Moment Open/Getty Images; **94:** George Clark/iStockphoto; **96:** Baltel/Sipa/Newscom; **99:** (l) Onfokus/iStockphoto; (m) Melba Photo Agency/Alamy; (r) Gavin D/iStockphoto; **101:** Jack Hollingsworth/Media Bakery.

Lesson 4: 102: Jean-Marc Charles/AGE Fotostock; **103:** (m) Margie Hurwich/Arcangel Images; (b) Franky DeMeyer/iStockphoto; **118:** © 2019 Clo & Clem; **119:** © 2019 Clo & Clem; **122:** Eric Fougere/Corbis Entertainment/Getty Images; **124:** Margie Hurwich/Arcangel Images; **128:** (t) Xavier Popy/REA/Redux; (b) Claire Delfino/Getty Images; **132:** (tl) Franky DeMeyer/iStockphoto; (tr) Boggy22/iStockphoto; (ml) Dudarev Mikhail/Shutterstock; (mr) Vasilyev D/iStockphoto; (bl) CSP/123RF; (br) Mimicasa/Shutterstock.

Lesson 5: 134: ColsTravel/Alamy; **135:** (m) Sea2Sea Photography/Alamy; (b) Sbures/Deposit Photos; **144:** Martín Bernetti; **148:** Jeanne Drake/Masterfile; **149:** Nick Greaves/Alamy; **150:** Balkar/Frege/SIPA/Newscom; **151:** Daniele Schneider/Alamy; **152:** Sea2Sea Photography/Alamy; **154:** Pictoral Press/Alamy; **155:** Leemage/Corbis Historical/Getty Images; **156:** *The avenue of the Bois de Boulogne, Paris, 1928* (1928), Raoul Dufy. Oil on canvas, 81.5 x 100 cm. Private Collection/Bridgeman Images/© 2019 Artists Rights Society (ARS), New York/ADAGP, Paris; **161:** Ian Rentoul/Shutterstock; **162:** Courtesy of Groupe Paquet; **165:** Sablin/Fotolia; **166:** *Portrait de Jean de La Fontaine* (17th century), Gerard Edelinck. Engraving after a painting by Hyacinthe Rigault (c.1680). Oil on canvas, 0.81 x 0.65 m. Musée Carnavalet, Histoire de Paris/Hulton Archive/Getty Images; **167:** (t) Klublu/iStockphoto; (b) Sbures/Deposit Photos.

Lesson 6: 168: Francois Mori/AP Images; **169:** (m) Hans Neleman/Stone/Getty Images; (b, maze) Paolo Modena/Arcangel Images; (b, girl) Donatella Loi/Arcangel Images; **178:** Mustafa Yalcin/Anadolu Agency/Getty Images; **184:** Raphael Gaillarde/Gamma-Rapho/Getty Images; **185:** Hans Neleman/Stone/Getty Images; **188:** Simon Isabelle/SIPA/Newscom; **189:** *École maternelle* (1898), Henri Jules Jean Geoffroy. Oil on canvas, 185x235 cm. École Normale Supérieure, Paris, France/De Agostini Picture Library/Getty Images; **190:** (maze) Paolo Modena/Arcangel Images; (girl) Donatella Loi/Arcangel Images; **196:** Ulf Andersen/Getty Images; **198:** Hadrian/Shutterstock; **199:** Eitan Simanor/Alamy; **201:** Jacques LOIC/Photononstop/Getty Images.

Back Cover: Demaerre/iStockphoto.

The avenue of the Bois de Boulogne, Paris, 1928 (1928), Raoul Dufy. Oil on canvas, 81.5 x 100 cm.
Private Collection/Bridgeman Images/© 2019 Artists Rights Society (ARS), New York/ADAGP, Paris

Text Credits

24: Excerpt and illustrations from *Le Petit Prince* by Antoine de Saint-Exupéry. Copyright 1943 by Houghton Mifflin Harcourt Publishing Company. Copyright © renewed 1971 by Consuelo de Saint-Exupéry. Reprinted by permission of Houghton Mifflin Harcourt Publishing Company. All rights reserved/© 1946 Éditions Gallimard; **31:** ASTERIX®- OBELIX®- IDEFIX®/© 2019 LES EDITIONS ALBERT RENE/GOSCINNY – UDERZO; **53:** Courtesy of Albin Michel; **58:** André Berthiaume, *Les petits caractères,* Montréal, Les Éditions XYZ, 2003, p. 15-17; **65:** Boule et Bill 8 – "Souvenirs de famille" © DUPUIS 1967, by Jean Roba. © Studio Boule & Bill 2019 http://www.bouleetbill.com. All rights reserved; **87:** Courtesy of Psychologies Magazine; **92:** Birago Diop, *Leurres et lueurs* © Présence Africaine Editions, 1960; **97:** "La Marque du Chat" © CASTERMAN S.A.; **119:** Courtesy of Mr. Mondialisation; **124:** © Editions Jean-Claude Lattès, 2018; **129:** © Éditions Gallimard Jeunesse; **151:** "Devant La Beauté de la Nature" by Alexandre Lacroix. Allary Editions, 2018; **156:** Colette, "Le Renard" in *La femme cachée* © Flammarion; **163:** Courtesy of Editions Paquet SARL; **185:** Courtesy of Abdelkader Djemaï; **190:** Courtesy of Maïssa Bey; **197:** "Cause toujours!" Par Wolinski © Éditions Glénat, 1997.

Video Credits

6: Courtesy of La Luna Productions; **40:** Reality + © Mezzanine; **74:** Courtesy of Premium Films; **106:** Courtesy of Premium Films; **138:** BANG BANG! directed by Julien Bisaro © Caïmans Productions – Arte France – 2014; **172:** Courtesy of 24 25 Films.

À propos de l'auteur

FRANÇOISE J. GHILLEBAERT est professeure de français à l'Université de Porto Rico, à Río Piedras depuis 2002. Elle enseigne des cours de littérature, de phonétique et de diction du français, d'expression orale et également un cours de lecture du français écrit pour étudiants hispanophones en maîtrise et en doctorat. Elle dirige le chapitre portoricain de la Société Honoraire de Français Pi Delta Phi-Omicron Alpha depuis 2012. Originaire de Fontainebleau, en France, Françoise Ghillebaert est titulaire d'une maîtrise de langues étrangères appliquées anglais-russe de La Sorbonne (Paris IV) et d'un doctorat de littérature française de l'Université du Texas à Austin. Elle a enseigné le français dans différentes universités en Louisiane, en Alabama et au Texas. Elle est l'auteure d'un livre de critique littéraire, *Disguise in George Sand's Novels* (2009), de plusieurs articles sur George Sand et elle a édité un ouvrage collectif sur la symbolique de l'eau dans l'œuvre de George Sand (*Water Imagery in George Sand's Work*, 2018). Elle a fondé le journal électronique *Crisolenguas* (2007) du Département de Langues Étrangères de l'Université de Porto Rico, Río Piedras, et elle fait fonction de trésorière de l'Association Portoricaine de Professeurs de Français (APPF).